부에 이르는 가장 단순한 길

THE SIMPLE PATH TO WEALTH
: Your Road Map to Financial Independence and a Rich, Free Life

Copyright © 2016, 2025 by JL Collins
All rights reserved

Korean translation copyright © 2025 by SEOSAMDOK Co.,Ltd.
Korean edition is published by arrangement with Authors Equity
through EYA Co.,Ltd.

이 책의 한국어판 저작권은 EYA Co.,Ltd를 통해
Authors Equity사와 독점 계약한 서삼독 출판사에 있습니다.
저작권법에 의하여 한국 내에서 보호를 받는 저작물이므로 무단전재 및 복제를 금합니다.

부에 이르는 가장 단순한 길
경제적 독립과 자유를 위한 콜린스의 3원칙

The
Simple
Path
to
Wealth

JL 콜린스 지음 | 이준걸 옮김

서ᄅ삼독

이 책에 쏟아진 찬사

● 부유하고 풍요로운 삶을 위한 저자의 조언은 매우 단순해 보이지만 강력하고 효과적이며 무엇보다도 현실적이다. 저자가 직접 자신의 삶을 통해 증명해냈고, 저자의 딸 역시 아버지의 가르침을 이어받아 성공적인 삶을 이루어가는 중이다. 경제적 독립과 자유를 향한 여정을 시작하는 모든 분께 가장 먼저 권하고 싶은 책이다.

— 박성진, 이언투자자문 대표

● 인덱스펀드의 창시자 존 보글의 책 이후 이처럼 강렬하고 매혹적인 책은 본 적이 없다. 가장 단순한 방법으로 경제적 자유를 성취하는 길이 바로 여기 펼쳐져 있다.

— 이상건, 미래에셋투자와연금센터 센터장

● 사람들은 보통 투자라고 하면, 재무·회계·법무 등의 영역과 같이 전문적인 기술이 필요할 거라고 생각한다. 하지만 투자는 가급적 쉽게 할 수 있도록 단순화하여 나만의 공식으로 만드는 것이 가장 중요하다. 이 책에는 투자에 대한 전문적인 '지식'의 나열이 아닌, 흥미로운 '이야기'가 가득 담겨 있다. 복잡하고 어려운 투

자 지식을 누구나 이해할 수 있도록 쉽게 풀어내는 저자의 놀라운 연금술이 돋보이는 책이다.

우리는 투자라고 하면 어디에 어떻게 투자할지만을 고민하지만, 사실 그보다 더 중요한 것은 '투자를 하는 마음가짐'이다. 이 책은 본격적으로 투자하기에 앞서 가져야 할 마음가짐에 대한 깊은 통찰을 보여준다. 더불어 월급의 얼마만큼을 저축해야 할까? 빚은 좋은 것일까, 나쁜 것일까? 투자는 액티브해야 할까, 패시브해야 할까? 이 같은 돈과 투자에 대한 근원적인 질문과 그 정답을 들려준다. 투자에 대한 관념적인 내용이 아닌, 성공과 실패를 직접 겪어본 사람만이 해줄 수 있는 디테일한 조언이 곳곳에 녹아 있다. 돈의 속성을 깨닫고, 투자의 방향을 정립하는 데 이 책이 주요한 지침서가 되어줄 것이다.

— 박곰희, 박곰희TV 금융투자유튜버, 《박곰희 연금 부자 수업》 저자

● 부자가 되는 길은 생각보다 단순하다. 문제는 우리가 그 단순함을 믿지 않고 계속 복잡한 길을 찾는다는 것이다. 《부에 이르는 가장 단순한 길》은 그런 복잡함을 걷어내고 누구나 따라갈 수 있는 근본적인 원칙을 보여준다. 원칙을 따른다는 것은 지루하고 답답해 보일 수 있지만, 역설적이게도 그것이 결국 가장 빠른 길이다. 부를 향해 내딛는 첫걸음에 이 책이 나침반이 되길 바란다. Go for it!

— 송민섭, 수페TV 경제유튜버

● 투자 세계는 잘못된 정보와 불투명한 수수께끼로 가득 찬, 어둡고 혼란스러우며 곳곳에 함정이 도사린 정글과 같다. 그 길 한쪽에서 JL 콜린스는 지혜로운 아버지처럼 우리에게 읽기 쉬운 지도를 건네주고, 따뜻한 격려의 말을 해주며, 자신감을 가지고 길을 개척해나갈 수 있도록 유용한 도구를 쥐여준다. 이보다 더 현명하면서도 따뜻한 마음을 지닌 조언자를 찾을 수는 없을 것이다.

— 말라키 렘펜, 영화감독, 만화가, 작가

● 삶을 진정으로 바꿔주는 책을 만나는 일은 드물다. 그러나 JL 콜린스의 상식적인 설명은 투자 세계의 혼란스러운 정보들을 선명하게 드러내 보여준다. 그 덕분에 투자와 관련해 내가 느꼈던 모든 스트레스와 망설임은 사라졌고, 처음으로 내 전략에 100퍼센트 확신을 갖게 되었다. 나는 그에게 영원히 빚을 졌으며, 그의 투자법을 전파하는 사람이 되었다. 만약 자신의 재정적 계획을 진지하게 고민하고 있다면, 반드시 이 책을 읽어야 한다.

— 브래드 배럿, 공인회계사, 팟캐스트 〈경제적 독립을 선택하라〉 설립자 겸 진행자

● 《부에 이르는 가장 단순한 길》은 투자에 대해 신선하고 독창적이며 누구나 쉽게 다가갈 수 있는 시각을 제시한다. 이 책은 단순히 경제적 독립에 도달하는 것만이 아니라, 더 나은 삶을 구축하는 법에 관한 이야기다. 또한 유행하는 방법을 좇는 것이 아니라, 오랜 세월에 걸쳐 실제로 효과가 입증되었고 누구나 실행할 수 있는 확실한 원칙에 관한 이야기다. 돈을 지혜롭게, 목적에 맞도록 사용해 삶을 안정적으로 만들고자 한다면, 바로 이 책이 그 해답이 될 것이다.

― 맷 베커, 금융 가이드 서비스 '맘 앤드 대드 머니' 설립자

● 이 책은 내가 투자에 관심 있어 하는 모든 이들에게 가장 먼저 권하는, 기초 투자 서적으로 단연 최고의 책이다. 투자와 재정 계획에 대해 알아야 할 모든 것이 놀라울 정도로 잘 정리되어 있다. 투자를 시작하려는 사람이라면 이 책을 통해 자신감을 갖게 될 것이고, 이미 투자하고 있다면 투자 전략을 최적화하여 더 나은 결과를 얻을 수 있을 것이다. 이 단순한 원칙들은 놀라울 만큼 효과적이다. 나는 그의 지침을 따른 덕분에 5년도 채 지나지 않아 투자 자산을 0에서 10만 달러 이상의 포트폴리오로 키울 수 있었다.

― 하나 케인 라토닉, 베스트셀러 《당신의 돈을 다스려라》 저자

● JL 콜린스는 건전하고 합리적인 투자 방법론을 설파하는 완벽한 전문가로, 주식 투자의 기초를 명확하고 쉽게 설명하는 뛰어난 재능을 가졌다. 그의 글은 철저하고 유익하며, 무엇보다 효과적이다. 가장 중요한 점은 그가 무언가를 팔아넘기거나 속이려 들지 않는 드문 금융 전문가라는 사실이다.

— 미시즈 프루갈우즈, 경제 블로거

● 밀레니얼 세대여, 주목하라. 이 책은 반드시 당신의 투자 서적 리스트에 올라야 할 필독서다. 물론 스스로 언젠가는 터득할 수 있겠지만, 굳이 시행착오를 겪으며 맨땅에서 시작할 필요가 있을까? 이 책에는 당신이 알아야 할 모든 투자와 금융 지식이 담겨 있다. 재미있는 일화와 값진 교훈이 곁들여진 이 책을 사지 않는 것은 큰 손해다.

— 그웬, 블로그 〈파이어리 밀레니얼스〉 운영자

● JL 콜린스의 블로그는 투자를 배우고 싶어 하는 이들에게 내가 가장 먼저 안내하는 곳이다. 이제 그는 이 책을 통해 난해한 투자 지식을 보다 쉽고 간결하게 정리해냈다. 메시지는 단순하지만 그 결과는 강력하다. 초보자부터 전문가까지 누구나 실행할 수 있는 가장 효과적인 투자 전략이 바로 여기에 있다.

— 조 올슨, 블로그 〈함께하는 모험〉 및 〈미스터 머니 머스태시〉 운영자

● 투자는 결코 어려울 필요가 없다. 사실 투자는 쉬울수록 훨씬 더 효과적이다. 투자를 복잡하게 만들려는 사람들은 대개 당신의 돈을 자기 주머니로 옮기려는 자들이다. 그러니 이 책을 읽고 다른 쓸데없는 소리는 무시하라. 그러면 언젠가 당신은 어떻게 써야 할지조차 모를 만큼 많은 돈을 갖게 될 것이다.

— 매드 파이언티스트, 동명의 블로그 및 팟캐스트 운영자

● 개인적으로 나는 콜린스의 책에서 제시하는 전략을 따르지는 않는다. 대신 나는 수년간 연구와 노력을 기울여 나만의 전략을 개발하고 관리해왔다. 그렇게 하고 싶지 않은 이들이라면 이 책을 권하겠다. 만약 목표가 경제적 독립이라면 자신의 능력, 재능, 성향에 최적화된 전략이 필요하다. 《부에 이르는 가장 단순한 길》에 담긴 전략들은 분명 큰 도움이 될 것이다.

— 제이컵 룬드 피스커, 《극단적 조기 은퇴》 저자

● JL 콜린스는 복잡하고 때로는 부담스럽게 느껴지는 주제를 누구나 이해할 수 있는 방식으로 풀어낸다. 마침내 나는 부를 쌓는 방법을 이해하기도 쉽고 실행하기도 쉽게 설명한 책을 자신 있게 추천할 수 있게 되었다.

— 제러미 제이컵슨, 블로그 〈고 커리 크래커〉 운영자

● 투자에 관한 글을 쓰려고 할 때마다 나는 이 책에서 JL 콜린스가 들려준 통찰과 논리적인 조언을 떠올린다. 그리고 그 빛나는 지혜에 감탄한 뒤, 결국은 타자기에서 종이를 뽑아 체념한 채 구겨버리고, 어머니께 새로운 요리나 배우러 간다. 최고의 책보다 더 잘 쓸 수는 없다는 걸 알기 때문이다.

— 어니타 다케, 블로그 〈절약의 힘〉 운영자

● JL 콜린스는 지루한 금융 개념을 재미있고 흥미롭게 만드는 특별한 재능을 지니고 있다. 그는 복잡한 주제를 단순하고 쉽게 이해할 수 있도록 풀어낸다. 《부에 이르는 가장 단순한 길》은 경제적 독립에 관심을 가지는 이들에게 내가 가장 먼저 권하는 책이다.

— 마이크 모이어, 유튜브 채널 〈마이크 앤드 로런 TV〉 운영자

● 투자에 관한 책은 수없이 많다. 그러나 그중 단 한 권을 읽어야 한다면 바로 이 책뿐이다. 이 책은 현명하고 철저하며 정확하고, 심지어 유머러스하기까지 하다. 그의 원칙들은 내 투자 방식을 바꿔놓았고, 그 과정에서 나를 더 부유하게 만들었다.

— 미스터 1500 데이즈, 경제 블로거, 유튜버

● 《부에 이르는 가장 단순한 길》은 삶의 방식을 선택하는 것에 관한 책이다. 즉, 인생을 바라보는 관점과 살아가는 방식을 바꿔줄 단순한 3가지 철학을 제시한다. 즉, 버는 돈보다 적게 쓰고, 현명하게 투자하며, 빚을 피하라는 것이다. 이 책은 불필요하게 복잡한 것들을 풀어내는 단순한 우화를 담고 있으며, 복리의 힘이 어떻게 자유로운 부를 만들어낼 수 있는지 보여준다. 그의 글은 직설적이고 재밌으며, 핵심은 쉽게 이해할 수 있도록 강조되어 있다. 이 책을 읽는 것은 당신의 미래를 위한 현명한 투자일 뿐만 아니라, 인생에서 진정 중요한 것이 무엇인지를 깨닫는 계기가 될 것이다.

— 톰 멀린, 작가

● JL 콜린스의 뛰어난 블로그 〈주식 시리즈〉를 바탕으로 한 이 책은 그야말로 투자의 '교과서'가 될 만하다. 그는 월스트리트의 온갖 포장, 복잡함, 그리고 전문 용어를 걷어내고, 누구나 스스로 자신의 포트폴리오를 관리할 수 있을 만큼 투자를 단순하게 풀어낸다. 특히 드물게도 JL 콜린스는 투자에서 기술적 측면과 아울러 정신적·감정적 측면까지 함께 다루고 있다.

— 디 이스케이프 아티스트

● JL은 자신의 블로그를 통해 돈과 삶에 관한 교훈을 나누면서 경제적 독립의 삶을 누리고 있다. 그의 블로그 〈주식 시리즈〉는 수많은 사람에게 패시브 인덱스 투자$_{passive\ index\ investing}$를 소개했다. 이제 그 지혜를 책으로 응축해 만날 수 있다. JL은 흔히 겪는 투자에 대한 두려움, 오해, 실수를 피하는 방법을 알려주며, 분산 투자, 투자 자산, 자산 배분, 그리고 은퇴 계획을 활용하는 최고의 방법을 가르친다. 실제로 그 길을 걸어온 사람이 전하는 단순하면서도 검증된 투자 성공의 길이다. 투자를 처음 시작하는 사람이라면, 이 핵심 과정을 결코 놓쳐서는 안 된다.

─ 대로 커크패트릭, 블로그 〈이제 은퇴할 수 있을까?〉 운영자

● 소규모 사업가로서 우리의 가장 큰 두려움은 언제나 '은퇴 준비를 어떻게 할 것인가'였다. 콜린스는 투자를 둘러싼 불확실성과 허상을 걷어내 주었다. 이제 우리는 우리의 돈을 어떻게 투자해야 하는지에 대해 강한 확신을 갖게 되었다. 우리는 우리의 사업을 사랑하지만, 일이 의무가 아니라 선택이 되어가고 있다는 사실을 더욱 사랑한다.

─ 제이 데드먼 & 라이앤 호드슨, 블로그 〈절약의 삶〉 운영자

● 나는 대침체 한가운데에서 사회에 첫발을 내디뎠다. 많은 동년배처럼 나 역시 시장에 대한 불건전한 두려움을 키워왔다. 오랜 방황 끝에 투자가 인플레이션을 이겨내며 부를 쌓는 최고의 방법이라는 사실을 깨달았지만, 정작 그것을 어떻게 해야 하는지는 전혀 알지 못했다. 그러다 JL 콜린스의 책을 읽기 시작했다. 이 책은 가장 어려운 금융 과제를 단순하면서도 흥미롭게 설명한다. 시간이 지나면서 시장이 직선으로만 상승하지 않는다는 것을 배웠지만, 콜린스는 시장의 오르내림에 크게 영향받지 않으면서 투자하는 방법을 가르쳐주었다. 그리고 골치 아픈 일 없이 쉽게 그것을 해내는 법까지 알려주었다.

― 브린 콘로이, 블로그 〈팜 프루갤리티〉 운영자

● 사람들의 재정적 행복을 위한 실용적인 금융 조언을 한데 모은 놀라운 책이다. JL 콜린스는 사실에 기반한 투자 아이디어를 제시하는 탁월한 재능을 지니고 있으며, 독자는 이를 통해 자신의 투자 역량을 강화할 수 있다. 재정적으로 안정되기를 바라는 모든 이들이 반드시 읽어야 할 걸작이다.

― 실판, 블로그 〈거리에서 배우는 금융 지식〉 운영자

● 이 책은 모든 초보 투자자의 필독서가 되어야 한다! 여기에는 포괄적인 투자 지식은 물론, 돈을 최대한 활용할 수 있도록 돕는 유용한 팁과 흥미로운 통찰이 담겨 있다. JL 콜린스의 상식적인 부의 축적 방법은 누구라도 손쉽게 성공할 수 있도록 만들어 준다.

— 민디 젠슨, 팟캐스트 〈비거 포켓〉 진행자

추천의 말

세상에는 배워야 할 것들이 넘쳐나고, 그것들을 다루는 책들도 무궁무진하다. 당신이 원하는 모든 지식은 이미 어딘가의 책 속에 담겨 있다. 아니, 한 권이 아니라 책장 가득 쌓여 있을 수도 있다. 심지어 투자를 가르쳐준다는 책들만 해도 지하 주차장을 가득 채울 정도로. 보다 정확히 말하자면, 지하 주차장에 다 차다 못해 지상으로 책들이 밀려 나오게 될 것이다.

문제는 그 많은 책들이 죄다 지루하다는 점이다. 그래서 대개는 25쪽쯤에 책갈피를 꽂아둔 채 다시는 펼치지 않게 된다. 글쓰기 실력과 의도가 아무리 좋아도, 주식 투자에 관한 책을 쓰는 저자들은 대체로 요점을 제대로 전달하지 못한다. 괴로울 만큼 질질 끌거나, 지나치게 건조하고 빽빽한 문장을 나열해서 결국 독자는 같은 구절을 30분 동안 반복해 읽으면서도 마음은 이미 더 흥미로운 다른 곳으로 떠나버리고 만다.

JL 콜린스는 기존의 오래된 투자서 집필 방식을 가져와서는 그것을 완전히 무시하고 자기만의 방식으로 글을 쓴다. 그는 주식 이야기에 지쳐 머릿속이 다른 곳으로 달아나고 싶어질 때 오히려 찾아가고 싶은 글을 펼쳐 보인다. 주식의 알파*를 측정하고 베타**와 비교하는 난해한 수식을 늘어놓는 대신, 그는 주식시장 전체를 커다란 맥주잔에 비교하면서 예측할 수 없는 거품이 함께 따라온다 해도 여전히 주식이 살 만한 가치가 있는지 그 이유를 설명한다.

그는 모닥불을 피워놓고 그냥 이야기를 시작한다. 그리고 그 이야기들이 우연히도 당신이 배우고자 했던 바로 그 주제라면, 새로운 지식은 즐거운 부산물로 따라온다.

몇 년 전 실제로도 이런 일이 일어났다. JL이 좋은 투자에 관한 연재 글을 블로그에 쓰기 시작했을 때였다. 나는 글이 올라올 때마다 빠짐없이 읽었는데, 내용이 워낙 훌륭해 내 독자들에게도 소개하곤 했다. 독자들 역시 그의 글을 아주 좋아했고, 또 다른 이들에게 추천하기에 이르렀다. 그렇게 퍼져나간 독자 수가 수천 명을 넘어 수십만 명에 이르게 되었다.

그의 블로그 〈주식 시리즈Stock Series〉는 사람들에게 실제로 읽는 즐거움을 주는 글이었기에 입소문이 계속 퍼져나갔고, 지금도 그러하다. 물론 저자는 기술적인 역량 또한 충분히 갖추었고, 사람들이 부러워할 만한 투자 성과를 통해 이를 증명했다. 그러나 독자들이 그의 글을 계속 찾는 이유는 단순히 그 기술적 능력을 얻

---

* 시장 대비 초과 수익을 나타내는 지표.
** 시장 민감도를 나타내는 지표.

기 위해서만이 아니다. 그들은 모닥불 곁에 앉아 좋은 이야기를 듣는 즐거움을 누리기 위해 모여드는 것이다.

바로 그 놀라운 반응이 동기가 되어 JL은 자신의 〈주식 시리즈〉를 다시 쓰고 확장하여 이렇게 훌륭한 책을 탄생시킬 수 있었다. 《부에 이르는 가장 단순한 길》은 주식 투자와 건전한 재정 관리에 관한 혁신적인 책이다. 왜냐하면 이 책은 실제로 읽고 즐길 수 있으며, 나아가 그 교훈을 곧바로 우리 돈에 적용해 이익을 얻을 수 있기 때문이다.

당신은 평생 단 하나의 뱅가드 펀드Vanguard fund만 보유하더라도 충분히 큰 성공을 거둘 수 있다는 사실에 안도하게 될 것이다. 원한다면 더 다양하게 투자하여 조금 복잡하게 꾸려갈 수도 있겠지만, 최대한 투자를 단순하게 유지하는 이 방법에는 잃을 것은 전혀 없고, 오히려 모든 것을 얻을 수 있다.

부유한 삶으로 가는 길은 정말 단순하며, 따라가는 과정 또한 매우 즐겁다. 그렇기에 그 길을 다루는 책 또한 똑같이 훌륭한 특성이 있어야만 한다. 이 책이 바로 그렇다.

—'미스터 머니 머스태시' 피트 애드니Pete Adeney

차례

이 책에 쏟아진 찬사 4
추천의 말 15
독자들에게 24
투자자를 위한 짧은 우화 수도승과 대신 26

당신의 투자 여정을 시작하며

돈의 주인이 되기 위한 3가지 원칙 031
삶에 대한 선택권과 거절할 힘을 갖기 위하여 034
상황은 변해도 원칙은 변하지 않는다 043
예측에 대한 중요한 참고 사항 047

1부 | 흔들림 없는 투자자가 되기 위하여

1 빚부터 갚아라 057
2 '독립 자금'이 필요한 이유 071
3 누구나 경제적 독립을 할 수 있다 074
4 부자들의 생각법 080
5 투자하기 좋은 타이밍이란 없다 091

2부 | 투자는 단순할수록 강력해진다

6	대규모 시장 붕괴는 반드시 온다	103
7	주식시장은 끊임없이 상승한다	112
8	대다수가 주식시장에서 돈을 잃는 이유	121
9	폭락장에서 살아남는 법	130
10	단순한 투자법이 가장 강력한 이유	137
11	우리는 워런 버핏이 아니기 때문에	145
12	요동치는 시장의 방패, 채권	153
13	달걀을 전부 바구니에 담고 잊어버려라	165
14	자산 배분 전략의 기본 원칙	173
15	해외 투자를 하지 않는 3가지 이유	183
16	은퇴 펀드, 가장 단순하게 부를 이루는 길	188
17	저비용 인덱스펀드를 선택하라	193
18	뱅가드를 추천하는 이유	199
19	실전 투자 사례 연구	207
20	내 돈의 최고관리자는 바로 나다	231

3부 | 시장의 소음을 차단하고 중심을 잡는 법

21	잭 보글, 그리고 인덱스펀드에 대한 비판	243
22	시장을 이길 수 있다는 오만을 버려라	247
23	정액분할투자를 권하지 않는 이유	253
24	주식 전문가가 되어 TV에 출연하는 법	258
25	주식시장의 사기꾼들	262

4부 | 경제적 독립을 이룬 뒤 해야 할 일

26	마르지 않는 4퍼센트 인출률의 법칙	273
27	자신만의 인출 전략 세우기	282
28	사회보장연금은 없다고 생각하라	291
29	억만장자처럼 기부하는 법	303

투자자를 위한 당부

사회 초년생을 위한 10년 투자 조언　　　　　　313
자유, 돈으로 살 수 있는 가장 값진 것　　　　　318
위기는 언제든 다시 온다　　　　　　　　　　　324
최종 점검　　　　　　　　　　　　　　　　　　329
자주 하는 질문　　　　　　　　　　　　　　　　332

참고 자료 350
감사의 말 352
주 357

※ 이 책을 나의 딸 제시카에게 바친다.
딸을 위해 이 책을 쓰기 시작했고,
제시카는 내가 책을 쓸 수 있도록 영감을 주었다.

그리고 독자들에게 바친다.
그들은 오랜 세월 동안 질문과 의견을 보내주며,
경제적 독립을 꿈꾸는 이들이 정말 무엇을 알고 싶어 하는지
내가 더욱 깊이 이해하도록 도와주었다.

독자들에게

 이 책에 담긴 모든 내용은 내가 직접 경험한 성공과 좌절을 바탕으로 한 나의 의견이다. 이 방식이 앞으로도 나에게 계속 효과가 있을지 100퍼센트 확신할 수는 없다. 또한 경우에 따라 일부 독자에게는 충분한 효과가 없을 수도 있다.
 나는 이 책이 독자들의 궁금증을 해소해주고 유용한 길잡이가 되기를 바라지만, 독자 개개인의 경제적 상황이나 필요를 완전히 알 수는 없다. 책의 몇몇 부분에서는 뮤추얼펀드의 운용보수, 세율 구간, 투자 계좌의 납부 한도와 같은 구체적인 수치를 비롯해 여러 법률을 인용했다. 그것들은 이 책의 전면개정판을 준비할 당시에는 모두 정확했지만, 독자가 읽을 시점에는 바뀐 부분이 있을 수 있다. 그러나 그런 세부 사항은 내가 제시하는 더 큰 개념을 설명하기 위한 예시일 뿐이므로 전체 맥락에서 참고해주기를 바란다. 독자의 상황에 따라 필요하다면 반드시 최신 규정과 수치를 직접 확인하길 권한다.

나는 출판사와 함께 이 책에 최대한 정확한 사실을 담기 위해 최선을 다했지만, 이 안의 정보가 완벽한 최신 정보라고 보증할 수는 없다. 따라서 정보의 오류, 누락 또는 변동 사항에 대해 책임지지 않으며, 해당 정보로 인한 독자의 손실, 피해 또는 불이익에 대해서도 책임지지 않는다. 모든 정보는 있는 그대로 제공된다.

자신의 투자 선택에 대한 책임은 전적으로 독자 개인에게 있으며, 이 책은 어떤 보장도 제공하지 않음을 유념하기 바란다.

투자자를 위한 짧은 우화

수도승과 대신

어릴 적부터 절친했던 두 소년이 자라서 서로 다른 길을 걷게 되었다. 한 사람은 청빈한 수도승이 되었고, 다른 한 사람은 왕을 섬기는 부와 권력을 지닌 대신이 되었다.

수년 후 두 사람은 다시 만나게 되었다. 이야기를 나누던 중, 화려한 옷차림에 풍채 좋은 대신은 초라하고 야윈 수도승이 안쓰럽게 느껴졌다. 대신은 그를 도와주고 싶어서 이렇게 말했다.

"임금을 섬기는 법을 배운다면, 더 이상 쌀과 콩만으로 살지 않아도 된다네."

그러자 수도승이 대답했다.
"그대가 쌀과 콩으로 사는 법을 배운다면, 더 이상 임금을 섬길 필요가 없을 것이네."

우리 대부분은 이 둘 사이 어디쯤에 속한다. 그러나 내게는 수도승 쪽에 가까운 편이 더 낫다.

일러두기

1. 하단의 각주는 옮긴이의 설명입니다.
2. 미국 실정에 지나치게 한정된 이야기는 원저작권사의 안내와 허락하에 본문에 싣지 않았습니다.

당신의 투자 여정을
시작하며

별을 향해 손을 뻗더라도 별을 얻지 못할 수 있다.
그렇다고 한 줌의 진흙만 움켜쥐고 돌아오는 것은 아니다.

─레오 버넷(Leo Burnett)

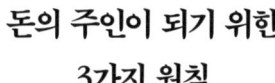

돈의 주인이 되기 위한
3가지 원칙

당신이 지금 손에 들고 있는 것은 전면개정판이다. 이 책은 원래 나의 블로그에서 비롯되었고, 그 블로그는 내가 10대였던 딸 제시카에게 쓴 일련의 편지에서 시작되었다. 그 편지들은 여러 주제를 다루었는데, 주로 돈과 투자에 관한 것이었으며, 당시 어린 제시카가 듣기에는 상당히 이른 감이 있었다.

우리가 만들어낸 이 복잡한 세상을 살아가는 데 있어 돈은 가장 강력한 도구이므로, 그것을 이해하는 일은 매우 중요하다. 돈을 다스릴 줄 안다면 돈은 훌륭한 하인이 되지만, 그렇지 못하면 오히려 돈이 당신을 지배하게 될 것이다.

어느 날 어린 딸이 내게 이렇게 말했다.

"아빠, 돈이 중요한 건 알겠어요. 그렇지만 내 인생을 돈 생각만

하면서 보내고 싶지는 않아요."

이 말은 나에게 새로운 도전의 문을 열어주었다. 나는 이런 주제를 좋아한다. 그러나 대부분의 사람은 소중한 시간을 돈에 대한 생각보다는 더 가치 있는 일을 하는 데 쓰고 싶어 한다. 다리를 건설하고, 질병을 치료하며, 조약을 협상하고, 새로운 기술을 창조하며, 아이들을 가르치고, 기업을 세우고 성장시키는 일 같은 것 말이다.

하지만 안타깝게도 돈 문제를 이렇게 뒷전에 놓고 방치하면 우리는 금융 세계의 사기꾼들에게 쉽게 먹잇감이 되고 만다. 그들은 투자를 끝없이 복잡하게 만드는 사람들로, 복잡할수록 그들에게는 더 큰 이익이 되고 우리에게는 더 큰 비용이 되기 때문이다. 결국 우리는 그들이 벌리고 있는 입 속으로 떠밀려 들어가고 만다.

여기 중요한 진실이 있다. 복잡한 투자 상품은 그것을 만들어 판매하는 사람들의 이익을 위해서만 존재한다. 게다가 이런 상품은 투자자에게 더 큰 비용을 안길 뿐만 아니라, 효과도 훨씬 떨어진다.

딸에게 쓴 편지에서 시작하여 블로그를 거쳐, 그리고 이 책의 초판부터 개정판에 이르기까지 일관되게 이어져온 세 가지 핵심 원칙이 있다.

1. 버는 것보다 적게 쓴다.
2. 남는 돈은 투자한다.

3. 빚은 피한다.

 처음부터 딸에게 조언했던 원칙이다. 이 원칙을 따르기만 하면 당신은 부유해질 것이다. 단순히 경제적으로만이 아니라 삶의 전반에서 풍요로워질 것이다.

 앞으로 이어질 내용에서 우리는 이 원칙들을 깊이 있게 다룰 것이다. 그에 앞서 내가 어떤 배경에서 이 이야기를 하고 있는지 조금 더 알아둘 필요가 있다.

삶에 대한 선택권과
거절할 힘을 갖기 위하여

내가 경제적 독립을 추구한 것은 결코 은퇴가 목적이 아니었다. 나는 일하는 것을 좋아했고, 내 커리어를 쌓아가는 것도 즐겼다. 경제적 독립의 진정한 의의는 삶에 대한 선택권과 거절할 힘을 준다는 것이다. 그것은 스스로 자립하기 위한 돈, 즉 '독립 자금'과 그 돈이 가져다주는 자유에 관한 것이다.

나는 열세 살 때부터 일을 시작했다. 집집마다 파리채를 팔러 다니거나 길에서 공병을 주워 보증금을 받던 것까지 친다면 그보다 더 일찍 일을 시작했다고 할 수 있다. 대체로 나는 일하는 걸 좋아했고, 돈을 버는 일은 언제나 즐거웠다.

나는 타고난 저축가였다. 돈이 불어나는 모습을 지켜보는 것은 황홀한 경험이었다. 언제부터 그런 성향이 생겼는지는 나도 잘 모르겠다. 아마 내 유전자에 새겨진 본능일 수도 있고, 아니면 열여섯 살이 되면 빨간 컨버터블 자동차를 살 수 있다고 나를 혹하게 만들었던 어머니 때문일 수도 있다. 물론 그것은 실현되지 않았다.

아버지는 내가 열여섯 살 생일을 맞이하기도 전에 건강이 악화되었고, 곧이어 사업도 무너졌다. 내 저축은 대학 등록금을 내는 데 쓰였다. 그 과정에서 나는 돈이 없다면 세상이 얼마나 불안정해질 수 있는지를 배웠다. 지금도 나는 어떤 중년 남성이 20년 동안 다닌 직장에서 해고된 뒤 거의 순식간에 빈털터리가 되었다는 이야기를 읽을 때마다 충격을 받는다. 어떻게 그럴 수 있을까? 그건 돈을 다스리는 데 실패한 결과다.

나는 독립 자금이라는 표현을 알기 훨씬 전부터 독립 자금을 원하고 있었다. 내 기억이 맞다면, 그 말은 제임스 클라벨$_{\text{James Clavell}}$의 소설 《노블 하우스$_{\text{Noble House}}$》에서 비롯되었다. 나는 그 소설을 읽고 나서, 결코 잊을 수 없는 구체적인 목표를 마음에 새기게 되었다.

소설 속에서 한 젊은 여자는 자신의 독립 자금을 모으기 위해 분투한다. 그녀가 원하는 것은 다른 사람들의 요구로부터 완전히 벗어나 그녀의 삶과 시간을 원하는 대로 쓸 수 있을 만큼의 돈이다. 그녀가 목표한 금액은 1,000만 달러로, 단순한 경제적 독립을 이루는 데 필요한 것보다 훨씬 많은 금액이다. 적어도 내게는 그렇다. 내 안에 약간의 수도승 기질이 있다는 점이 도움이 되기도 한다.

내가 어린 나이에 깨달은 또 한 가지는, 경제적 독립은 돈뿐만이 아니라 검소한 소비 습관에도 달려 있다는 사실이다. 이는 앞서 이야기한 우화가 잘 보여준다.

소설과는 달리 나에게 있어 '충분한' 독립 자금이란 반드시 평생을 살아갈 수 있을 만큼의 돈을 의미하지는 않는다. 때로는 잠시 한쪽으로 비켜설 수 있을 만큼의 돈이면 충분하다. 내가 처음 그것을 손에 넣은 것은 스물다섯 살 때였는데, 1년에 1만 달러씩 벌며 2년간 일해 모은 5,000달러라는 제법 큰돈이었다.

그것은 나의 첫 '전문직' 일이었고, 그 일을 얻기까지 나는 대학 졸업 후 2년 동안 최저임금의 고된 일을 하며 스스로 생계를 유지해야 했다. 그러나 나는 여행을 가고 싶었다. 몇 달 동안 유럽을 돌아다녀 보고 싶었다. 그래서 상사를 찾아가 4개월간의 무급 휴가를 요청했다. 당시로서는 한 번도 들어본 적 없는 요구였을 것이다. 그는 당연히 거절했다.

그 시절 나는 직장에서의 관계는 협상의 대상이 아니라고 생각했다. 내가 요청하면 고용주가 들어줄지 말지 결정하고, 대답을 통보하면 그걸로 끝일 거라고 말이다.

집에 돌아와 일주일 동안 곰곰이 생각했다. 나는 그 일을 좋아했고, 그만한 일을 다시 찾기는 어려울 것 같았다. 그럼에도 나는 결국 그만두기로 결심했다. 그만큼 유럽에 가고 싶었던 것이다. 그런데 내가 그만두겠다고 하자 뜻밖의 일이 벌어졌다. 상사가 말했다. "성급하게 굴지 마. 내가 사장과 이야기해볼게."

마침내 우리는 6주간의 휴가에 합의했고, 나는 그 꿈같은 시간 동안 자전거를 타고 아일랜드와 웨일스를 누비며 보냈다.

그 일을 계기로 나는 그런 일이 협상의 대상이 될 수 있다는 사실을 깨달았다. 이후 나는 매년 한 달간의 휴가를 요청했고 받아들여졌다. 덕분에 이듬해에는 그리스에 갈 수 있었다. 이 사건으로 나는 눈을 뜨게 되었다. 독립 자금은 여행 경비만 마련해준 것이 아니라, 대범하게 협상할 수 있는 마음의 여유까지 만들어주었다. 나는 다시는 월급의 노예가 되지 않으리라 다짐했다.

그 이후 나는 네 번 더 스스로 직장을 그만두었고, 한 번은 해고당하기도 했다. 나는 최소 3개월에서 최장 5년까지 일을 쉬며 지냈다. 그 이유는 직업을 바꾸기 위해서이기도 했고, 사업을 인수하는 데 집중하기 위해서이기도 했으며, 여행을 떠나기 위해서이기도 했다. 그리고 내 의지가 아니었던 그 한 번은 아무런 계획도 없이 쉬기도 했다.

딸아이는 내가 그런 무급 휴가 중 하나를 보내던 때 태어났다. 지금은 성인이 된 딸아이는 아버지가 하루 18시간을 일하며 집에 거의 없었던 모습부터 늦잠을 자고 빈둥거리는 모습까지 두루 보며 자라왔다. 그러나 딸은 그 모든 순간마다 내가 원하는 방식으로 시간을 보내고 있다는 사실을 알고 있었다. 나는 이러한 경험들이 아이에게 돈의 가치와, 일에 구속되어 있지 않을 때 비로소 느낄 수 있는 일의 즐거움을 가르쳐주었다고 생각한다.

딸이 두 살쯤 되었을 때, 아내는 다시 대학에 다니기 시작했다.

그 무렵은 내가 사업 인수에 몰두하던 시기였고, 한가한 시간이 많았다. 아내가 학교에 가 있는 동안, 아이와 나는 저녁마다 〈라이온 킹〉을 보고 또 보았다. 아마 내 평생 본 모든 영화의 수를 합친 것보다 더 많이 보았을 것이다. 우리는 여전히 그 시절 우리가 함께 쌓았던 종이컵 탑과 나무블록으로 만든 자그마한 오두막을 떠올리며 웃곤 한다. 그 시간들은 고스란히 딸과 나의 소중한 추억이 되었다.

그 무렵 나는 급여를 받고 있지 않았지만, 우리는 아내가 직장을 그만두고 전업주부가 되는 것에 의견을 모았다. 아내도 원하는 바이기는 했지만, 사실 그녀에게는 매우 힘든 선택이었다. 나처럼 아내도 어릴 적부터 일을 해왔고 일을 사랑했기 때문이다. 그녀는 직장을 다니며 돈을 벌지 않으면 자신이 우리 가족에게 도움이 되지 못한다고 여겼다.

나는 이렇게 말했다. "우리에겐 독립 자금이 있어. 우리는 근사한 자동차나 더 큰 집 같은 건 별로 원하지 않잖아. 당신이 계속 일을 하며 돈을 번다고 해도, 당신이 우리 딸과 함께 시간을 보내는 것보다 더 소중한 게 있을까?"

내 말을 듣고 곰곰이 생각하던 아내는 일을 그만두겠다고 결심을 굳혔다. 그것은 이때까지 우리가 돈으로 산 것 중 단연코 최고의 '구매'였다. 물론 그 말은 우리의 근로소득이 제로가 되었다는 뜻이기도 했다. 그러나 우리가 둘 다 일하지 않았던 그 3년 동안, 우리의 순자산은 오히려 늘어났다. 그때 처음으로 우리는 독립 자금을 단순히 보유한 수준을 넘어, 일하지 않아도 순자산이 증가하는 단계에 도달했음을 확실히 깨달았다. 우리는 경제적으로 완전히 독립을 이룬 것이었다.

나의 경우, 인수할 만한 사업체를 찾는 데는 실패했다. 그러나 그 탐색 과정에서 얻은 경험은 컨설팅 일로 바뀌었고, 몇 년 뒤에는 한 고객이 나를 정식으로 채용하면서 예전에 내가 그만두었던 직장에서 벌었던 돈보다 더 많은 급여를 주었다. 미국에서 실패의 대가는 역설적으로 더 큰 성공일 때도 있다.

우리가 뉴햄프셔로 이사했을 때, 아내는 딸의 초등학교 도서관에서 자원봉사를 했다. 물론 도서관 운영 시간이 딸의 수업 시간과 정확히 맞아떨어졌기에 가능한 일이었다. 몇 년 뒤 학교는 아내에게 유급 일자리를 제안했다. 그것은 그녀가 예전 회사에서 하던 익숙한 일은 아니었지만, 스트레스가 없고 즐거운 일이었다. 아내는 그 선택 이후 다시는 예전 일자리로 돌아가고 싶어 하지 않았다.

대체로 우리가 결혼한 수십 년 동안 최소한 우리 둘 중 한 사람은 일을 해왔다. 덕분에 건강보험이라는 어려운 문제는 손쉽게 해결되었다. 1990년대 초반, 둘 다 직장을 몇 년 동안 다니지 않았을 때 우리는 자기부담금이 높은 재난성 의료보험을 들었다. 세부 내용은 너무 오래되어 기억나지 않지만, 어쨌든 오늘날에는 아마도 적용되지 않을 보험이었다. 그러나 아내가 국민건강보험 자격을 얻기 전에 일을 그만두었다면, 우리는 다시 그런 보험을 찾아야 했을 것이다.

앞으로 더 자세히 설명하겠지만, (그리고 이 책의 제목이 말해주듯이) 나의 투자 방식의 핵심은 '단순함'이다. 나는 소득원을 다양하게 분산시키는 투자 방식을 선호하지 않는다. 나는 투자란 최대한 단순해야 한다고 생각한다. 그래서 나는 금이나 연금, 암호화폐 등에는 투자하지 않는다.

내가 2011년에 일을 그만두고 본격적으로 경제적 독립에 들어섰을 때만 해도, 예전에 벌여놓았던 몇 가지 투자 자산이 남아 있었다. 그것들은 내가 수년간 저질렀던 수많은 투자 실수의 마지막 흔적이었다. 은퇴 후 우리는 현금이 필요할 때 가장 먼저 그것부터 정리했다. 그것들은 내가 열심히 노력하면 주식 지수를 능가하는 투자를 할 수 있을 거라고 믿던 시절에 벌인 것이었다.

솔직히 말해, 내가 그동안 얼마나 많은 실수를 저질렀는지 안다면 깜짝 놀랄 것이다. 나 역시 과거에는 상승할 주식을 찾아내는 일, 매매 타이밍을 맞추는 일이 가능할 거라고 생각했다. 또한 좀 더 빨리 경제적 독립을 하기 위해서는 과감한 모험이 따르는 '한 방'이 필요하다고도 생각했다. 그게 얼마나 어리석은 짓인지 조금만 더 일찍 깨달았더라면 좋았으련만. 그럼 금광 사업을 하는 머라이어 인터내셔널Mariah International이라는 동전주에 5만 달러를 투자하는 일은 없었을 텐데.

그렇게 뼈저린 교훈을 얻은 뒤, 나를 구해준 것은 다음 세 가지 원칙이었다.

1. 흔들림 없이 소득의 50퍼센트 저축하기
2. 부채 피하기(우리는 자동차 할부조차 해본 적이 없다)
3. 마지막으로, 뱅가드 그룹의 창립자이자 인덱스펀드를 창안한 잭 보글$_{Jack\ Bogle}$이 수십 년 전 완성한 인덱스 투자법의 교훈 받아들이기

이 세 가지 단순한 원칙만으로도 우리는 경제적 독립에 도달할 수 있었다. 그동안 잘못된 선택을 해왔더라도 괜찮다. 이 원칙은 지금부터 변화를 준비하는 모든 이들에게 용기를 줄 것이다.

이제 나는 은퇴를 했고, 기분은 최고다. 정해진 근무 시간을 지킬 필요가 없다는 것이 가장 좋다. 새벽 4시까지 깨어 있다가 정오까지 잘 수도 있고, 아니면 새벽 4시 반에 일어나 해 뜨는 것을 볼 수도 있다. 며칠씩 집에서 빈둥거릴 수도 있고, 몇 달씩 여행을 떠나 있을 수도 있다. 영감이 떠오를 때면 블로그에 글을 쓰고, 책을 한두 권 더 써볼까 궁리하기도 한다. 아니면 그저 마당 한쪽 그늘에 앉아 커피를 마시며 다른 사람들이 쓴 책을 읽을 수도 있다.

지금껏 살아오며 후회하는 일은 별로 없지만, 그 얼마 없는 후회 중 하나는 일이 어떻게 될지 걱정하는 데 너무 많은 시간을 쏟았다는 것이다. 돌이켜보면 그것은 엄청난 인생의 낭비였다. 이 책을 읽는 독자들은 부디 그러지 않기를 바란다.

나이가 들수록 하루하루가 더욱 소중하게 느껴진다. 나는 내 삶에서 더 이상 가치가 없는 물건, 활동, 사람들을 지워내고, 가치

를 더하는 것들을 찾아 받아들이는 일을 꾸준히 해왔다.

세상은 크고도 아름답다. 돈은 그중 작은 부분에 불과하다. 그러나 독립 자금은 세상을 자기 방식대로 탐험할 수 있는 자유와 자원, 시간을 살 수 있게 해준다. 현재 은퇴했든 아니든 상관없다. 각자의 여정을 즐겨보자.

상황은 변해도 원칙은 변하지 않는다

이번 전면개정판을 준비하면서 《부에 이르는 가장 단순한 길》이 처음 출간된 이후 지난 10년을 되돌아보게 되었다. 무엇보다 가장 즐거웠던 점은 이번 개정 작업을 딸과 함께할 수 있었다는 사실이다.

이 책의 모든 글들은 내가 당시 어린 딸과 나누었던 대화에서 시작된 셈이다. 딸에게 인생에서 가장 중요한 것 중 하나인 돈에 대해 가르쳐주고 싶은 마음에서 출발했지만, 내가 너무 이른 시기에 아이를 과도하게 밀어붙여 오히려 돈과 관련된 모든 일에 흥미를 잃게 만들지는 않았을까 하는 두려움이 책까지 쓰게 만든 동력이 되었다. 그 오랜 여정이 이렇게 전면개정판을 딸과 함께 작업하며 완성되는 것 같아 매우 기뻤다.

사람들은 종종 딸이 이제는 이 책에서 다루는 개념들을 다 받아들이게 되었는지 묻곤 한다. 그 질문에 그렇다고 자신 있게 말할 수 있어서 참 다행이다. 결국 나에게 있어 이 모든 과정은 오직 한 사람을 설득하기 위한 작업이었다. 딸이 이번 전면개정판 작업에 참여한 것은 단순히 도움을 주고 즐거움을 더해준 것에 그치지 않고, 그녀가 이 길을 얼마나 깊이 이해하고 받아들였는지를 보여주었다. 실제로 이제 서른을 조금 넘긴 그녀는 자신만의 경제적 독립을 향해 성큼 다가가고 있다.

그럼에도 딸은 여전히 나를 놀리며 이렇게 말하곤 한다. "아빠, 내가 어렸을 때 아빠 말을 들었다면 아빠의 블로그도, 경제적 독립을 추구하는 모임도, 그리고 책도 없었을 거예요. 아무도 아빠를 인터뷰하고 싶어 하지 않았을 거고, 출판사에서 아빠 책의 전면개정판을 출간하는 일도 없었을 거예요."

내가 자주 받는 또 하나의 질문은 "이 책에서 제시한 원칙들이 여전히 유효한가?"라는 물음이다. 대답은 단연코 '그렇다'이다.

이 책에서 제시하는 접근법은 수십 년을 내다보고 설계되었다. 오늘날 인류의 늘어난 평균 수명을 고려하면, 나의 딸은 앞으로 70년에서 80년은 더 살게 될 것이며, 그들의 자녀 세대 또한 그러할 것이다. 이번 전면개정판에는 많은 업데이트와 새로운 내용이 담겨 있지만, 그 근본 원칙만큼은 변함이 없다.

두 번째 질문은 내게 좀 우스꽝스럽게 들리지만, 그 걱정 자체는 충분히 이해할 만하다. 이 책이 처음 출간된 이후 세계 곳곳은 혼란으로 가득했다. 인플레이션이 다시 찾아와 금리를 끌어올렸고, 우리는 100년 만의 세계적 팬데믹과 그에 따른 시장 붕괴를 겪었다. 그사이 등장한 새로운 기술들은 종종 두려움마저 불러일으킨다. 비트코인이나 밈 주식처럼 또 다른 투기 수단들이 주목받고 있으며, 지구 온난화와 새로운 전쟁까지도 이어지고 있다.

그러나 변화의 속도가 조금 빨라졌다고 느끼는 것일 뿐 정말로 세상이 변화의 혼돈에 빠진 것은 아니다. 세상은 언제나 매 시대마다 불안정하게 느껴져왔다. 구체적인 양상은 조금씩 달라도 혼란 자체는 늘 존재했다. 그런 점에서 지난 10년은 내가 이전에 겪어온 여섯 차례의 10년과 별다를 바 없다고 생각되기도 한다.

그렇다면 이러한 모든 사실이 우리 투자자들에게 어떤 의미가 있을까? 내가 투자해온 지난 반세기인 1975년에서 2025년까지 숱한 도전과 변화를 겪었음에도 S&P 500 지수는 연평균 12.2퍼센트 상승해왔다.[1] 그야말로 경이로운 수치다. 이에 관해서는 이 책의 다음 장들에서 더 자세히 다룰 것이다.

그렇다, 지난 10년이라는 시간 동안 세상에는 참 많은 일이 있었다. 그러나 되돌아보면 이 책 전반에 걸쳐 다루게 될 원칙들이 여전히 유효하다는 걸 어느 때보다도 확신하게 된다.

《부에 이르는 가장 단순한 길》은 세월의 시험을 견뎌내도록 설계된 책이다. 이 책은 지난 10년 동안 나의 딸을 비롯해 수많은 독자에게 꽤 훌륭한 길잡이가 되어주었다. 내가 1975년에 이 길을 깨달았더라면, 그 후 50년간의 투자에서 실수를 거듭하는 일

없이 좀 더 큰 성공을 거둘 수 있었을 것이다. 미래를 알 수 있는 이는 아무도 없다. 그러나 경제적으로 미래에 맞설 수 있는 최선의 길은 내가 아는 한 이것뿐이다. 나와 내 딸 모두가 실천하고 있는 길이기도 하다.

이 길은 결코 쉽게 얻어지지 않았다. 지금 내게는 매우 단순하고 명확해 보이는 것들이지만, 나는 이를 고통스러운 시행착오를 통해 배우는 데 수십 년을 보냈다. 딸에게 보냈던 초기의 편지들, 이어진 블로그 연재 글들, 그리고 지금의 이 책까지 모두 그녀에게 어떤 투자 방법이 가장 효과적인지, 어디에 함정이 있는지, 그리고 투자란 단순할수록 강력하다는 것을 전하기 위한 노력의 산물이다. 나는 이 원칙들을 통해 그녀가 나와 같은 실수를 하지 않기를, 나보다는 덜 고생하기를, 그리고 좀 더 빨리 경제적 자유를 이룰 수 있기를 바란다.

이 책을 집어 든 당신도 그럴 수 있었으면 좋겠다. 자, 그럼 이제 시작해보자.

예측에 대한 중요한 참고 사항

　이 책 전반에서 다양한 '만약에' 시나리오를 접하게 될 것이다. 이러한 시나리오를 만들려면, 온라인에서 자유롭게 이용할 수 있는 다양한 투자 수익률 계산기 중에서 용도에 맞는 것을 고르고, 입력할 매개변수를 선택해야 한다. 당연히 이러한 시나리오들은 어디까지나 이 책에서 제안하는 투자 방법을 개념적으로 설명하기 위한 것으로, 입력 값은 물론 정확하지만 그 결과가 미래를 예측하는 것은 아니다. 당연히 예측할 수도 없다.

　경우에 따라 나는 다음 세 가지 계산기 가운데 하나를 참고하도록 안내할 것이다.

계산기 A: S&P 500 수익률 계산기(배당 재투자 포함)

- https://dqydj.net/sp-500-return-calculator/
- 특정 기간의 S&P 500 수익률만 확인하고 싶을 때 사용한다.
- 관심 있는 날짜를 입력한 뒤 'Calculate(계산)' 버튼을 클릭하면 수익률을 확인할 수 있다.

계산기 B: S&P 500 정액분할 수익률 계산기(배당 재투자 포함)

- https://dqydj.net/sp-500-dividend-reinvestment-and-periodic-investment-calculator/
- 일정 금액을 정기적으로 투자했을 때의 효과를 확인할 수 있다.
- 내가 사용하는 방식은 다음과 같다.
  ① 날짜, 초기 금액, 정기 투자 금액을 입력한다.
  ② 'Keep It Constant(항상 일정함)'를 클릭한다.
  ③ 'Click To Show Advance(클릭하여 확장하기)'를 클릭한다.
  ④ 'Ignore Taxes(세금 무시)'와 'Ignore Fees(수수료 무시)'를 클릭한다.
  ⑤ 'Calculate'를 클릭하면 수익률을 확인할 수 있다.

계산기 C: 기본 투자 수익률 계산기

- https://www.calculator.net/investment-calculator.html
- 이 계산기는 다양한 투자 금액, 기간, 기대 수익률, 추가 납부 금액과 납부 시점을 입력해 결과를 확인할 수 있다.
- 항상 'End Amount(종료 금액)' 탭을 먼저 선택한 상태에서 시작해

야 한다. 그 후 입력값을 넣고 'Calculate'를 클릭하면 수익률을 확인할 수 있다.

이 책에서 제시한 시나리오들을 실행할 때 나는 다음과 같은 선택을 했다.

- 나는 '배당 재투자Dividends Reinvested'를 선택했다. 이는 많은 투자자가 부를 축적하기 위해 실제로 사용하는 방법이다.
- 인플레이션과 세금 및 수수료는 무시했다. 그 이유는 인플레이션은 예측이 불가능하고, 세금은 개인별로 차이가 크며, 수수료 역시 차이가 있는 데다가 내가 권하는 인덱스펀드를 선택하면 최소화할 수 있기 때문이다.
- 초기 투자, 또는 정기 투자 시나리오에서는 매월 또는 매년 초에 투자하는 것으로 설정했다.

이 수치들이 본인에게 어떻게 나타나는지, 또 이러한 변수들을 바꾸었을 때 수익률이 어떻게 달라지는지 확인하고 싶다면, 직접 해당 계산기에 접속해 자신의 조건을 입력하고 계산해보기 바란다.

2015년에 집필한 이 책의 초판에서는 시장의 연평균 수익률을 설명할 때 주로 1975년 1월부터 2015년 1월까지 40년간의 수익률 평균치를 사용했다. 그 이유는 다음과 같다.

- 이 책은 장기 투자를 권장한다. 따라서 이와 같이 수십 년에 걸친 평균 수익률을 설명할 필요가 있다.
- 이 책은 인덱스펀드 투자를 권장한다. 그에 따라 인덱스펀드가 시장에 등장한 시기를 고려했다. 1975년 잭 보글은 뱅가드를 설립하고, 이듬해 세계 최초의 인덱스펀드를 출시했다.
- 또 한 가지 이유는, 내가 실제로 투자를 시작한 시점인 1975년을 기준으로 설명하기 위해서였다. 물론 독자에게는 중요하지 않은 부분이지만 말이다.

우연히도 1975년 1월부터 2015년 1월까지, 앞서 언급한 매개변수를 적용했을 때 시장은 연평균 11.9퍼센트의 수익률을 기록했다. 해마다 실제 수익률은 들쭉날쭉했지만, 결국 40년이라는 기간을 놓고 보면 매년 평균 11.9퍼센트씩의 수익을 가져다주었다는 이야기다.

그 수치는 놀라운 수준이었기에, 이번 전면개정판을 준비하며 2015년부터 2024년까지의 수익률을 합산해 계산할 때 다소 긴장이 되었다. 그 기간 동안 우리는 팬데믹과 그로 인한 34퍼센트의 시장 폭락, 그리고 2022년의 22퍼센트 약세장 하락을 겪었기 때문이다. 그러나 그 모든 과정을 지났음에도 불구하고, 거의 반세기에 해당하는 1975년 1월부터 2024년 12월까지 시장의 연평균 수익률은 12.2퍼센트에 달했다.

벌써 반대론자들의 아우성이 들리는 듯하다. 2000년 1월부터

2009년 1월까지 시장 수익률은 12.2퍼센트는커녕 바닥을 모르고 추락하고 있었다고 말이다. 사실이다. 그 시기 수익률은 배당 재투자를 포함하더라도 -3.8퍼센트라는 참담한 수준이었다. 그러나 그 기간은 지난 100년 중 최악의 투자 시기 가운데 하나에 해당한다.

반대로 최고의 시기 가운데 하나였던 1982년 1월부터 2000년 1월까지는 수익률이 12.2퍼센트를 훌쩍 넘어 연평균 약 18.5퍼센트에 달했다. 2009년 1월부터 2015년 1월까지는 연평균 17.7퍼센트였으며, 더 최근인 2019년 1월부터 2024년 12월까지는 17퍼센트였다. 이 기간은 이번 전면개정판을 집필하는 시점에서 가장 최신이다.

사실, 어느 한 해에 시장이 특정한 수익률을 내는 경우는 극히 드물다. 더 나아가 평균 시장 수익률은 측정 기준으로 삼는 기간에 따라 크게 달라질 수 있다.

이 때문에 약간의 오해가 생길 수 있으니 분명히 말해두고자 한다. 지난 50년간 실제 연평균 수익률은 12.2퍼센트였다. 그러나 당신이 미래를 계획할 때 앞으로의 기대 수익률로 이 수치를 사용해서는 안 된다. 즉, 지금까지 연평균 수익률이 12.2퍼센트였다고 해서 앞으로의 연평균 수익률도 12.2퍼센트일 거라고 예상해서는 절대로 안 된다는 말이다.

혹시라도 독자들이 내가 그렇게 주장했다고 오해할 수 있겠다는 생각이 들자 심각한 고민이 되었다. 그래서 다른 기간을 예시로 들어볼까도 고려해봤지만, 앞서 언급한 변수들을 생각하면 그래봤자 또 다른 수치를 제시할 뿐, 그것 역시 앞으로 지속될 가능성은 마찬가지로 낮았다.

같은 기간을 유지하되 다른 매개변수를 적용하는 방법도 있었다. 그 결과는 다음과 같다.

- 배당을 재투자하지 않았을 경우: 9.25퍼센트
- 배당을 재투자하지 않고 인플레이션을 반영했을 경우: 5.38퍼센트
- 배당을 재투자하고 인플레이션을 반영했을 경우: 8.25퍼센트

그러나 앞서 언급한 이유로 이러한 수치들은 충격은 덜할지라도 오히려 유용성이 더 떨어져 보였다.

나는 한때 단순히 합리적으로 보이는 임의의 수치를 사용하는 것도 고려했다. 예컨대 8퍼센트 정도다. 실제로 몇 가지 사례에서는 8퍼센트를 사용하기도 했다. 시장의 연평균 수익률이 대체로 8~12퍼센트라고 흔히 말하므로, 그 범위에서 낮은 쪽을 택하는 것이 가장 합리적으로 보였다. 그러나 결국 그것은 근거 없이 숫자를 끌어온 것에 불과했다. 또한 무엇이 '합리적'인지 누가 단정할 수 있겠는가?

이러한 이유로 이 책의 초판에서는 연평균 수익률로 놀라운 수치인 11.9퍼센트를 주로 사용했고, 이번 전면개정판에서는 마찬

가지로 놀라운 12.2퍼센트를 사용하게 되었다. 정말 사실 그대로의 수치를 사용한 것이다. 그러나 다시 한번 강조하지만, 그렇다고 해서 당신이 미래를 계획할 때 연평균 수익률을 11.9퍼센트나 12.2퍼센트, 혹은 그 어떤 특정 수익률을 기대해서는 안 된다.

여기서 하는 것은 어디까지나 가능성을 살펴보기 위한 간단한 '만약에' 분석일 뿐이다. 11.9퍼센트나 12.2퍼센트가 너무 높거나 혹은 너무 낮게 느껴진다면, 스스로 가장 합리적이라고 생각하는 수익률이나 기간을 적용해 직접 계산해볼 수도 있다.

무엇을 선택하든 간에, 그것이 수십 년 단위의 평균을 측정하는 데 있어서는 어느 정도 타당하다 하더라도 매년 그 수치대로 수익률이 나타나지는 않을 것이다. 누구도 미래를 정확히 예측할 수 없다는 사실을, 이러한 계산을 살펴볼 때마다 반드시 기억해야 한다.

끝으로, 매우 중요한 내용이기에 책 서두의 면책 고지에서 언급했던 시간이 지나며 변하는 것들의 영향을 다시 강조하고자 한다. 이 책 전반에 걸쳐 나는 여러 법률과 규정을 인용했고, 뮤추얼 펀드의 운용보수, 세율 구간, 투자 계좌 납부 한도 등과 같은 구체적인 수치를 사용했다. 이 수치들은 모두 이번 전면개정판을 준비하던 시점에는 정확했지만, 독자가 이 책을 읽는 시점에는 달라져 있을 수 있다. 다만 이들은 내가 제시하는 더 큰 개념을 설명하기 위한 사례로 사용되었으므로 크게 중요하지는 않을 것이다. 그러나 독자의 상황에 따라, 혹은 단순히 호기심에서라도 더 알고 싶다면 반드시 시간을 내어 최신 규정과 수치를 직접 확인하기 바란다.

그럼 이제 본격적으로 시작해보겠다.

1부

흔들림 없는 투자자가 되기 위하여

지금은 파도가 너무 높지만, 난 기다릴 거예요.

―블론디(Blondie)

1
빚부터 갚아라

대학을 졸업하고 몇 년 뒤, 나는 처음으로 신용카드를 만들었다. 그 시절에는 신용카드를 발급받기가 훨씬 까다로웠다. 요즘처럼 직업도 없는 내 반려견 푸들조차 신용 한도가 있는 시대와는 달랐다.

첫 달에 나는 신용카드로 300달러 정도를 썼다. 이윽고 청구서가 도착해 확인해보니 각 사용 금액이 판매자별로 나열되어 있었고, 맨 아래에는 총액이 표시되어 있었다. 오른쪽 상단에는 상자 모양의 기재란이 하나 있었는데, 그 안에 달러 기호와 금액을 적을 수 있는 빈칸이 나란히 배치되어 있었다. 그리고 그 밑에 굵은 글씨로 '최소 납부 금액: 10달러'라고 적혀 있었다. 믿기지가 않았다. 300달러어치 물건을 샀는데, 매달 고작 10달러만 갚으면 된다고? 게다가 계속 카드를 쓸 수 있다고? 와, 정말 굉장한데!

하지만 마음 한편에서는 아버지의 목소리가 들리는 듯했다. "무언가가 너무 좋아서 믿기 힘들 정도라면, 그건 진짜가 아니란다. '진짜일 수도 있다'라거나 '어쩌면 진짜일지도 모른다'가 아니라, 정말 진짜가 아닌 거야."

다행히도 그때 바로 옆에 앉아 있던 누나가 아주 작은 글씨로 된 '주의 사항'을 짚어주었다. 그것은 그들이 내가 상환하지 않고 넘기길 바랐던 나머지 290달러에 대해 18퍼센트의 이자를 부과할 예정이라는 내용이었다. 뭐? 이 사람들이 누굴 바보로 아나!

맞다, 사실 그들은 어느 정도 나를 바보라고 생각했다. 나와 개인적인 감정이 있어서 그런 건 아니었다. 그들은 우리 모두를 그렇게 생각한다. 그리고 안타깝게도, 그 생각이 틀리지 않은 경우가 너무도 많다.

잠시 주변 사람들을 한 번 둘러보라. 문자 그대로든, 비유적으로든 말이다. 조금만 깊이 들여다보면, 자산을 축적하는 데 있어 가장 위험한 장애물 하나를 아무런 의심 없이 받아들이고 있는 모습을 흔히 볼 수 있다. 바로 '빚'이다.

판매 기업에게 빚은 강력한 도구다. 빚이 존재하기 때문에 그들은 제품과 서비스를 훨씬 더 쉽게, 훨씬 더 비싼 값에 판매할 수 있다. 간편 할부 금융이 없었다면, 신차의 평균 가격이 5만 달러에 육박할 수 있었을까? 손쉽게 받을 수 있는 학자금 대출이 없었다면, 사립대학 교육비가 20만 달러나 될 수 있었을까? 잘 생각해보라.

놀랄 일도 아니지만, 빚은 지극히 당연한 삶의 일부로 장려되었고, 대체로 그렇게 받아들여졌다. 실제로 이제는 빚이 '당연한' 것이 되었다는 사실을 부정하기는 어렵다. 2024년 말 기준으로 미국인들이 지고 있는 총부채는 거의 18조 달러에 달한다. 참고로 이 책의 초판을 썼던 2015년에는 12조 달러였다.

- 주택담보대출: 12.6조 달러
- 학자금 대출: 1.6조 달러
- 신용카드 부채, 자동차 대출 등 기타 소비자 대출: 3.7조 달러

여러분이 이 책을 읽는 시점에는 이 수치들이 틀림없이 더 올라가 있을 것이다. 그리고 걱정스러운 사실은 여러분이 아는 거의 모든 사람이 이를 문제로 여기지 않는다는 점이다. 오히려 대부분은 이것을 '좋은 삶'으로 들어가는 입장권쯤으로 인식한다.

하지만 분명히 하자. 이 책은 당신을 경제적 독립으로 이끄는 안내서다. 당신의 경제적 자유를 얻는 방법에 관한 책이다. 부를 이루고, 경제적 운명을 스스로 통제할 수 있도록 돕기 위한 책이다.

다시 한번 주변 사람들을 둘러보라. 그들 대부분은 결코 경제적 독립을 이루지 못할 것이다. 그리고 그 가장 큰 이유는 바로 빚을 당연하게 받아들이는 태도 때문이다.

경제적 자유를 이루고자 한다면 사고방식부터 달라져야 한다.

그 첫걸음은 빚을 당연한 것으로 여기지 않는 데서 시작한다. 빚은 부를 키울 수 있는 잠재력을 무너뜨리는 악랄하고 해로운 파괴자라는 사실을 인식해야 한다. 당신의 금융 생활에 빚이 설 자리는 없다.

오늘날 대부분의 사람들이 기꺼이 빚더미 속으로 걸어 들어간다는 사실을 나는 도무지 이해할 수가 없다. 그래서 빚을 지는 일의 단점에 대해 어디서부터 어떻게 설명해줘야 할지 모르겠다. 아니, 애초에 그걸 설명해야 한다는 사실이 나로서는 놀랍기만 하다. 그래도 일단 빚의 단점을 몇 가지만 이야기해보겠다.

- 생활 수준이 낮아진다. 경제적 자유를 꿈꾸는 일은 애초에 접어두자. 설령 목표가 최대한 소비 중심의 삶을 누리는 것이라 해도, 빚이 많을수록 소득에서 더 많은 부분이 이자 상환으로 빠져나간다. 소득 중 상당 부분은 이미 써버린 돈인 셈이다.
- 현재의 소득원에 얽매이게 된다. 빚을 갚아야 하기 때문이다. 그 결과 중요하게 여기는 가치나 장기적인 목표에 부합하는 선택을 할 수 있는 현실적인 능력은 심각하게 제한된다.
- 스트레스 수치가 높아진다. 마치 산 채로 파묻힌 기분이 든다. 빚에 짓눌리게 되면 감정과 심리에 실제로 위험한 영향을 끼친다.
- 당신은 중독자가 겪는 것과 같은 수치심, 죄책감, 외로움, 그

리고 무엇보다 무기력 같은 부정적인 감정을 겪게 된다. 이러한 감정은 스스로 만든 감옥이라는 사실 때문에 더욱 견디기 어렵다.
- 선택지는 매우 좁아지고 스트레스 수준은 너무 높아져서, 당신은 지출에 더욱 의존하는 등 자기 파괴적 습관에 빠질 위험이 있다. 예를 들어 술을 마시거나 담배를 피우고, 아니면 아이러니하게도 쇼핑하면서 더 많은 돈을 쓰게 될 수도 있다. 이는 자신을 계속해서 망가뜨리는 매우 위험한 악순환이다.
- 빚은 당신이 과거나 현재, 미래를 부정적인 관점에서 바라보게 만든다. 과거의 실수에 집착하고, 현재의 고통에 시달리며, 앞으로 닥칠 재앙에만 매달리게 된다.
- 당신의 뇌는 불안을 억누르기 위해 '회피' 본능을 발동시킨다. 그럼으로써 빚이 언젠가 마법처럼 저절로 해결되리라는 헛된 희망에 기대게 된다. 그렇게 빚을 지고 사는 삶이 경제적 태도, 습관, 가치관에 깊이 각인되고 만다.

이미 빚을 지고 있다면 어떻게 해야 할까

이 책의 기본 원칙 중 하나는 '무슨 일이 있어도 빚은 피하라'이지만, 현재 이미 빚을 지고 있다면 그 빚을 조기 상환하는 것이

자금을 활용하는 최고의 방법인지 따져볼 필요가 있다. 오늘날과 같은 환경에서는 다음과 같은 대략적인 기준을 참고할 수 있다.

- 이자율 3퍼센트 미만: 빚은 천천히 갚고, 그 자금을 투자에 돌리는 것이 좋다.
- 이자율 3~5퍼센트 사이: 빚을 먼저 갚든, 그 돈으로 투자를 하든 상관없다. 자신에게 가장 편한 방식을 선택하라.
- 이자율 5퍼센트 초과: 가능한 한 빚부터 빨리 갚아라.

하지만 이것은 단순히 숫자만 놓고 본 것이다. 때로는 삶에서 빚을 완전히 없애고 앞으로 나아가는 데 집중하는 것이 훨씬 더 중요할 때가 많다. 특히 빚을 관리하는 일이 늘 문제였던 경우라면 더욱 그렇다.

빚을 갚는 데도 순서가 있다

빚을 갚기로 결정했다고? 좋다, 그럼 이제 빚을 갚을 순서를 따져보아야 한다. 수많은 기사와 책들이 빚을 없애는 방법에 대해 다뤄왔다. 이 장을 읽은 뒤에도 더 많은 조언과 도움이 필요하다고 느낀다면, 기꺼이 그것들을 활용하라. 하지만 방법을 찾는 일에만 몰두하다가 정작 실행을 미루지 않도록 조심해야 한다. 사실

쉬운 방법은 없다. 그러나 매우 단순한 길은 있다.
내가 제안하는 방식은 다음과 같다.

- 모든 빚의 목록을 작성하라.
- 필수적이지 않은 지출은 전부 없애라. 말 그대로 '전부' 없애라. 매일 마시는 5달러짜리 커피, 30달러짜리 저녁, 15달러짜리 칵테일 같은 것들 말이다. 이런 지출을 줄여야 당신의 삶을 집어삼키는 빚이라는 불길을 끄는 데 쓸 돈이 생긴다. 더 많이 부을수록 불길은 더 빨리 꺼진다.
- 빚을 이자율 순으로 정렬하라.
- 모든 빚에는 최소 상환액만 내고, 나머지 여유 자금은 이자율이 가장 높은 빚부터 집중적으로 갚아라.
- 1순위 빚 상환이 끝나면, 그다음으로 이자율이 높은 2순위 상환을 시작한다. 그렇게 이자율 순으로 빚을 갚아나간다.
- 모든 빚을 다 갚으면 내게 메일로 소식을 알려주면 고맙겠다. 나는 잔을 높이 들어 당신에게 경의를 표하겠다.

다음으로, 이번에는 내가 권장하지 않는 상환 방식을 소개한다. 나는 이런 식으로 빚을 갚는 것은 추천하지 않는다.

- 나는 빚 상환을 돕는다는 서비스에 돈을 내지 않는다. 그것은 단지 비용만 늘릴 뿐이며, 그런 신용 상담 서비스가 고통

을 덜어줄 마법 같은 공식이나 기술을 가진 것도 아니다. 이 일을 해낼 수 있는 사람은 오직 당신 자신뿐이다.
- 나는 대출을 한데 묶으려 애쓰지 않는다. 심지어 이자율이 더 낮아진다고 해도 그렇게 하지 않는다. 당신은 이 빚들을 빠르고 단호하게 갚아나갈 것이고, 그렇게만 된다면 이자율은 0이 된다. 그것이 목표이지, 단순히 이자율을 18퍼센트에서 12퍼센트로 낮추는 것이 목표가 아니다. 영리한 전략을 찾는 데 시간을 쓰기보다는 목표 자체에 집중하라.
- 나는 심리적 만족을 위해 작은 대출부터 먼저 갚지는 않는다. 많은 사람이 그런 방식을 선호한다는 것은 안다. 만약 그 방식이 당신이 끝까지 버티는 데 도움이 된다면 그렇게 해도 좋다. 하지만 이 책을 더 읽다 보면 알게 되겠지만, 나는 그런 의존적 방법을 권장하지 않는다. 전략을 마음 편하게 하는 데 맞추기보다는, 마음과 태도를 전략에 맞춰라.

요컨대 특별한 묘수는 없다. 그저 빚을 갚는다는 것에 집중하고 실행하라. 물론 말은 간단하지만 실행이 쉽지는 않을 것이다. 빚을 갚을 돈을 마련하기 위해서는 생활 방식과 지출을 상당히 크게 조정해야 한다. 빚을 모두 없애기까지 몇 달, 어쩌면 몇 년이 걸릴 수 있으며, 그동안 흔들리지 않고 계속 나아가기 위해서는 강한 자기 규율이 필요하다.
하지만 좋은 점도 있다. 이것은 정말 대단히 좋은 점이다. 한 번

절제된 소비 생활에 익숙해지고, 남는 현금을 빚 상환에 돌리는 습관을 길러낸다면, 바로 그 순간부터 경제적 독립을 쌓아갈 토대를 정확히 마련하게 되는 것이다.

빚을 모두 갚고 나면, 이제부터 당신은 여유 자금을 투자하는 데에 모두 쓸 수 있다. 한때는 빚이 줄어드는 것을 보며 만족을 느꼈다면, 이제는 부가 쌓여가는 것을 보며 기쁨을 누리게 될 것이다.

시간을 허비하지 마라. 빚은 즉각적으로 해결해야 할 긴급한 위기다. 지금 빚이 있다면, 그것을 갚는 것이 최우선 과제다. 그 어떤 것도 더 중요하지 않다.

주위를 다시 보라. 대부분의 사람에게 빚은 그저 삶의 일부가 되어가고 있다. 그러나 그렇다고 당신마저 그래야 할 필요는 없다. 당신은 빚의 노예로 태어나지 않았다.

세상에 '좋은 빚'이란 없다

가끔 '좋은 빚'이라는 말을 듣게 된다. 그런 말을 들을 때는 매우 조심해야 한다. 가장 흔히 언급되는 세 가지 유형을 간략하게 살펴보자.

사업 대출

모두 그런 것은 아니지만 어떤 기업들은 다양한 이유로 정기적으로 돈을 빌린다. 자산을 취득하거나, 재고 자금 조달, 사업 확장 등을 위해서다. 이러한 빚을 현명하게 쓰면 사업을 성장시키고 더 큰 수익을 가져올 수도 있다.

그러나 빚은 언제나 위험한 도구이며, 상업의 역사에는 빚을 감당하지 못해 무너진 수많은 기업의 실패 사례가 널려 있다. 이러한 빚을 현명하게 다루는 일은 이 책의 범위를 벗어난다. 다만 그것을 성공적으로 활용하는 이들은 극도의 주의를 기울여 사용한다는 점을 명심하라.

주택담보대출

집을 사기 위해 대출을 받는 것은 '좋은 빚'의 전형적인 사례다. 그러나 절대 확신하지는 마라. 주택담보대출의 손쉬운 접근성은 너무나 많은 사람이 자신들의 필요나 경제 수준보다도 훨씬 더 비싼 집을 사도록 유도한다. 유감스럽게도 이러한 과소비는 흔히 부동산 중개인과 대출 브로커들에 의해 부추겨진다.

당신의 목표가 경제적 독립이라면, 가능한 한 최소한의 빚을 져야 한다. 이는 곧 금전적으로 감당할 수 있는 가장 큰 집이 아니라, 필요에 맞는 가장 작은 집을 선택해야 한다는 뜻이다.

기억하라. 더 큰 집을 살수록 감당해야 할 비용도 커진다. 더 높은 주택담보대출 상환액뿐 아니라, 더 높은 재산세, 보험료, 공과금, 유지보수와 수리비, 리모델링 비용, 가구 비용, 그리고 이 모든 것들에 들어가는 자금의 기회비용까지 늘어난다. 이것은 몇 가지만 열거한 것에 불과하다.

더 큰 집은 곧 더 많은 물건을 관리하고 채워 넣어야 한다는 것을 의미한다. 삶에 더 많고 더 큰 물건들을 들일수록 그것들은 당신의 시간과 돈, 그리고 삶의 에너지를 더 많이 요구하게 된다.

집은 투자가 아니라 값비싼 사치다. 물론 그런 사치를 누릴 만한 재정 상태라면 괜찮다. 나 역시 집을 소유한 적이 있다. 하지만 집을 소유하는 것이 필수라거나, 언제나 경제적으로 안전하다거나, 이른바 '좋은 빚'을 지는 것이 당연하다는 생각에 눈이 멀어서는 안 된다.

학자금 대출

내가 1968년부터 1972년까지 일리노이 대학교에 다닐 때, 연간 총비용은 1,200달러였다. 이 1,200달러에는 등록금, 교재비, 집세, 식비, 그리고 약간의 오락비까지 모두 포함되어 있었다.

매년 12주간의 여름방학 동안 나는 병든 느릅나무를 베어내는 일을 했다. 주 6일 일하고 하루에 20달러를 받았다. 나는 매주 100달러를 저축했고, 가을이 되면 한 학기 학비에 필요한 1,200달러를 마련할 수 있었다.

물론 나는 언제 철거되어도 이상하지 않을 만한 낡고 허름한 원룸에서 살았다. 일주일에 두세 번은 저녁으로 하얀 쌀밥에 케첩을 뿌려 먹었다.

시간을 훌쩍 건너뛰어 2010년부터 2014년, 내 딸의 대학 시절로 가보자. 같은 주립대인 로드아일랜드 대학교의 연간 총비용은 평균 4만 달러였다. 다른 선택지였던 뉴욕 대학교는 연간 약 6만 달러가 들었다. 만약 그녀가 2024년에 로드아일랜드 대학교에 진학했다면 약 5만 4,000달러가 필요했을 것이고, 뉴욕 대학교였다면 약 8만 7,000달러를 부담해야 했을 것이다. 나의 옛 동료가 말했듯, 그것은 마치 매년 새 BMW를 사서 1년 동안 타고는 버린 뒤, 또 다른 BMW를 사는 일을 4년 연속으로 반복하는 것과 같다.

물가 상승도 분명 한몫했다. 소비자물가지수$_{CPI}$를 기준으로 보면, 1970년 1월에 1달러였던 것이 2024년 12월에는 8.35달러가 되어야 살 수 있었다.[1] 무려 8배 증가한 것이다. 같은 기간 동안 내가 다녔던 모교의 1년 총비용은 1,200달러에서 5만 5,322달러로 뛰었다. 무려 46배의 증가였다.

분명히 말하지만, 손쉽게 빌릴 수 있는 학자금 대출은 대학 시스템에 막대한 돈을 쏟아부었다. 대학들은 지금까지도 건설 붐을 이어가고 있다. 더 화려한 등록금에는 더 화려한 환경이 따라붙는다.

1970년 당시 대학 총장의 평균 연봉은 약 2만 5,000달러에서 3만 달러 수준이었다. 오늘날에는 천차만별로 10만 달러 안팎인 경우도 일부 있지만, 수십만 달러에 이르는 경우가 훨씬 많고, 어떤 경우에는 수백만 달러에 달하기도 한다.

학자금 대출은 대학과 관련된 모든 비용을 끌어올렸을 뿐만 아니라, 사실상 검소하게 생활할 수 있는 선택지 자체를 사라지게 했다. 내가 살던 그 허름한 집은 어떻게 되었느냐고? 멋들어진 신축 기숙사를 짓기 위해 철거되었다.

쌀밥에 케첩을 뿌려 먹던 시절, 가난한 생활이 창피하지 않았는지 궁금해하는 독자가 있을 수도 있겠다. 하지만 전혀 그렇지 않았다. 당시 내 친구들도 똑같았기 때문이다. 그건 오히려 자부심의 원천이었다. 그러나 요즘에는 학자금 대출로 생활하는 친구들이 모두 외식을 하러 가는데 혼자만 그렇게 먹는다면 부끄럽게 느끼는 사람도 있을 수 있겠다.

더 나아가 치솟는 대학 학비와 학자금 대출이 초래한 불행한 결과 중 하나는 고등교육의 본질이 왜곡됐다는 점이다. 대학이 학문과 교양의 배움터가 아니라, 막대한 비용과 빚을 정당화할 수 있는 고급 일자리를 얻기 위한 직업 학교쯤으로 변질되었다.

물론 큰돈을 내고 대학을 졸업했으니 고급 일자리를 얻는 것이 당연히 필요하다고 생각할 수도 있다. 그러나 문제는 젊은이들이 그러한 직업이 자신에게 안 맞는다는 것을 깨달은 뒤에도 학자금 대출 때문에 할 수 없이 그 직업을 이어간다는 점이다. 젊음은 세상을 탐구하고, 시야를 넓히며, 자신의 세계를 확장하는 데 써야지, 사슬에 매인 채 소모되어서는 안 된다.

그중에서도 진짜 충격적인 사실은 이것이다. 다른 어떤 종류의 빚도 끔찍하기는 마찬가지지만, 학자금 대출만큼은 당신이 어떤 상태라 해도 결코 벗어날 수 없다는 점이다. 다른 빚과는 달리 학자금 대출은 파산해도 사라지지 않는다. 무덤까지 따라올 것이다. 임금은 물론 사회보장연금까지도 압류당해 상환에 쓰일 수 있다. 은행들이 앞다투어 이런 대출을 내주려 하는 모습도 전혀 놀랍지 않다.

나는 개인의 책임을 굳게 믿으며, 스스로 선택해 진 빚은 성실히 갚아야 한다고 생각한다. 그러나 금융 지식이 거의 없는 18세 청소년들에게 이 부담을 사실상 자동으로 받아들이게끔 부추기는 행태에 대해서는 윤리적으로 심각한 의문을 품지 않을 수 없다.

우리는 종신계약 노동자와도 같은 세대를 만들어내고 있다. 그 속에서 윤리나 이익을 찾아보기는 어렵다.

2
'독립 자금'이 필요한 이유

9·11 테러 직후, 회사는 나를 가차 없이 해고했다. 불과 여섯 달 전만 해도 우리 사업부 사장은 사상 최고 실적을 축하한다며 나를 점심 자리에 초대하기도 했다. 우리는 폭발적으로 성장하고 있었고, 놀라울 정도로 높은 수익성을 기록하고 있었다. 고급 와인 한 병을 곁들이며 그는 내 앞날이 아주 밝을 것이라고 말했다. 그 일자리는 지금껏 내가 가졌던 것 중 가장 좋았다. 우리는 훌륭한 팀을 이루고 있었고, 뛰어난 리더십이 있었으며, 일하는 즐거움도 컸다. 게다가 수입도 많았다. 나는 그때까지 받았던 1년 연봉보다 더 많은 금액이 적힌 보너스 수표를 막 현금화한 참이었다.

그로부터 1년 뒤, 나는 어린 딸과 함께 소파에 앉아 뉴스를 보고 있었다. 걱정스러운 표정의 방송 기자 뒤편으로 무료 급식을 받기 위해 길게 늘어선 사람들이 보였다. 그 장면은 마치 대공황 시절을 연상케 했다. 기자는 그들이 경기 침체 속에서 일자리를 잃고 고통받는 새로운 빈곤층이라고 전했다. 나는 여전히 실직 상태였고, 상처를 추스르며 지내고 있었다.

"아빠, 우리 가난해?" 여덟 살이던 딸아이가 심각하게 걱정스러운 표정으로 물었다.

"아니야. 우린 괜찮아." 내가 대답했다.

"하지만 아빠는 직업이 없잖아." 딸이 말했다. 아이는 분명 'TV에 나오는 그 불쌍한 실업자들처럼 말이야'라는 말을 속으로 삼키고 있는 것 같았다. 나는 여덟 살짜리가 직업이 뭔지 안다는 게 놀라울 따름이었다.

"얘야, 그건 아무 문제가 없어. 우리에겐 우리를 대신해 일하고 있는 돈이 있거든."

나는 그렇게 말했지만, 속으로는 이렇게 생각하고 있었다. '독립 자금을 마련해두길 정말 잘했군. 그 돈이 없었더라면 어쩔 뻔했어.'

사실 나는 '독립 자금'이라는 표현을 알기 훨씬 전부터 이미 그것을 준비해왔다. 그것을 뭐라고 부르는지는 몰랐지만, 어쨌든 그것이 무엇이며 왜 중요한지는 알고 있었다. 돈으로 살 수 있는 것은 많지만, 그중 가장 귀한 것은 자유다. 하고 싶은 일을 할 자유, 존경하는 사람을 위해 일할 자유 말이다.

월급에 의존해 살아가는 사람들은 노예다. 빚을 지고 사는 사람들은 더 단단한 족쇄를 찬 노예다. 그들의 주인들이 이 사실을 모를 거라고는 단 한순간도 생각하지 마라.

앞서 말했듯, 나는 첫 직장에 다닌 지 2년쯤 되었을 때 추가 휴가를 협상할 수 있을 만큼의 소박한 독립 자금을 처음 모았다. 1989년에 이르자 그 금액과 그것이 안겨준 자유는 크게 불어 있었다. 당장 은퇴할 만큼은 아니었지만, 그래도 필요하다면 언제든 "그만둘게요"라고 말할 수 있을 정도는 됐다.

때마침 시기도 좋았다. 나는 사업 인수를 추진하기 위해 휴식 기간을 갖고 싶었다. 그러던 어느 날 아침, 사무실 복도에서 상사와 서로 고함을 주고받고 있는 나 자신을 발견했을 때, 드디어 때가 됐다는 생각이 들었다.

메르세데스 벤츠를 소유하지는 못했을지라도, 나는 자유를 소유하고 있었다. 내가 원하면 직장을 그만둘 수 있는 자유, 또 원치 않게 직장을 잃더라도 걱정하지 않을 자유 말이다.

독립 자금이 있어서 다행이었다. 9·11 이후 나는 무려 3년 동안을 실직 상태로 지냈다. 나는 구직 활동에 정말 서툴렀다.

3
누구나 경제적 독립을
할 수 있다

"모든 사람이 백만장자로 은퇴하는 것이 실제로 가능할까요?"

몇 년 전 내 블로그에 누군가 이런 도발적인 질문을 올렸다. 그때부터 그 생각은 내 머릿속을 맴돌았다.

간단히 답해보자면, 조건부로 '그렇다'이다. 모든 중산층 임금 노동자가 백만장자로 은퇴하는 것은 가능하다. 다만 실제로 그런 일이 일어나지는 않을 것이다. 그것은 계산이 맞지 않아서가 아니다. 숫자가 보여주듯, 장기간 복리로 불리면 100만 달러에 도달하기 위해 실제로 필요한 투자금은 매우 적다.

1975년 1월에 S&P 500 주식에 1만 2,000달러를 투자하고 이후에는 배당금만 재투자했다면, 2014년 6월에 이미 100만 달러를 넘어섰을 것이다. 그리고 그것을 그대로 두었다면 2024년 말에는

380만 3,384달러가 되었을 것이다.[1]

1만 2,000달러가 당장 없다고? 괜찮다. 1975년 1월부터 매달 130달러(연 1,560달러)를 투자했다면, 2014년 11월에 100만 달러를 넘게 되고, 2024년 말에는 355만 2,096달러가 된다.

매달 20달러를 더해 150달러, 즉 연 1,800달러를 투자했다면 2024년 말까지 400만 달러를 넘게 된다. 100만 달러에 더해 멋진 휴가용 별장을 한 채 구입하고, 신형 테슬라나 콜벳Corvette[*]을 몰고 다닐 수 있는 여유까지 누릴 수 있다.

지난 반세기 동안 수많은 금융 혼란이 있었다는 점을 생각하면, 이는 꽤 놀라운 일이다. 그러나 복리는 시간이 필요하므로, 일찍 시작하는 것이 중요하다.

물론 100만 달러라는 목표는 임의로 정한 것이다. 아마 더 나은 질문은 이것일 것이다. "모든 사람이 경제적 독립을 달성할 수 있을까?"

〈극단적 조기 은퇴Early Retirement Extreme〉나 〈미스터 머니 머스태시Mr. Money Mustache〉 같은 블로그에는 소득이 높지 않아도 절약하는 생활과 꾸준한 저축으로 놀라울 만큼 짧은 시간 안에 목표를 달성한 수많은 사례가 소개되어 있다. 예를 들어 〈극단적 조기 은퇴〉의 블로거처럼 한동안 연간 7,000달러로 만족스럽게 생활할 수 있다면, 연간 인출률을 4퍼센트로 계산할 때 17만 5,000달러

---

* 미국 제너럴모터스가 만든 스포츠카.

만으로도 경제적 독립이 가능하다.

그 반대의 경우도 있다. 1995년 크리스마스를 앞두고 한 친구와 점심을 함께했을 때였다. 그는 막 연말 보너스로 80만 달러(2024년 물가 기준 164만 4,847달러[2])를 받은 참이었는데, 그 자리에서 그는 고작 80만 달러짜리 보너스로는 도저히 생활이 안 된다며 불평을 늘어놓았다. 놀랍게도 그의 지출 내용을 들어보니 그 말이 사실이었다. 그는 3개월마다 17만 5,000달러(2024년 기준 35만 9,810달러) 이상을 쓰고 있었다. 그런 그에게 경제적 독립은 아득한 꿈일 뿐이었다.

돈은 매우 상대적인 것이다. 지금 내 지갑에는 대략 200달러가 들어 있다. 아주 부유한 어떤 사람들에게는 2만 달러가 내 지갑 속 200달러보다도 적게 느껴질 수 있다. 훨씬 더 부유한 어떤 이들에게는 그 기준이 20만 달러일 수도 있다. 그러나 또 다른 이들, 세계의 수많은 극빈층에게는 200달러가 1년 동안 손에 쥘 수 있는 돈보다 많을 수도 있다.

경제적 독립을 이룬다는 것은 가진 돈의 절대적 크기만큼이나 필요를 줄이는 문제이기도 하다. 얼마나 버느냐보다는 무엇을 가치 있게 여기느냐에 달려 있다. 고소득자도 파산할 수 있고, 저소득자도 경제적 독립에 이를 수 있다. 돈으로는 많은 것을 살 수 있지만, 그 어떤 것도 경제적 독립보다 중요한 것은 없다. 여기 단순한 공식이 있다.

버는 것보다 적게 쓴다.
남는 돈은 투자한다.
빚은 피한다.

앞서 이야기했듯이, 이것만 지켜도 부유해질 것이다. 이는 단순히 경제적인 부만을 뜻하지 않는다. 그러나 생활 수준이 소득에 맞먹거나 소득을 초과한다면, 그것은 경제적 독립을 스스로 포기하는 셈이다.

예를 들어보자. 연간 5만 달러를 버는 사람이 경제적 독립을 이루겠다고 결심했다고 치자. 앞서 언급한 블로그들의 절약 팁을 일부 활용하여 연간 2만 5,000달러로 생활할 수 있도록 소비를 조정한다고 해보자. 그러면 두 가지 중요한 일이 즉시 일어난다. 필요를 줄이게 되고, 동시에 투자할 수 있는 현금 원천이 생긴다. 이제 계산기를 꺼내 몇 가지 시나리오를 살펴보자.

연간 순자산의 4퍼센트로 생활할 수 있을 때 경제적 독립을 달성했다고 가정하면, 62만 5,000달러가 필요하다(62만 5,000달러×4%=2만 5,000달러). 매년 2만 5,000달러를 VTSAX$_{\text{Vanguard Total Stock Market Index Fund}}$, 즉 전체 주식시장 인덱스펀드에 투자한다고 가정하고, 지난 반세기 동안의 시장 평균인 연 12.2퍼센트 수익률을 적용하면, 11년 만에 그 목표를 넘어서 67만 4,402달러에 도달하게 된다.[3]

그러나 이 책의 서두에서 이야기했듯이, 앞으로도 수익률이 연

12.2퍼센트에 가까울 거라고 기대해서는 안 된다. 역사적으로 가능하다는 것은 사실이지만, 이런 경우에는 좀 더 보수적으로 생각해야 안전하다. 수익률을 보다 낮춰 연 8퍼센트라고 가정하면, 13년 뒤에 64만 8,364달러에 도달한다. 결코 나쁘지 않은 결과다.

여기서 이렇게 말한다고 해보자. "좋아, 이제 저축은 끝이야. 앞으로는 지출을 두 배로 늘려 연 소득 5만 달러 전액을 쓰겠어. 대신 모아둔 67만 4,402달러는 그대로 두지." 그래도 10년 뒤, 그 돈은 아무것도 더 보태지 않아도 213만 달러 이상(8퍼센트 수익률을 가정하면 145만 달러 이상)으로 불어난다. 이 금액은 연 4퍼센트 인출 기준으로 연간 약 8만 5,200달러(145만 달러 기준이면 5만 8,000달러)를 제공한다. 이제 일을 그만둘 수 있을 뿐 아니라, 자신에게 상당한 수준의 연봉 인상을 해줄 수도 있다.

단순화를 위해 여기서는 세금은 무시했다. 또한 소득이 전혀 오르지 않는다고 가정했다. 거기에 VTSAX와 4퍼센트 인출률을 적용했다. 이야기가 점점 복잡해지는 것 같아도 걱정하지 마라. 이 부분들은 뒤에서 자세히 다룰 것이다. 지금은 단지 '만약에'라는 가정을 통해, 돈이 물건 그 이상의 훨씬 더 가치 있는 것을 살 수 있다는 점을 보여주려는 것이다. 안타깝게도 이런 가능성을 선택지로조차 보지 못하는 사람이 대부분이다.

이런 선택지가 존재한다는 사실을 숨기려는 강력한 마케팅 세력이 작동하고 있기 때문이다. 패션이든 전자제품이든 신상 트렌드가 끊임없이 등장하고, 최신 유행이라면 쓰레기조차 꼭 가져야 한다는 메시지가 가차 없이 쏟아진다. 돈이 없어도 문제없다. 바로 그럴 때 쓰라고 신용카드와 소액 단기대출이 있으니 말이다.

바로 이러한 사고방식 때문에 대부분의 사람은 연 소득 5만 달러로도 순자산 100만 달러에 도달할 수 있다는 사실을 받아들이지 못한다. 이것은 어떤 사악한 음모가 작동하는 것이 아니다. 단지 기업이 자신의 필요를 추구할 뿐이다. 그러나 그것은 당신의 부에 치명적이다.

이런 설득의 기술 뒤에 있는 과학은 실로 놀라울 정도이며, 여기에는 막대한 이해관계가 걸려 있다. 필요와 욕망의 경계는 끊임없이, 그리고 의도적으로 흐려지고 있다. 오래전 내 친구 한 명이 새 비디오카메라를 샀다. 최고 사양의 제품이었고, 그는 어린 아들 삶의 모든 순간을 촬영하고 있었다. 한창 열정에 차서 그는 이렇게 말했다. "요즘엔 이런 게 없으면 제대로 아이를 키울 수가 없어."

아니, 그렇지 않다. 인류 역사 속에서 수십억 명의 아이들이 단 한 번도 촬영되지 않은 채 자라왔다. 충격적으로 들릴지 모르겠지만, 오늘날에도 여전히 그렇다. 내 아이도 포함된다.

그런 물건들이 꼭 있어야 한다고 말하는 사람을 만나려면 멀리 갈 필요도 없다. 아마 당신도 그런 사람을 여러 명 알고 있을 것이다. 그러나 부자가 되고 싶다면 욕구를 통제하고, 자산을 늘리고자 한다면 그런 믿음을 다시 들여다보고 의문을 던져봐야 한다.

4
부자들의 생각법

레벨 1. 돈으로 할 수 있는 것들

다음과 같이 깨끗하고 빳빳한 지폐 한 장을 준비하라.

그것을 탁자 위에 올려놓고, 이 돈이 자신에게 어떤 의미인지 곰곰이 생각해보라. 예를 들어 다음과 같이 생각할 수 있다.

1. 지금 당장 이 돈으로 무엇을 살 수 있을지 떠올린다. 100달러면 애인과 둘이서 근사한 외식을 할 수 있다. 아니면 괜찮은 운동화 한 켤레를 살 수도 있고, 자동차에 '만땅'으로 주유를 할 수도 있다. 마트에 가서 식료품으로 쇼핑 카트를 가득 채우거나, 어쩌면 멋진 스웨터를 살 수도 있겠지…. 흠, 잘 모르겠다. 나는 물건을 거의 사지 않는 터라 이런 상상이 오히려 어렵다. 한번은 우리 집 개를 위해 119달러짜리 강아지 전용 침대를 산 적이 있다. 하지만 개가 절대 거기서 자려 하지 않아 결국 반품했다.

2. 이렇게 생각할 수도 있다. '옳거니, 이 돈으로 투자를 해야지!' 역사적으로 주식시장은 연평균 대략 8~12퍼센트의 수익을 내왔다. 매년 그 수익을 쓰면서도 여전히 원금 100달러는 계속해서 내게 더 많은 돈을 벌어다 줄 수 있다.

3. 이렇게 생각할 수도 있다. '하지만 인플레이션과 시장 하락이 걱정이야. 100달러를 투자하되 매년 4퍼센트만 써야겠다. 추가 수익은 다시 재투자해서 내 100달러가 불어나도록 하는 거야. 그렇게 해서 나오는 돈이 인플레이션을 따라가도록 하자.'

4. 이렇게 생각할 수도 있다. '일단 이 돈을 투자하고, 거기서 생긴 수익도 재투자하자. 또 그 수익의 수익도 재투자하자. 그리고 수익의 수익의 수익의… 그렇게 복리의 힘이 오랜 세월 동안 마법처럼 작용한 뒤에, 그때 가서 이 돈을 어떻게 쓸지

생각해보자.'

아마 다른 변형들도 떠올릴 수 있겠지만, 이 몇 가지만 보아도 쉽게 알 수 있다. 첫 번째 관점은 당신을 가난하게 만들 것이고, 두 번째 관점은 당신을 중산층으로 이끌 것이며, 세 번째 관점은 한 단계 더 나아가게 하고, 마지막 관점은 당신을 부유하게 만들 것이다.

마이크 타이슨을 기억하라

타이슨은 역사상 가장 위압적이고 강력한 복서 중 한 명이었다. 복싱을 단순한 스포츠가 아닌 과학의 경지로 끌어올린 인물이기도 하다. 그러나 복싱에 있어서는 정교한 기술과 두뇌 싸움을 능수능란하게 활용했던 그였지만, 재정 관리 측면에서는 그 좋은 머리를 활용하지 못했다.

그는 전성기 때 무려 3억 달러가량을 벌어들였지만, 결국 다 잃고 파산하고 말았다. 한 달에 40만 달러가 든다고 알려진 생활 방식도 도움이 되지 않았다. 그리고 언제나 그렇듯, 갑자기 부자가 되었지만 금융 지식이 없던 그에게 그 재산을 물어뜯으려는 상어 떼가 빠르게 몰려들었을 것이다. 그러나 문제의 근본 원인은 그게 아니었다. 진짜 문제는, 당시 타이슨이 돈을 오직 물건을 사는 수단으로만 이해하고 있었다는 점이다.

타이슨을 괜히 흠잡으려는 것은 아니다. 내가 미치지 않고서야 그러겠는가. 이런 식으로 돈을 대하는 사람이 그뿐만은 아니라는 이야기다. 세상에는 돈을 쓸어 담았지만, 그 돈이 너무도 쉽게 빠져나가 다른 이들의 주머니로 흘러 들어간 운동선수, 연예인, 변호사, 의사, 기업 경영자 등이 가득하다. 어떤 의미에서 그들은 제대로 된 기회를 가져본 적조차 없다고 할 수 있다. 돈에 대해 어떻게 생각해야 하는지를 배우지 못했기 때문이다.

그게 그렇게 어려운 일은 아니다. 돈으로 무엇을 살 수 있을지를 생각하는 것을 멈추고, 돈이 무엇을 벌어다 줄 수 있을지를 생각하기 시작하라. 그리고 그렇게 번 돈이 또다시 무엇을 벌어줄 수 있을지도 생각하라. 이렇게 생각하기 시작하면, 돈을 쓸 때 단순히 그 액수만큼의 돈만 쓰는 것이 아니라, 그 돈이 벌어다 줄 수도 있었던 이익까지 함께 써버리게 된다는 사실을 깨닫게 될 것이다. 그리고 이 과정은 끝없이 이어진다.

물론 그렇다고 돈을 한 푼도 쓰지 말라는 뜻은 아니다. 다만 돈을 쓸 때는 그 의미를 온전히 이해해야 한다는 말이다. 예를 들어 2만 5,000달러짜리 자동차를 사는 경우를 생각해보자. 기본적인 수학 지식만 있어도 자동차를 사고 나면 더 이상 2만 5,000달러가 남아 있지 않다는 사실쯤은 알 것이다. 적어도 그렇기를 바란다.

그러나 안타깝게도 대부분의 사람은 자동차를 리스하거나 빚을 내서 구매하는 순간 사실상 이렇게 말하고 있다는 점을 이해하지 못한다. "맙소사, 나는 이 차를 2만 5,000달러에 사고 싶지 않아. 훨씬, 훨씬 더 비싸게 사고 싶어."

레벨 2. 항상 기회비용을 생각하라

아마 생각해보지 못했을 텐데, 지금 살펴보고 싶은 것은 현금으로 지급하더라도 그 자동차의 가격이 사실은 2만 5,000달러보다 훨씬 더 비싸다는 점이다. 바로 그 돈이 더 이상 당신을 위해 일하지 못하게 된 데에 따른 기회비용 때문이다. 기회비용이란 쉽게 말해, 돈을 어떤 일에 소비함으로써 다른 것을 포기할 때 잃어버리게 되는 비용을 뜻한다. 예를 들면 자동차를 구매하느라 투자를 포기하는 경우다. 이는 손쉽게 수치로 계산할 수 있다.

계산을 위해 해야 할 일은 그 돈을 쓰지 않고 투자했을 때 얼마를 벌어들일 수 있었을지 확인할 수 있는 대체 지표를 하나 선택하는 것이다. 이 책에서 나는 VTSAX에 대해 계속 언급하고 설명할 것이므로, 여기서도 그것을 사용해보자.

지금은 VTSAX가 전체 주식시장을 추종하는 인덱스펀드라는 점만 알면 된다. 수익률은 시장 평균치인 연 8~12퍼센트를 따른다. 이를 우리의 대체 지표로 삼으면 기회비용을 구체적인 수치로 나타낼 수 있다. 여기서는 평균 수익률의 가장 낮은 수치인 8퍼센트를 사용해 계산해보자.

첫해가 끝나면 2만 5,000달러를 수익률 8퍼센트로 투자했을 때 벌 수 있었던 2,000달러를 놓치게 된다. 그러나 2년 차에는 초기 원금 2만 5,000달러의 수익뿐만 아니라, 첫해에 벌었던 2,000달러가 가져다줄 수 있었던 수익까지 놓치게 된다. 즉,

(25,000 + 2,000) × 8% = 2,160달러다. 3년 차에는 2,333달러를 놓치게 된다. (25,000 + 2,000 + 2,160) × 8%의 결과다. 따라서 10년이 지나면, 2만 5,000달러짜리 자동차의 실제 비용은 5만 3,973달러에 이른다. 연 8퍼센트 복리 수익을 가정했을 때의 결과다.

아직도 이 이야기로 우울하지 않다면, 2만 5,000달러는 영원히 사라진 돈이고 해마다 끝없이 불어났을 복리 수익들도 함께 사라졌다는 사실을 기억해야 한다. 즉, 그건 정말 터무니없이 비싼 자동차인 셈이다.

아마도 '복리의 마법'이라는 말을 들어본 적이 있을 것이다. 간단히 말해, 저축한 돈이 이자를 벌고, 그 이자가 다시 이자를 벌어들이는 개념이다. 이렇게 해서 점점 더 커지는 원금에 이자가 계속 붙으면서 눈덩이 효과가 발생한다. 눈덩이처럼 처음에는 작게 시작했어도, 굴러가면서 곧 놀라울 정도로 커지기 시작한다. 정말이지 아름다운 마법이다. 반면 기회비용은 복리의 사악한 쌍둥이라고 생각하면 된다.

경제적으로 독립했을 때의 큰 장점 중 하나는, 말 그대로 돈이 충분하여 복리의 힘이 자신이 쓰는 돈의 기회비용보다 크다는 데 있다. 독립 자금을 갖게 되면, 해야 할 일은 단순하다. 계속해서 재투자하여 인플레이션을 앞지르고, 지출을 자신의 자산이 보충할 수 있는 수준 이하로 유지하는 것이다.

아직 경제적으로 독립하지는 못했지만 이를 목표로 삼고 있다면, 지출을 기회비용의 관점에서 바라보는 것이 큰 도움이 된다.

레벨 3. 투자를 바라보는 사고방식

워런 버핏Warren Buffett은 다음과 같은 말을 한 것으로 유명하다.

규칙 1. 절대 돈을 잃지 마라.
규칙 2. 규칙 1을 절대 잊지 마라.

불행히도 너무 많은 사람이 이 말을 곧이곧대로 받아들여서, 버핏이 마치 시장을 기가 막히게 예측하는 '매매 타이밍의 귀재' 쯤 될 거라고 생각한다. 그러나 이는 사실이 아니다. 실제로 그는 그런 시도를 하는 것이 얼마나 어리석은 일인지 공개적으로 언급한 적이 있다. "다우 지수는 지난 세기를 66에서 시작해 11,400에서 끝냈다. 그런 기간 동안 어떻게 돈을 잃을 수 있는가? 많은 사람이 들락날락하려다 돈을 잃었다."[1]

실제로 2008~2009년 금융위기 동안 버핏은 약 250억 달러를 '잃었고', 그의 재산은 620억 달러에서 370억 달러로 줄어들었다. 그때 나는 친구들에게 "나도 버핏처럼 250억 달러쯤 잃어볼 수 있다면 좋겠다"라고 농담하기도 했는데, 그건 그러고도 버핏에겐 무려 370억 달러가 남아 있었기 때문이다.

우리와 마찬가지로 버핏 역시 시장의 타이밍을 맞출 수 없었다. 사실 그는 시장의 타이밍을 맞춘다는 것이 어리석은 짓임을 알았기에 애초에 시도조차 하지 않았다.

또한 버핏은 다른 많은 사람과 달리 극심한 공포로 주식을 팔지도 않았다. 그는 그런 사건이 일어나는 것은 당연하다는 사실을 알고 있었다. 오히려 급락이 새로운 기회를 제공한다고 판단해 투자를 계속했다. 그리고 늘 그래왔듯이 시장이 회복하자 그의 재산도 되살아났다. 버핏처럼 끝까지 버틴 이들의 재산도 마찬가지였다. 이러한 이유로 나는 '잃었다'라는 표현을 따옴표로 처리한 것이다.

250억 달러와 그에 따른 모든 잠재력이 눈앞에서 사라졌을 때 버핏이 공포에 빠지지 않았던 데에는 아마 여러 이유가 있을 수 있다. 여전히 370억 달러가 남아 있었다는 점이 분명 도움이 되었을 것이다. 하지만 또 다른 단서는 그가 투자된 돈을 바라보는 사고방식에 있다.

버핏은 자신이 투자하는 기업을 소유한다는 관점에서 이야기한다. 때로는 주식 형태로 일부만 소유하고, 때로는 기업 전체를 소유하기도 한다. 자신이 소유한 기업의 주가가 하락하더라도, 그는 자신이 여전히 그 회사의 동일한 지분을 그대로 보유하고 있다는 사실을 안다. 회사가 견실하기만 하면 주가의 등락은 대체로 중요하지 않다. 단기적으로는 오르내리겠지만, 좋은 기업은 그 과정에서 실제 돈을 벌어들이고, 그러면서 시간이 지남에 따라 그 가치가 끊임없이 상승한다.

우리 역시 같은 방식으로 사고하는 법을 배울 수 있다. 이 개념을 탐구하기 위해 다시 한번 VTSAX를 예로 들어보자.

어제 당신이 이렇게 말했다고 가정해보자. "흠, VTSAX를 소유한다는 발상이 꽤 그럴듯해 보이네. 조금 사볼까?" 그런 뒤 뱅가드에 1만 달러짜리 수표를 보냈다고 하자. 어제 종가 기준 VTSAX 가격은 141.03달러였다. 따라서 당신의 1만 달러는 70.9주의 지분을 사들였다.

일주일 뒤 VTSAX가 주당 145달러에 거래된다면, 당신은 이렇게 말할지도 모른다. "내 1만 달러가 이제 1만 281달러가 되었네. 신난다. 콜린스 씨는 정말 똑똑한데." 그러나 반대로, 일주일 뒤 주가가 주당 137달러에 거래된다면 이렇게 말할지도 모른다. "젠장, 내 1만 달러가 이제 겨우 9,713달러라니. 그 콜린스라는 작자 말을 듣는 게 아니었는데."

이는 보통의 투자자들이 자신의 보유 자산을 바라보는 전형적인 방식이다. 주식을 종잇조각 몇 장, 혹은 오늘날 관점에서 더 정확히 말하면 가치가 오르락내리락하는 작은 데이터 조각들로 여기는 것이다. 만약 그것이 전부라면 어느 날의 가격 하락만으로도 대단히 두렵게 느껴질 수 있다.

하지만 더 나은, 더 정확하고 더 이익이 되는 방식이 있다. 잠시 시간을 내어 자신이 실제로 무엇을 소유하고 있는지 이해해보라. 주가가 145달러든 137달러든, 당신은 여전히 VTSAX의 70.9주를 보유하고 있다. 이는 곧 미국 내 상장된 거의 모든 기업, 즉 약 3,600개 기업의 일부를 소유하고 있다는 뜻이다.

이 사실을 진정으로 이해하게 되면, VTSAX를 소유한다는 것은 곧 지구상에서 가장 강력하고 부유하며 영향력 있는 국가에 기반을 둔 방대하고 다양한 기업 집단과 자신의 재정적 미래를 연결하는 것임을 깨닫게 된다. 이 기업들은 끊임없이 변화하는 세상 속에서 번영하기 위해 노력하며, 그 과정에서 생겨나는 모든 불확실성에 대응하는 근면한 사람들로 가득 차 있다.

이들 기업 중 일부는 실패하여 가치의 100퍼센트를 잃을 수도 있다. 사실 완전히 망하지 않더라도 지수에서 제외될 수 있다. 단지 일정 규모, 즉 '시가총액'이라는 기준 아래로 떨어지는 것만으로도 그렇게 된다.

이런 기업들이 탈락하면, 다른 새롭고 더 활력 있는 기업들이 그 자리를 대신한다. 그중 일부는 200퍼센트, 300퍼센트, 1,000퍼센트, 심지어 1만 퍼센트 이상 성장하며 눈부신 성공을 거두기도 한다. 상승에는 한계가 없다. 하나의 별이 사라지면 늘 새로운 별이 떠오른다. 이것이 지수, 그리고 확장된 의미에서 VTSAX를 내가 '자정 작용'이라 부르는 이유다.

내가 절대적인 안전을 추구한다면(대부분의 사람이 안전이라고 착각하는 순탄한 여정과는 전혀 다른 개념이다), 자산의 100퍼센트를 VTSAX에 두고 거기서 나오는 약 1.25퍼센트의 배당금만 쓰며 살 것이다. 세상에 완전히 확실한 것은 없지만, 이보다 더 확실한 선택은 떠올리기 어렵다.

우리는 복잡한 세상에 살고 있으며, 그 속을 헤쳐나가는 데 가장 유용하고 강력한 도구는 돈이다. 따라서 돈을 다루는 법을 배우는 것은 필수적이다. 그리고 그것은 돈에 대해 어떻게 사고할지를 배우는 데서 시작한다. 절대 늦지 않았다.

아, 그리고 누가 이 책 한 권을 타이슨에게 보내주면 좋겠다. 그도 아직 늦지 않았다.

5
투자하기 좋은 타이밍이란 없다

2024년 12월 현재 S&P 500 지수는 약 6,000선에 이르렀는데, 이는 2009년 3월 저점인 677에서 급등한 수치다. 이것이야말로 거침없는 강세장의 전형이다. 새로운 자금이 생겨 투자를 고려하든, 혹은 주식을 팔고 잠시 관망할지를 고민하든, 바로 이런 시기가 자신의 핵심 투자 원칙과 신념을 시험하는 때다.

내가 가진 몇 가지 원칙은 다음과 같다.

- CNBC 같은 경제 뉴스 전문 방송을 보면 시장의 흐름을 맞출 수 있다고 주장하는 온갖 전문가들이 출연해 떠들지만, 시장의 타이밍을 잡는 것은 그 누구라도 애초에 불가능하다.

- 시장은 역사상 가장 강력한 부를 축적하는 도구다.
- 시장은 언제나 상승해왔으며, 그 과정은 늘 요동치고 험난하다.
- 이러한 변동을 예측할 수 없으므로, 우리는 정신적으로 단단해져 그것을 견뎌내야 한다.
- 나는 내 돈이 가능한 한 빨리, 가능한 한 열심히 일하길 원한다.

초보 투자자들은 종종 과거의 시장 변동 차트를 보며 '그랬더라면…' 하고 생각한다. '올랐을 때 팔았더라면', '내렸을 때 샀더라면' 하고 늘 아쉬워하지만, 바람만으로 그렇게 되지는 않는다.

내가 2011년에 블로그를 시작한 이후, 시장은 대형 약세장을 지나 역사적인 장기 강세장 국면에 들어섰다. 지금 내가 글을 쓰고 있는 2025년 1월 중순 현재, 시장은 2011년 대비 386퍼센트 상승했는데, 이는 2020년 코로나19 폭락과 2022년 약세장까지 모두 거친 뒤의 수치다.

나는 이런 질문이나 우려를 종종 듣는다.

"지금이 주식시장이 폭락하기 바로 직전이라면 어쩌죠? 지금 투자해도 괜찮은 시점일까요?"

"많은 사람이 주식시장 폭락이 눈앞에 다가왔다고 생각하는 것 같아요."

"지금 잘못된 타이밍에 들어가는 건 아닐까 두려워요."

"두려움 때문에 투자를 몇 달 동안 미뤄왔는데, 오히려 미루고 있어서 손해를 보고 있다는 생각이 들어요."

"저는 그저 나쁜 시작이 아니라 좋은 출발을 하고 싶을 뿐이에요."

"어쩌면 폭락이 지나갈 때까지 기다려야 할 것 같아요. 그래야 돈을 잃지 않을 테니까요."

"폭락이 지난 뒤에 투자해야 내 돈을 최대한 활용할 수 있지 않을까요?"

"저는 이제 막 시작하는 초보라서 모든 게 두려워요."

시장이 주기적인 약세 국면으로 급락하는 상황이라 하더라도, 이런 질문들과 그 심리는 거의 비슷하다.

"시장이 바닥을 찍을 때까지 기다렸다가 그때 투자해야 할까요?"

이 모든 것은 투자자를 움직이는 두 가지 주요 감정, 즉 두려움과 탐욕에 관한 것이다. 두려움은 지극히 이해할 만하다. 돈을 잃고 싶어 하는 사람은 아무도 없으니까. 그러나 그 두려움을 다스리는 법을 터득하지 못한다면, 그것은 당신의 부에 치명적인 해를 입힐 것이다. 두려움은 아예 투자를 시작하지 못하게 만들고, 설령 시작하더라도 시장이 떨어질 때마다 공포에 휩싸여 서둘러 도망치게 한다.

시장은 끊임없는 상승 중에도 반복적으로 떨어지게 마련이다. 두려움의 저주는 바로 붙잡고 있어야 할 때 공포에 휘둘려 팔아버리게 만든다는 점이다. 시장은 본래 변동성이 크다. 폭락, 되돌림, 조정은 모두 전적으로 정상적인 일이다. 그 어떤 것도 세상의 종말이 아니며, 시장의 끊임없는 상승세가 영원히 끝난 것도 아니다. 그것들은 하나하나 모두, 과정의 한 부분으로서 당연히 예상되는 현상이다.

2부에서 다루겠지만 필연적으로 앞으로도 대규모 시장 폭락은 반드시 올 것이며, 그 뒤에도 또다시 찾아올 것이다. 당신이 앞으로 투자를 이어갈 수십 년의 세월 동안 수없이 많은 작은 조정과 되돌림 역시 반복될 것이다. 이런 현실을 받아들이고 함께 살아가는 법을 배우는 것이 장기적으로 성공적인 투자에 있어서 핵심이다. 그리고 성공적인 투자란 곧 장기 투자를 의미한다. 단기적으로 이루어지는 투자는 본질적으로 투기일 뿐이다.

따라서 폭락이 올 것을 안다면 왜 기다렸다가 투자하지 않는가? 혹은 이미 투자 중이라면 왜 팔고 난 뒤 하락이 끝날 때 다시 들어가지 않는가? 그 해답은 단순하다. 우리는 폭락이 언제 시작되고 언제 끝날지 알 수 없기 때문이다. 아무도 모른다.

많은 사람이 주식시장이 곧 폭락할 거라고 말하는 것을 들어본 적 있을 것이다. 실제로 그렇게 말하는 사람은 많다. 하지만 반대로 앞으로는 S&P 지수가 다시는 이처럼 낮은 수준으로 내려오지 않을 거라고 말하는 사람들도 많다. 매일같이 화려한 전문가들이 시장 폭락을 예측하고, 동시에 똑같이 화려한 다른 전문가들은 호황을 예측한다. 과연 누구 말이 옳을까? 나로서는 알 수 없다. 둘 다 미래를 예측하는 것인데, 미래를 진짜로 예측할 수 있는 사람은 아무도 없기 때문이다.

그렇다면 왜 그런 예측이 쏟아질까? 이유는 간단하다. 호황과 불황은 흥미진진하기 때문이다! 그것을 정확히 맞히기만 하면 월스트리트나 방송에서의 명성을 얻을 수 있다. 예측은 곧 시청률로 이어지며, 특히 극단적인 예측일수록 더욱 그렇다. 현재 약 43,000포인트인 다우 지수가 60,000까지 치솟거나 20,000까지 폭락할 것으로 예측하면 사람들은 귀를 기울인다. 이런 식으로 큰돈을 벌 수 있다. 물론 그 이익은 전문가들과 TV 방송사들의 몫이다.

그러나 진지한 투자자에게 이런 것들은 모두 쓸모없고 산만한 소음일 뿐이다. 더 나쁘게는 그러한 소음에 귀를 기울이다가는 당신의 재산을 위험에 빠뜨리고, 정신 건강에도 심각한 해를 끼칠 수 있다.

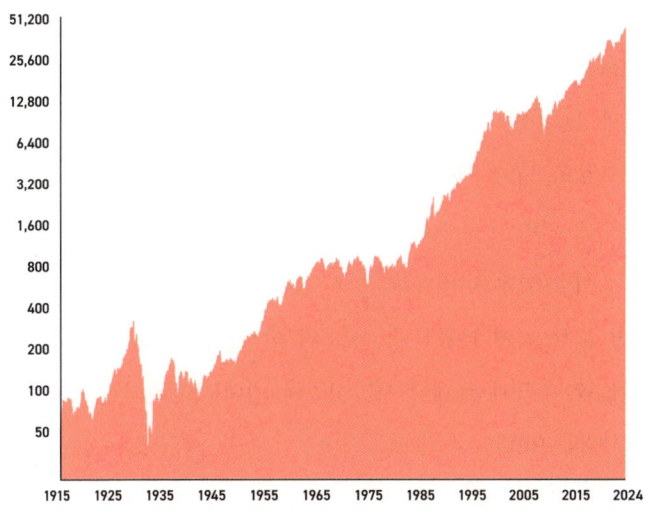

다우존스 산업평균지수(1915~2024년)

역사는 도움이 될 수 있지만, 가장 넓은 시계열 범위에서만 그렇다. 앞의 차트에서도 볼 수 있듯, 주식시장은 언제나 상승해왔다. 거기에는 강력한 이유가 있다. 나는 거의 확신에 가까운 정도로 말할 수 있다. 지금으로부터 20년 뒤 시장은 오늘보다 더 높을 거라고. 그리고 그로부터 10년 뒤에는 역시 더 높을 거라고 자신 있게 말할 수 있다. 109년에 걸친 시장의 역사가 이를 입증한다.

그러나 이것은 앞으로 며칠, 몇 주, 몇 달, 심지어 몇 년 동안 어떤 일이 일어날지에 대해서는 아무것도 말해주지 않는다. 문제는 이것이다. 우리가 지금 시간의 어느 지점에 서 있는지 알 방법이 전혀 없다는 것이다.

차트를 다시 보자. 지금이 2000년 1월처럼 시장이 정점을 찍었다가 이후 거의 절반 가까이 폭락했던 순간과 비슷한 시기일까? 아니면 2007년 7월처럼 그보다 더 큰 낙폭을 기록한 순간과 같을까? 물론 뒤돌아보면 그런 패턴은 쉽게 보인다.

혹은 그 패턴은 이미 끝났고, 지금 우리가 있는 시점이 다우 지수가 1,000, 5,000, 10,000, 20,000, 30,000을 돌파했을 때와 비슷한 시기일 수도 있지 않을까? 각 지수 레벨이 이전 수준을 거뜬히 뛰어넘어 새로운 이정표를 세운 그런 시기 말이다. 나로서는 알 수 없다. 한 가지 분명한 건, 이러한 이정표들이 돌파될 당시에도 사람들은 지금과 똑같이 시장이 너무 높아 곧 폭락할 거라고 확신했다는 점이다.

그렇다면 이렇게 가정해보자. 지금 S&P 500이 6,000선에서 정점을 찍고 곧 폭락할 거라는 사실을 우리가 안다고 치자. 어쩌면 마법의 요정이 그렇게 알려주었을지도 모른다.

당연히 우리는 주식을 팔거나 적어도 사지는 않을 것이다. 하지만 그다음은 무엇일까? 우리는 시장만이 줄 수 있는 수익을 원한다. 그러니 언젠가는 다시 들어가야 한다. 그런데 언제일까? 이번이 10퍼센트 하락이라면? 그렇다면 약 5,400선에서 매수하고 싶어질 것이다.

만약 이번이 공식적으로 약세장이라 불리는 20퍼센트 하락이라면 어떻게 될까? 그렇다면 우리는 약 4,800선에 이를 때까지는 매수하고 싶지 않을 것이다.

하지만 그렇게 했다가 이게 단순한 조정이 아니라 진짜 폭락이라면 어떻게 될까? 젠장! 그런 경우라면 우리는 50퍼센트나 빠져서 3,000선 근처로 내려갈 때까지 기다렸어야 했다. 정말 필요할 때는 그 성가신 요정이 어디 있는 걸까?

핵심은 '시장 타이밍 맞추기'라는 게임을 단 한 번이라도 제대로 하려면 두 번이나 맞혀야 한다는 점이다. 즉, 먼저 고점을 맞혀야 하고, 그다음 저점을 맞혀야 한다. 그리고 이 일을 반복해서 해내야 한다. 세상에는 첫 번째 고점 예측에는 성공했지만, 그 뒤 시장이 회복해 예전 고점을 넘어 계속 상승하는 동안 곁에서 바라만 보며 기회를 놓쳐버린 불행한 투자자들이 넘쳐난다.

게다가 시장 타이밍 맞추기는 시간이 지남에 따라 결코 이길 수 없는 게임이 된다. 내가 이렇게 확신하는 이유는 간단하다. 이 일을 꾸준히 해낼 수 있는 사람이 있다면, 그는 워런 버핏보다 훨씬 더 부자가 되었을 것이며, 두 배로 찬사를 받았을 것이다.

이 능력보다 더 수익성 있는 것은 없다. 정말 단언컨대 아무것도 없다. 그래서 이토록 매혹적인 것이다. 그래서 수많은 전문가가 끊임없이 자신이 그것을 할 수 있다고 주장한다. 비록 아주 조금이라도 말이다. 그러나 아무도 할 수 없다. 정말로 아무도 할 수 없다. 어쩌다 한두 번은 몰라도, 꾸준히 타이밍을 맞춘다는 것은 더욱 불가능하다. 차라리 산타클로스를 믿는 것이 더 이익이고, 유니콘을 길러내는 것이 더 가능성 있다.

그러나 나는 이 타이밍 잡기가 불가능하다는 사실에 개의치 않는다. 이제 다음의 예시를 통해 내가 당신이라면 무엇을 중요하게 생각해야 할지를 보여주고자 한다.

당신이 30세라고 가정해보자. 앞으로 60년에서 70년은 투자할 시간이 남아 있다. 나는 앞서 제시한 차트를 보며 이렇게 주목할 것이다. 약 60년 전, 1965년 첫 거래일에 다우 지수는 869로 시작했다. 그리고 2025년 1월 2일에는 42,660으로 시작했다. 이는 지난 60년 동안 수많은 세계적 혼란과 금융위기를 거쳐 도달한 결과다. 특히 2000년부터 2009년까지는 대공황에 이어 두 번째 큰 폭락으로 마무리된 시장 역사상 최악의 기간 중 하나였다. 앞으로 60년 동안에도 이와 같은 일들은 반드시 다시 일어날 것이다.

혹은 최근 20년간의 S&P 500 역사를 살펴보자. 2005년 1월에는 약 1,211 수준이었고, 2025년 1월에는 5,869로 출발했다. 이 수치에는 2000년과 2008년의 폭락뿐 아니라 코로나19 팬데믹 초기에 있었던 폭락까지 모두 포함되어 있다.

진정한 마법은 바로 여기에 있다. 시간이 흐름에 따라 주식시장이 보여주는 부의 창출 능력은 그야말로 숨 막힐 만큼 놀랍다. 그러나 그 과정은 결코 만만치 않다. 오늘 투자하든 미래 어느 시점에 투자하든, 앞으로 60년 동안 당신의 자산은 한 번 이상 절반으로 줄어드는 경험을 하게 될 것이다. 그 외에도 수많은 크고 작은 좌절을 겪게 될 것이다. 결코 즐거운 일은 아니지만 그것이 바로 과정이며, 더 큰 부를 누리기 위해 당신을 비롯한 모든 이가 반드시 치러야 하는 대가다.

따라서 진짜 물어야 할 질문은 "지금 주식에 투자해야 할까?"가 아니다. "애초에 주식에 투자해야 할까?"이다. 그리고 그에 대한 내 대답은 "아니요"이다. 단, 앞서 말한 가혹한 사실들을 받아들일 수 있을 때까지는 말이다. 자신의 자산이 절반으로 줄어드는 것을 보고도 여전히 흔들림 없이 나아갈 수 있다는 확신이 서기 전까지, 추구하는 보상과 함께 따라오는 위험을 기꺼이 감당할 수 있을 때까지, 그 대답은 "아니요"이다.

결국 결정은 오직 당신만이 내릴 수 있다. 다행히 투자란 '전부 걸거나 혹은 전혀 하지 않거나' 하는 식의 선택일 필요는 없다. 약간의 수익을 포기할 의지가 있다면, 변동성을 조금 완화하는 방법들이 있다. 그것이 바로 자산 배분이며, 이에 대해서는 14장에서 자세히 다룰 것이다.

참고 사항

이 장에서 시장의 성과를 언급할 때 내가 다우 지수와 S&P 지수를 오가며 사용한다는 점을 눈치챘을 것이다. 나는 S&P 지수를 더 선호하는데, 다우 지수보다 많은 종목을 포함하는 까닭에 조금 더 정밀하기 때문이다. 그러나 다우 지수는 역사가 더 오래되어 장기적 관점에서는 더 유용하고 자료도 쉽게 구할 수 있다. 두 지수의 차트를 겹쳐놓고 보면 놀라울 정도로 일관되게 함께 움직이는 것을 볼 수 있다. 따라서 이 책에서는 투자 원칙을 설명한다는 더 큰 목적에 따라, 사실상 구별 없이 두 지수를 사용하고자 한다.

2부

투자는 단순할수록 강력해진다

단순함은 모든 진정한 우아함의 핵심이다.

—코코 샤넬(Coco Chanel)

6
대규모 시장 붕괴는 반드시 온다

 몇 년 전 어느 날, 나는 괜스레 짜증이 나 있었다. 인기 있는 재테크 잡지의 기사를 막 읽고 난 참이었는데, 사실 그것만으로도 충분히 짜증이 날 만한 일이었다. 유명하고 명망 있는 대학의 내로라하는 경제학자이자 재무학 교수와의 인터뷰가 실린 기사였다. 기사 속에는 근엄하고 위엄 있는 표정을 짓고 있는 교수의 인상 깊은 사진도 실려 있었다.[1]

 우리의 투자 여정 2부를 시작하며, 나는 그가 한 말의 일부와 그것이 왜 틀렸는지를 이야기하려 한다. 그의 주장은 이 책 밖에서 흔히 접하는 '상식' 중 하나다. 그것을 살펴보면서 뒤이어 나올 장들에서 자세히 다루게 될 핵심 주제도 같이 이야기해볼 것이다.

아, 그리고 곧 닥칠 거라는 그 대규모 시장 붕괴 말인가? 걱정할 것 없다. 그것이 왜 중요하지 않은지도 함께 이야기해주겠다.

먼저 그 유명한 경제학자에게 공정하게 말하자면, 그의 생각 대부분에 대해서는 나도 별다른 이견이 없다. 또한 내가 이의를 제기하는 부분도 어쩌면 잡지사 기자들이 그의 말을 제대로 전달하지 못해 생긴 착오일 수도 있다. 혹은 단지 이야기의 요점을 잘못 짚은 것일지도 모른다. 언젠가 그 경제학자와 내가 커피를 마시며 이 일에 대해 웃어넘길 수도 있겠다. 뭐, 아닐 수도 있고.

인터뷰에서 교수는 오랫동안 유지되어온 효율적 시장 이론, 즉 주식의 현재 가격은 관련된 모든 정보를 거의 즉각적으로 반영한다는 이론이 자신이 말하는 '적응적 시장 가설'로 변화하고 있다고 주장한다. 새로운 거래 기술의 등장으로 시장은 더욱 빠르게 움직이고 변동성이 커졌다는 것이다. 이는 곧 더 큰 위험을 의미한다. 여기까지는 사실이며, 그 말 자체로는 문제 될 것이 없다.

하지만 그는 이어서 "이제는 매수 후 보유 전략이 더 이상 통하지 않는다"라고 주장한다. 그러자 잡지 기자가 2000년대의 이른바 '잃어버린 10년' 동안에도 주식을 사서 보유하는 전략은 4퍼센트의 수익률을 냈다고 지적한다. 아주 적절한 지적이다.

교수는 이렇게 응수한다. "그 사람이 4퍼센트를 어떻게 벌었는지 생각해봅시다. 그는 30퍼센트를 잃고, 큰 반등을 경험하고, 또 여러 과정을 거쳐 결국 복리 수익률이 4퍼센트가 된 거예요. 하지만 대부분의 투자자는 시장이 가라앉기를 기다리지 못했지요. 많은 이들이 처음 25퍼센트 손실이 발생하자 보유 주식을 줄였고, 시장이 어느 정도 회복한 뒤에야 다시 그중 일부만 진입했습니다. 이것이 인간의 행동이에요."

잠깐만! 전제는 옳지만, 결론은 완전히 틀렸다. 이 문제는 잠시 후에 다시 다루겠다.

기자: 그렇다면 어떤 선택을 해야 합니까?
교수: 현재 우리 업계는 아직 좋은 대안을 마련하지 못한 어정쩡한 시기에 놓여 있습니다. 가장 좋은 방법은 비교적 수수료가 낮은 다양한 뮤추얼펀드를 보유하면서 변동성을 합리적인 범위 안에서 관리하는 것입니다. 주식과 채권만이 아니라, 주식·채권·통화·원자재 등 모든 투자 기회를 아우르되 국내외에 걸쳐 다변화해야 합니다.
기자: 정부가 이런 위기를 막는 데 역할을 할 수 있습니까?
교수: 금융위기를 막는 것은 불가능합니다.

그 기사의 온라인 댓글에서 패트릭이라는 독자가 문제점을 정확히 짚어냈다. "그러니까 시장은 효율적이지만 그렇지 않을 때도 있다는 거군요. 그리고 매수 후 보유 전략이 통하지 않는 이유는 대부분의 사람이 주가가 하락하는 시기에 그것을 지켜내지 못하기 때문이라고요. 알겠어요, 그런데 이건 다들 이미 알고 있는 이야기 아닙니까?" 잘했다, 패트릭. 칭찬 스티커 하나 주겠다.

더 나쁜 것은 교수가 내놓은 "모든 투자 기회를 망라하라"는 권고다. 이것이 바로 그가 말하는 '적응적 시장 가설'이 암시하는 새로운 투자 환경에 대처하는 해법이라는 말인가?

이상한 일이다. 그는 '매수 후 보유'가 더 이상 통하지 않는다고 주장하면서도, 동시에 투자자들에게 상상할 수 있는 거의 모든 자산군을 사서 보유하라고 권하는 셈이니 말이다. 이게 도대체 무슨 말인가?

먼저 시장이 변동성이 더 커졌고 앞으로도 그럴 것이라는 교수의 전제를 받아들여 보자. 솔직히 나는 그 말에 전적으로 동의하지는 않지만, 어쨌든 그는 공인된 경제학자다. 또 보통의 투자자들이 공황에 빠져 잘못된 결정을 내리기 쉽다는 점에도 동의할 수 있다. 특히 경제 뉴스의 전문가들이 마치 절망에 빠져 창문 밖으로 몸을 던지려는 듯 호들갑을 떠는 상황에서는 더 그렇다. 금융위기를 막을 수 없다는 데에도 이견이 없다. 앞으로도 위기는 계속 닥쳐올 것이다.

따라서 가장 중요한 질문은 이것이다. "그렇다면 이러한 위기에 어떻게 대응해야 할까?" 교수, 그리고 이와 비슷한 사람들은 이렇게 말한다. "증상을 다스려라."

그는 너무도 흔한 허구, 즉 광범위한 자산 배분이라는 낡은 주장으로 되돌아간다. 말하자면 모든 것에 투자해두고, 그중 몇 가지가 잘 버텨주기를 바라라는 것이다. 하지만 이를 제대로 하려면 엄청난 노력이 필요하다. 다양한 자산군 각각을 이해해야 하고, 각각을 얼마만큼 보유할지 비중을 정해야 하며, 어떤 방식으로 소유할지도 결정해야 한다. 그다음에는 이를 꾸준히 추적하고 필요할 때마다 리밸런싱Rebalancing*을 해야 한다.

이 모든 노력이 초래하는 결과는 장기적으로는 평균 이하의 성과를 확실히 보장하는 대신, 안전성이 조금 나아질지 모른다는 희박한 기대를 주는 것뿐이다. 나는 이 대목에서 "자유를 안전과 맞바꾸려는 자는 자유도 안전도 가질 자격이 없다"라는 말을 떠올린다.

나는 이렇게 말한다. "강해져라, 약한 친구여. 잘못된 행동부터 고쳐라." 이 말은 잘못된 심리가 패닉셀링panic selling** 같은 나쁜 투자 결정을 일으킨다는 점을 인식하고, 그것을 스스로 교정해야 한다는 뜻이다. 그렇게 할 때 투자 방식은 훨씬 단순해지고, 성과는 훨씬 더 강력해진다.

우선 주식시장에 대해 몇 가지를 이해할 필요가 있다.

1. 시장 붕괴는 당연히 일어나는 일이다. 2008년에 일어난 일은 전례 없는 사건이 아니었다. 이전에도 있었고, 앞으로도 또 일어날 것이다. 그리고 다시 반복될 것이다. 내가 투자해온 50여 년 동안만 해도 우리는 다음과 같은 일을 겪었다.

---

* 각 자산의 비중을 원래대로 재조정하는 작업.
** 갑작스러운 요인으로 주가가 떨어질 때, 투자자들이 공포에 질려 보유 주식을 급히 매도하는 현상.

- 1974년부터 1975년까지 이어진 대침체.
- 1970년대 후반에서 1980년대 초반까지의 극심한 인플레이션. 이 시기에 주택담보대출 금리는 20퍼센트에 육박했고, 10년 만기 국채를 사면 15퍼센트 이상의 이자를 받을 수 있었다.
- 지금은 악명 높은 1979년 《비즈니스위크》의 표지 기사는 "주식의 죽음"이었다. 그러나 결과적으로 이는 사상 최강의 강세장이 다가오고 있음을 알리는 신호였다.
- 1987년의 주식시장 붕괴와 역사상 일일 최대 폭락을 기록한 블랙 먼데이 사건.
- 1990년대 초반의 경기 침체.
- 1990년대 후반의 기술주 붕괴.
- 2001년, 진주만 공습 이래로 미국 본토에 가해진 최악의 공격이었던 9·11 테러.
- 2008년에 있었던 '작은 소동', 금융위기
- 2020년의 코로나19 충격. 이에 따라 경제가 얼어붙었고, 그해 4월 실업률은 14.7퍼센트에 달해 대공황 이후 최고치를 기록했다.[2]

2. 시장은 언제나 반드시 회복한다. 언젠가 정말 회복하지 못하는 날이 온다면, 그건 그 어떤 투자도 안전하지 않다는 이야기다. 물론 그때는 이 모든 재정적 문제 자체가 아무 의미가 없을 것이다.

1974년 다우 지수는 616포인트에 마감했다. 2024년 12월에는 42,000포인트를 훌쩍 넘어섰다. 그 50년 동안 배당금을 재투자했을 경우 연평균 12.2퍼센트의 성장률을 기록한 셈이다.[3] 1974년 말에 1,000달러를 투자해 그대로 두었다면, 2025년이 밝을 무렵 그 금액은 34만 4,319달러로 불어났을 것이다.[4] 앞서 언급한 온갖 위기를 거치고도 이 정도라니 놀라운 성과다.

해야 했던 일은 단단히 마음을 먹고 그대로 두는 것뿐이었다. 잠시 멈추고 그 사실을 곱씹어보라. 시장이 상승할 때는 누구나 돈을 번다. 그러나 그것이 결국 당신을 부자로 만들지, 아니면 길가에 피 흘리며 쓰러지게 만들지는 시장이 붕괴할 때 당신이 어떤 행동을 하느냐에 달려 있다.

3. 시장은 언제나 반드시 상승한다. 아마 아무도 이렇게 말해주지 않았을 것이다. 그러나 사실이다. 이것이 순탄한 길이라는 뜻은 아니다. 절대 그렇지 않다. 오히려 대부분 거칠고 험난한 길이다. 하지만 시장은 언제나, 언제나 상승한다. 매년 오르지는 않는다. 매월도 아니며, 매주나 매일은 더욱 아니다. 그러나 잠시 멈추고 지난 장에서 본 주식시장 차트를 다시 살펴보라. 수많은 위기를 거치면서도 그 추세는 끊임없이, 집요하게 위를 향하고 있다.

4. 주식시장은 시간이 지남에 따라 성과 면에서 단연코 최고의 투자 자산군이다. 예외는 없다.

5. 앞으로의 10년, 20년, 30년, 40년, 50년도 과거와 마찬가지로 수많은 붕괴, 침체, 그리고 재난들로 가득할 것이다. 그 훌륭한 교수의 말처럼, 그것을 막는 것은 불가능하다. 그때마다 당신의 투자는 타격을 입는다. 그때마다 상황은 끔찍하게 두렵다. 그때마다 똑똑하다는 사람들은 모두 "팔아라!" 하고 외친다. 그리고 그때마다 끝까지 버티는 용기 있는 소수만이 길을 지켜내며 번영을 누릴 것이다.

6. 그렇기에 마음을 단단히 먹고, 잡음을 무시하는 법을 배우며, 폭풍을 견뎌내야 한다. 그리고 그 과정에서 투자에 더 많은 돈을 넣어야 한다.

7. 그 과정을 끝까지 지켜낼 만큼 강해지려면, 이런 나쁜 일들이 다가온다는 사실을 머리로만 아는 데 그쳐서는 안 된다. 감정적으로도 마음속 깊이 새겨야 한다. 그런 일들은 일어난다. 상처를 줄 것이다. 그러나 한겨울의 예상치 못한 눈보라처럼 결코 놀라서 허둥지둥해서는 안 된다. 당신이 공황에만 빠지지 않는다면, 그것들은 아무 의미도 없는 지나가는 바람일 뿐이다.

8. 대규모 시장 붕괴는 곧 닥칠 것이다. 그리고 그 뒤에도 또다시 올 것이다. 얼마나 훌륭한 매수 기회인가.

나는 딸에게 앞으로 투자자로 살아갈 60여 년 동안 2008년급 금융위기를 대략 25년마다 한 번쯤 겪게 될 거라고 말한다. 그런 '세상의 종말'급 경제 사건이 내 딸과 당신에게 앞으로 두세 번 정도 더 닥쳐올 것이다. 그보다 작은 붕괴는 훨씬 더 자주 일어날 것이다.

그렇다고 그것들이 결코 세상의 종말은 아니다. 그 모든 것은 과정의 한 부분일 뿐이다. 그것을 둘러싼 공황 또한 마찬가지다. 걱정할 것 없다. 우리의 시대에 세상이 끝나는 일은 없다. 세상이 끝나리라 생각하는 것 자체가 오만이다.

물론 같은 세월 동안 내 딸은 여러 차례의 대규모 강세장도 보게 될 것이다. 그중 일부는 온갖 과열과 함께 이성을 넘어설 정도로 거세게 벌어질 것이다. 그런 상황이 오면, 금융 매체들은 마치 종말을 주장할 때와 똑같은 확신으로 "이번은 다르다"고 선언한다. 그러나 이 또한 틀린 말이 되고 만다.

다음 몇 장에서 우리는 시장이 왜 항상 상승하는지에 대해 논의할 것이다. 그리고 인생의 각 단계에서 어떻게 투자해야 부자가 되고, 또 그 상태를 유지할 수 있는지를 구체적으로 알려주겠다. 얼마나 간단한 일인지 알게 되면 놀랄 것이다. 하지만 반드시 마음을 단단히 먹어야 한다.

7
주식시장은
끊임없이 상승한다

1987년, 훗날 블랙 먼데이라 불리게 된 그날, 나는 하루 종일 정신없이 바쁜 일을 마친 뒤 내 주식 중개인에게 전화를 걸었다. 그때는 아직 모두가 주식 중개인을 통해 거래하던 시절이었다. 휴대전화도, 개인용 컴퓨터도, 인터넷도, 온라인 거래도 없던 암흑기였다.

"여보세요, 밥! 잘 지냈어요?" 나는 기분 좋게 인사를 건넸다.

긴 침묵이 이어졌다. "지금, 농담하는 거죠?" 그의 목소리는 끔찍하게 들렸다.

"농담이라니요?"

"JL, 방금 역사상 최악의 폭락이 일어났어요. 하루 종일 고객들이 소리 지르며 날 붙잡고 난리였다고요. 완전 공황이에요. 시장이 500포인트 이상, 22퍼센트 넘게 빠졌어요."

그 순간 나는 지구상의 모든 이들과 마찬가지로 완전히 충격에 빠졌다. 그때의 상황을 뭐라고 표현해야 할지도 모르겠다. 대공황 시절에조차 이런 끔찍한 하루는 없었을 것이다. 정말로 금융 세계에 종말이 찾아온 것처럼 보였다.

일주일 정도 후에, 《타임》은 커다란 활자로 이렇게 선언한 표지를 내걸었다.

"대폭락! 격동의 한 주가 월스트리트를 휩쓸고 갔다."

물론 이 점에서 그들은 완전히 틀렸다. 이런 대폭락조차도 과정의 지극히 정상적인 일부일 뿐이다.

투자에 대해 제대로 아는 사람이라면 누구나 그렇듯 나 역시 시장이 변동성이 크다는 사실을 알고 있었다. 끊임없이 상승하는 과정에서 급격한 하락과, 조정, 그리고 약세장이 나타날 수 있고 또 반드시 나타난다는 것도 알고 있었다. 최선의 대응은 흔들리지 않고 공황에 빠지지 않는 것이다. 그러나 이번 경우는 달랐다. 완전히 다른 차원의 사건이었다.

나는 3~4개월 동안 필사적으로 버텼다. 그러나 주가는 계속 조금씩 더 아래로 흘러내렸다. 하지만 불행히도 머리로는 이게 정상적인 일이란 걸 알았지만, 그 사실을 온몸 깊이 체득하지는 못했다. 결국 나는 끝내 담력을 잃고 주식을 팔아버렸다.

나는 그만큼 충분히 강하지는 못했다. 내가 주식을 팔아버린 날은 절대적인 바닥이 아니었다고 해도, 사실상 그것과 다를 바

없을 만큼 가까운 시점이었다. 그리고 물론, 언제나 그래왔듯 시장은 다시금 피할 수 없는 상승을 시작했다. 시장은 결국 언제나 상승한다.

다시 용기를 되찾고 시장에 복귀하기까지 1년가량이 걸렸다. 그러나 그때쯤에는 이미 시장이 블랙 먼데이 이전의 고점을 넘어선 뒤였다. 나는 손실을 확정 지은 데다, 다시 자리를 차지하기 위해 웃돈까지 치른 셈이었다. 정말 값비싼 실패였다. 나는 어리석었고, 용기가 부족했다. 부끄러웠다. 나는 충분히 강하지 못했다.

그러나 지금의 나는 다르다. 1987년의 실수는 훗날 몰아친 모든 폭풍을, 5등급 허리케인급인 2008년 금융위기까지 포함하여 견뎌낼 수 있도록 방법을 가르쳐주었다. 그것은 내가 강인해지도록 만들었고, 값비싼 수업료였다는 점을 인정하지만, 결국 그보다 훨씬 웃도는 돈을 벌게 해주었다.

내 블로그 독자 중 한 사람이 이렇게 말했다. "우리는 공황을 곁에 두고 꿋꿋이 길을 지켜왔다." 정말 멋진 표현이다. 길을 지킨다는 것은 언제나 공황이라는 곁가지를 대동하는 일이다. 그래서 강인함이 필요한 것이다.

다시 주식시장의 역사 차트를 보자.

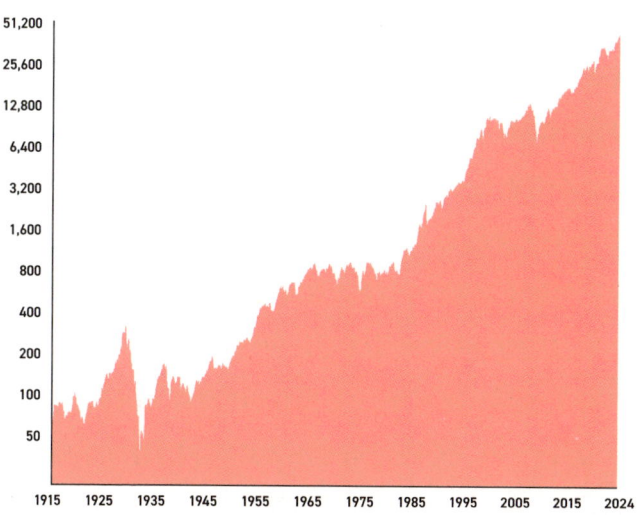

다우존스 산업평균지수(1915~2024년)

이 차트에서 1987년의 작은 흔적을 찾을 수 있겠는가? 분명 잘 살펴보면 눈에 띄긴 하지만, 전체 맥락 속에서는 그리 두렵게 보이지 않는다. 잠시 시간을 내어 이 차트를 꼼꼼히 살펴보라. 세 가지를 주목하게 될 것이다.

1. 숱한 재난을 거쳐왔음에도 불구하고, 시장은 시간이 흐르며 항상 더 높이 상승했다.
2. 그 과정은 거칠고 요동치는 여정이다.
3. 그리고 최악의 대폭락 사태가 있다.

우선 좋은 소식부터 이야기해보자. 다른 점들은 나중에 다루겠다. 시장이 왜 항상 상승하는지를 이해하기 위해서는 시장이 실제로 무엇인지 조금 더 면밀히 들여다볼 필요가 있다.

상장기업이란 개인이나 기관이 기업의 지분 일부를 매수할 수 있도록 주식을 발행하는 기업을 말한다. 따라서 어떤 기업의 주식을 산다는 것은 곧 그 기업의 일부를 소유한다는 의미다. 주식시장은 이렇게 상장된 수많은 기업으로 이루어져 있다.

앞의 차트는 다우존스 산업평균지수를 나타낸 것이다. 우리가 이 지수를 살펴보는 이유는, 전체 주식시장을 대표하기 위해 이토록 오래전까지 거슬러 올라가는 지표가 이것뿐이기 때문이다. 1896년, 찰스 다우$_{Charles\ Dow}$라는 사람이 미국을 대표하는 주요 산업에서 12개 기업을 골라 이 지수를 만들었다. 오늘날 다우존스 산업평균지수는 미국의 대형 기업 30개로 구성되어 있다.

하지만 이제는 긴 역사적 관점을 보여주기 위해 잠시 언급했던 다우존스 산업평균지수에서 벗어나, 더 유용하고 포괄적인 지수인 CRSP 미국 종합 주식시장 지수로 눈을 돌려보자.

언뜻 어렵게 들리는 이 이름 때문에 겁먹을 필요는 없다. 여기서 중요한 것은, 이 지수가 미국 내 사실상 모든 상장기업을 포함한다는 점이다. 더 중요한 것은, 뱅가드가 현재 전체 주식시장 인덱스펀드(VTSAX)를 설계할 때 이 지수를 모델로 삼았다는 사실이다. 디자인상으로 거의 똑같다. 우리는 실제로 VTSAX에 투자할 수 있으므로 앞으로는 이를 전체 주식시장의 대리 지표로 삼겠다. 나중에 변동될 수 있지만 2025년 현재 기준, VTSAX는 약 3,600개 기업을 담고 있다. 다시 말해 VTSAX를 보유한다는 것은 이 모든 기업의 일부를 함께 소유한다는 뜻이다.

1976년, 뱅가드 그룹의 창립자 잭 보글은 세계 최초의 인덱스펀드를 출시했다. 이 펀드는 S&P 500 지수를 추종하며, 투자자들이 미국의 최대 약 500개 기업을 단 하나의 저비용 펀드를 통해 보유할 수 있도록 했다. 이는 곧바로 시장의 끊임없는 상승세를 활용하는 데 있어 단연 최고의 도구가 되었다.

그 후 1992년, 뱅가드는 전체 주식시장 인덱스펀드를 만들었고, 투자자들은 이 하나의 펀드만으로 미국의 최대 500개 기업뿐 아니라 사실상 미국 전체 주식시장을 함께 보유할 수 있게 되었다.

혼란스러울 수 있는 점을 하나 짚고 넘어가자. 뱅가드 전체 주식시장 인덱스펀드는 여러 형태로 존재한다. VTSAX, VTI, 그리고 몇 가지 다른 형태가 있다. 이들이 왜, 무엇이 조금씩 다른지는 뒤에서 이야기하겠다. 지금 중요한 것은, 이들 모두가 동일하게 CRSP 지수를 기반으로 만들어진 똑같은 포트폴리오를 보유한다는 사실이다. 즉, 본질적으로 이들은 같다. 다만 내가 VTSAX를 기준으로 설명하는 까닭은, 단지 그것이 내가 보유하고 있는 펀드라서 설명하기가 좀 더 편하기 때문이다.

이제 우리는 주식시장이 실제로 무엇인지 알게 되었고, 차트를 통해 그것이 언제나 상승한다는 사실도 확인했다. 그렇다면 잠시 멈추어 생각해보자. 어떻게 이런 일이 가능할까? 그 이유는 두 가지로 요약할 수 있다.

1. 시장은 스스로 정화된다

다우존스 산업평균지수에 속한 30개 기업을 보라. 최초의 12개 기업 중 지금도 남아 있는 기업이 몇 개나 될 것 같은가? 내가 이 책 초판을 집필하던 2015년 당시에는 단 하나, 제너럴일렉트릭만이 남아 있었다. 그러나 그조차도 이후 탈락했다. 오늘날에는 단 하나도 남아 있지 않다. 사실, 현재의 30개 기업 대부분은 다우가 처음 목록을 만들던 당시에는 존재조차 하지 않았다. 원래 기업들의 대부분은 사라지거나 전혀 다른 무언가로 변모했다. 이것이 핵심이다. 시장은 정체되어 있지 않다. 기업은 끊임없이 사라지고, 새로운 피로 대체된다.

VTSAX 역시 마찬가지다. VTSAX는 미국 주식시장에 상장된 거의 모든 기업을 담고 있다. 이제 이 3,600여 개 기업을 연간 주가 성과를 나타내는 일반적인 정규분포 곡선 그래프 위에 배열해보자.

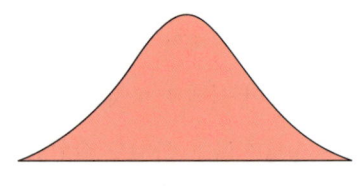

일반적인 정규분포 곡선 그래프

왼쪽 끝에 있는 소수의 기업은 가장 저조한 성과를 낸 기업들이다. 오른쪽 끝의 소수는 최고의 성과를 낸 기업들이다. 그 사이에 있는 나머지 기업들은 각기 다른 수준의 성과를 보여준다.

나쁜 주식이 낼 수 있는 최악의 성과는 무엇일까? 바로 가치의 100퍼센트를 잃고 주가가 제로가 되는 것이다. 그러면 당연히 그 기업은 사라지고, 다시는 이름조차 들리지 않게 된다.

이제 곡선의 오른쪽을 보자. 주식이 낼 수 있는 최고의 성과란 무엇일까? 수익률 100퍼센트? 물론 가능하다. 그러나 200퍼센트, 300퍼센트, 1,000퍼센트, 심지어 1만 퍼센트 이상도 가능하다. 상승에는 한계가 없다. 그 결과는 강력한 상승 편향으로 나타난다.

VTSAX에 담긴 3,600개 모든 주식을 이런 방식으로 모델링해 볼 수 있다. 그러면 어떤 별들은 시들어 사라지지만, 새로운 기업들이 등장해 성장하고 번영하며 상장하는 과정을 확인할 수 있다. 이렇게 일부 기업이 죽고, 또 죽어가는 기업을 새로운 기업이 대체하는 과정이 바로 시장을, 그리고 그 대리 지표인 VTSAX를 자기 정화적으로 만드는 원리다.

하지만 주의해야 한다. 이러한 자기 정화 기능은 광범위한 인덱스펀드에서만 작동한다. 일단 '전문가 운용'이 개입해 시장을 이기려 시도하는 순간, 모든 것은 달라진다. 그들은 상황을 훨씬 더 악화시킬 수 있고(실제로 대부분 그렇다), 언제나 더 많은 수수료를 부과한다. 이에 대해서는 뒤의 장에서 다루겠다.

2. 주식을 소유한다는 것은 기업의 일부를 소유하는 것이다

주식시장이 왜 끊임없이 상승하는지를 이해하려면, 우리가 VTSAX를 통해 실제로 무엇을 소유하고 있는지 알아야 한다. 우리는 말 그대로 미국 내 사실상 모든 상장기업의 일부를 소유하고 있다.

주식은 단지 거래되는 작은 종잇조각이 아니다. 주식을 보유한다는 것은 곧 살아 숨 쉬는 기업의 일부를 소유한다는 뜻이다. 그 기업들은 고객 기반을 넓히고, 이를 충실히 서비스하기 위해 끝없이 노력하는 사람들로 가득 차 있다. 그들은 냉혹한 환경 속에서 경쟁하며, 성과를 내는 자는 보상을 받고 그렇지 못한 자는 도태된다. 이러한 치열한 역동성이야말로 주식과 그것이 대표하는 기업들을 역사상 가장 강력하고 성공적인 투자 자산으로 만든다.

이제 우리는 끊임없이 위로 나아가는 놀라운 부의 축적 도구를 갖게 되었다. 그러나 여기에는 큰 '단서'가 따른다. 바로 이 때문에 많은 사람이 실제로는 시장에서 돈을 잃는다. 정말이지, 이 여정은 거칠고 불안정하기 짝이 없기 때문이다. 게다가 반드시 찾아오는 최악의 대폭락 사태도 있다. 이 부분은 다음에 다시 이야기하겠다.

8
대다수가 주식시장에서
돈을 잃는 이유

앞 장에서 나는 주식시장과 이를 통해 부를 축적할 수 있는 잠재력에 대해 매우 밝은 전망을 제시했다. 내가 쓴 모든 내용은 사실이다. 그러나 다음 문장 또한 사실이다.

대부분의 사람은 주식시장에서 돈을 잃는다.

TV나 유튜브 등 미디어를 보면 주식으로 큰돈을 벌었다는 사람이 많은데, 주변을 둘러보면 벌었다는 사람보다 잃었다는 사람이 태반이다. 주식시장에서 대다수가 돈을 잃는 이유는 크게 네 가지로 요약할 수 있다.

1. 시장의 타이밍을 맞출 수 있다는 착각

고점에서 빠져나갔다가 저점에서 다시 들어온다는 발상은 대단히 매력적으로 들리지만, 실제로는 거의 불가능하다. 현실에서 우리는 대체로 비싸게 사서 싸게 판다. 어려운 시기에는 공포에 휩싸여 매도하고, 시장이 치솟으면 이번엔 조바심을 내며 매수하기 때문이다.

이는 우리 모두에게 적용된다. 인간의 본성 자체가 그렇게 생겨먹었다. 지난 30여 년 동안 투자자의 심리를 분석한 수많은 학술 논문들이 발표되었는데, 그 결과는 썩 유쾌하지 않다. 우리는 심리적으로 변동성이 큰 시장에서 번영하기에 적합하지 않은 듯하다. 이 연구의 세부 내용은 이 책의 범위를 벗어나므로 생략하겠다. 중요한 것은 이러한 파괴적 행동을 이해하고 받아들이며, 나아가 이를 변화시키기 위해서는 의지와 자각, 그리고 노력이 필요하다는 점이다.

여기 냉혹한 사실이 있다. 뮤추얼펀드에 투자한 사람 중 절대다수는 실제로 자신이 투자한 펀드가 만들어내고 공시하는 수익률보다 더 나쁜 성과를 거둔다. 이 사실을 곱씹어보라. 어째서 이런 일이 일어날까? 우리의 심리는 시장의 타이밍을 맞추려는 시도를 억제하지 못하게 되어 있다. 우리는 거의 항상 잘못된 시점에 시장에 뛰어들고 빠져나오기를 반복한다.

2. 상승할 종목을 고를 수 있다는 착각

당신은 승리할 종목을 고를 수 없다. 기분 나빠할 필요 없다. 나 역시 마찬가지다. 이건 절대다수의 전문가도 불가능한 일이다. 이런 능력이 매우 희귀하기 때문에, 그것을 할 수 있는 듯 보이는 극소수의 스타 투자자들이 그렇게 유명해진 것이다.

물론 가끔은 성공할 수도 있다. 그리고 그게 통했을 때 느껴지는 짜릿함이란 이루 말할 수 없다. 그런 경험은 엄청나게 매혹적이다. 치솟는 종목을 맞춘 경험은 강렬하고 중독적인 도취감을 준다. 언론은 이러한 착각을 부추기는 '승리의 전략'들로 가득 차 있다.

나 역시 이런 매력에서 벗어날 수 없다. 2011년에 나는 하나의 흐름을 포착했다고 생각했고, 실제로 내가 고른 다섯 종목에서 4개월 만에 19퍼센트의 이익을 거두었다. 나는 아직도 이러한 중독에 빠져 있고 그래서 한숨이 나온다. 이를 연이율로 환산하면 거의 60퍼센트인데, 그해 시장은 제자리걸음이었다. 내 입으로 말하기 그렇지만, 꽤 눈부신 성과였다. 그러나 이런 일을 해마다 반복하는 것은 불가능하다. 짜릿한 경험일 수는 있으나, 부를 쌓기 위한 기반으로 삼기에는 매우 위험하다.

해마다 지수를 조금이라도 앞서는 것은 믿기 어려울 만큼 힘든 일이다. 오직 극소수의 투자자만이 오랜 시간에 걸쳐 지수를 소폭 웃도는 성과를 냈다. 그래서 그들은 스타가 되었다. 워런 버핏, 마이클 프라이스Michael Price, 피터 린치Peter Lynch가 누구나 아는 이름이 된 이유가 바로 이 때문이다. 내가 가끔 승리하더라도 자만하지 않는 이유이기도 하며, 내 포트폴리오에서는 인덱스펀드가 무거운 짐을 대신 지도록 맡기는 것도 이 때문이다.

3. 유능한 뮤추얼펀드 매니저를 고를 수 있다는 착각

적극적으로 운용되는 주식형 뮤추얼펀드, 즉 인덱스펀드와 달리 전문 매니저가 직접 운용하는 펀드는 거대하고 매우 수익성 높은 사업이다. 다만 이때 이익을 얻는 쪽은 펀드를 운용하는 회사들이다. 투자자 쪽이 아니다.

그 수익성이 워낙 높다 보니, 실제로 주식 종목 수보다 뮤추얼펀드 수가 더 많다. 2024년 기준 미국에서 운영 중인 뮤추얼펀드는 약 7,000개에 달한다. 반면 미국에 상장된 주식은 약 4,000개에 불과하다. 나 역시 놀라울 따름이다. 게다가 매년 약 7퍼센트의 펀드가 문을 닫는다. 이런 추세라면 앞으로 10년 안에 절반 이상이 사라지게 될 것이다.

엄청난 돈이 걸려 있기 때문에 투자회사들은 부진한 펀드는 조용히 없애면서 끊임없이 새로운 펀드를 내놓는다. 금융 언론은 승리한 매니저와 펀드들의 이야기로 가득 차 있으며, 이들의 광고비에 의존한다. 과거 실적이 분석되고, 매니저들이 인터뷰에 응한다.

모닝스타Morningstar 같은 회사들은 펀드를 조사하고 순위를 매기는 일을 기반으로 성장해왔다.

그러나 사실은 극소수의 펀드 매니저만이 장기적으로 지수를 능가한다. 미국의 자산운용사 디멘셔널 펀드 어드바이저스Dimensional Fund Advisors는 2023년에 발표한 연구에서, 2022년까지 20년 동안의 미국 내 뮤추얼펀드와 상장지수펀드ETF를 분석했다.[1] 그 결과 주식형 펀드 가운데 20년간 생존하면서 동시에 벤치마크를 능가한 것은 단 17퍼센트에 불과한 것으로 나타났다. 다시 말해 83퍼센트의 주식형 펀드는 따로 관리하지 않는 지수를 이기지 못한 것이다. 그러나 이들 모두는 성과와 관계 없이 고객들에게 높은 수수료를 부과했다.

지금 당장은 성공한 펀드들이 눈에 보이지만, 앞으로 그 희귀한 17퍼센트에 어떤 펀드가 포함될지는 예측할 수 없다. 모든 펀드 설명서에는 이런 문구가 적혀 있다. "과거의 성과가 미래의 결과를 보장하지 않는다." 설명서 전체에서 가장 무시되는 문장이자, 동시에 가장 정확한 문장이기도 하다.

다른 학술 연구들에 따르면, 기간을 더 길게 놓고 보았을 때 17퍼센트라는 초과 성과 비율조차도 지나치게 낙관적이라는 것을 알 수 있다. 2022년 《금융 경제학 저널Journal of Financial Economics》에 실린 헨드릭 베셈빈더Hendrik Bessembinder, 마이클 J. 쿠퍼Michael J. Cooper, 펑 장Feng Zhang 교수의 연구 〈장기 시계열에서 뮤추얼펀드의 성과Mutual Fund Performance at Long Horizons〉에서는 수익률을 장기적으로

볼수록, 예를 들어 1년 성과와 10년 성과를 비교할 때 시장 지수를 능가하는 뮤추얼펀드의 수가 줄어든다는 사실을 밝혔다.[2] 다시 말해 어떤 펀드가 단기적으로는 좋아 보일지라도, 장기적으로 보면 대부분 지수보다 성과가 나쁘다는 것이다. 매달 '승리'하는 듯 보이는 펀드조차도 장기적으로는 시장에 패배하는 경우가 많다.

2000년 《금융 저널Journal of Finance》에 브래드 M. 바버Brad M. Barber와 테런스 오딘Terrance Odean 교수가 발표한 연구를 시작으로, 지난 20여 년 동안 반복적으로 입증된 사실이 있다. 적극적으로 거래하는 투자자들의 절대다수가 시장 수익률을 밑돈다는 점이다. 더 나아가 거래 빈도가 높을수록 성과는 오히려 더 나빠진다.

이처럼 끔찍한 실적 기록에도 불구하고, 왜 그렇게 많은 펀드회사가 자사 펀드 대부분이 시장을 능가했다고 주장하는 광고를 내는지 의아할 것이다. 막대한 돈이 걸려 있는 만큼, 그들이 각종 술수를 부리는 것은 놀라운 일이 아니다. 대표적인 방법의 하나는 단순히 자신들에게 유리한 기간을 선택해 성과를 측정하는 것이다. 또 다른 방법은 이미 사라졌거나 사라져가는 펀드들을 이용하는 것이다.

뮤추얼펀드회사들은 늘 새로운 펀드를 내놓는다. 무작위 확률만으로도 몇몇 펀드는 최소한 한동안은 좋은 성과를 낼 수 있다. 성과가 나쁜 펀드들은 조용히 청산되고, 자산은 더 나은 성과를 내는 펀드로 합쳐진다. 부진한 펀드는 사라지고, 회사는 여전히 자사 펀드들이 모두 우수하다고 주장할 수 있다. 교묘하지 않은가.

적극적으로 운용되는 펀드에는 큰돈이 걸려 있다. 다만 그 돈을 버는 쪽은 투자자가 아니다.

4. 우리는 거품에 집중한다

여름날 따뜻한 오후에 이 책을 읽고 있다고 상상해보라. 충분히 보상받을 자격이 있다고 느낀 당신은 가장 좋아하는 맥주 한 병을 따서 시원한 잔에 따라낸다.

다들 경험해봐서 알겠지만, 잔을 기울여 천천히 따르면 잔에는 맥주가 대부분을 차지하고 거품은 아주 조금 생긴다. 반대로 잔을 똑바로 세워 빠르게 부어버리면 맥주는 조금밖에 없고 잔이 거의 거품으로 가득 차버린다.

이제 누군가가 당신 모르게 불투명한 머그잔에 맥주를 부어 건네주었다고 상상해보라. 거품 아래로 맥주가 얼마나 들어 있는지 알 수 있겠는가? 그것이 바로 주식시장이다.

알다시피 주식시장은 사실 서로 연결되어 있지만 매우 다른 두 가지로 이루어져 있다.

- 첫째는 맥주다. 우리가 지분을 소유할 수 있는, 실제 운영되고 있는 기업들이다.

- 둘째는 거품이다. 가격이 순간순간 요동치는 거래용 종잇조각들이다. 이것이 CNBC가 다루는 시장이다. 이것이 매일 전해지는 증시 동향 보고서가 말하는 시장이다. 이것이 월스트리트를 라스베이거스에 비유할 때 사람들이 말하는 시장이다. 이것이 일간, 주간, 월간, 연간의 변동성으로 평범한 투자자를 창밖으로 내몰아 난간에 서게 만드는 시장이다. 그리고 이것이야말로, 당신이 현명하고 장기적으로 부를 쌓고 싶다면 반드시 무시해야 할 시장이다.

특정 주식의 일일 가격을 볼 때, 그중 얼마가 거품인지 알기는 매우 어렵다. 그래서 어떤 회사의 가치가 하루아침에 폭락했다가 다음 날 급등하기도 한다. 그래서 CNBC에서는 화려한 이력을 가진 전문가들이 등장해 시장의 향방을 자신 있게 예측하지만, 서로 모순된 말을 반복하는 것이다. 이는 결국 수많은 트레이더가 특정 시점의 잔 속에 맥주와 거품이 각각 얼마나 들어 있는지를 두고 경쟁하며 추측하는 것일 뿐이다.

이런 현상은 극적인 볼거리와 방송 소재로는 훌륭하지만, 우리에게 중요한 건 오직 맥주뿐이다. 거품 아래에 있는 실제 돈을 벌어들이는 운영 기업, 바로 그 맥주가 시간이 흐르며 시장을 끊임없이 끌어올리는 원동력이다.

또한 언론이 주식시장 해설자들에게 원하는 것은 극적 긴장감이라는 점을 이해해야 한다. 어떤 해설자가 장기 투자에 대해 이

성적으로 말하는 동안 TV에 눈을 고정하고 있을 사람은 없다. 그러나 누군가가 다우 지수가 연말까지 폭등할 거라고 장담하거나, 아니면 곧 바닥으로 곤두박질칠 거라고 말한다면, 그때야말로 시청률이 보장된다!

그러나 그것들은 모두 거품이고, 허풍이며, 소음일 뿐이다. 우리에게는 전혀 중요하지 않은 것들이다. 우리가 원하는 것은 오직 맥주다!

9
폭락장에서 살아남는 법

지금까지 살펴본 바에 따르면, 주식시장은 끊임없이 상승하는 훌륭한 부의 축적 도구다. 이런 주식시장에 접근하기 위한 유일한 도구는 뱅가드 전체 주식시장 인덱스펀드$_{VTSAX}$다.

하지만 우리는 주식시장이 극도로 변동성이 크고, 주기적으로 폭락하며, 대다수 사람이 심리적 성향 때문에 돈을 잃는다는 사실도 보았다. 그럼에도 우리가 마음을 단단히 먹고 흔들림을 이겨내며, 투자 실력에 대해 조금의 겸손함만 보인다면, 이것이야말로 부로 가는 가장 확실한 길이다.

하지만….

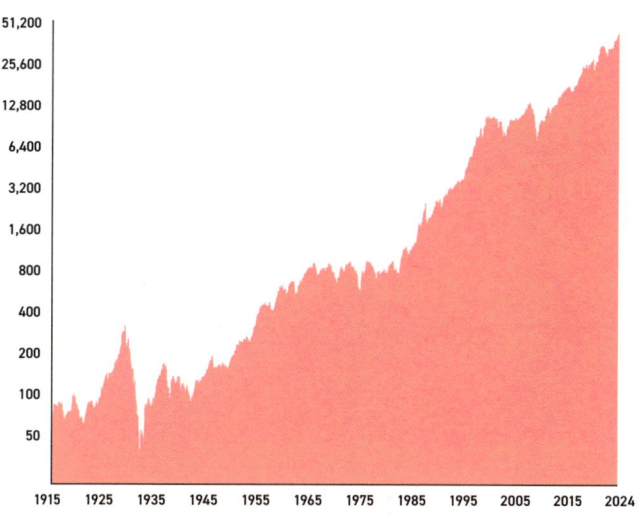

다우존스 산업평균지수(1915~2024년)

1929년에 최악의 대폭락 사태가 있었다. 모든 주식시장 폭락의 원형이자 대공황의 시작이었다. 2년에 걸쳐 다우 지수는 391에서 41까지 곤두박질치며 가치를 90퍼센트나 잃었다. 운 나쁘게도 꼭 짓점에서 투자했다면, 포트폴리오가 완전히 회복되기까지 26년이 지난 1950년대 중반을 기다려야 했을 것이다. 정말 끔찍한 일이다. 웬만큼 강인한 투자자라도 버티기 힘들었을 것이다.

주식을 증거금으로 매수했다면, 즉 중개인에게 돈을 빌려 주식을 샀다면, 완전히 파산했을 것이다. 실제로 많은 투기꾼이 그렇게 되었다. 하룻밤 사이에 거대한 재산이 사라졌다. 주식을 증거금으로 사는 일은 절대 해서는 안 된다.

그렇다면 어떻게 해야 할까? 또다시 최악의 대폭락 사태가 일어난다면, 과연 우리는 '마음을 단단히 먹고 폭풍을 견뎌라'라는 신념 하나로 그 시기를 버틸 수 있을까? 그 질문에 대한 답은 전적으로 위험을 감내하는 정도와 부를 쌓고자 하는 열망에 달려 있다. 위험을 완화할 방법은 있으며, 이에 대해서는 뒤에서 살펴볼 것이다.

우선은 한 걸음 물러서서 최악의 대폭락 사건과 관련된 몇 가지 핵심 사항을 살펴보자.

1. 1929년 정점에서 전 재산을 투자한, 극도로 운이 나빴던 투자자가 아니고서는 그 폭락의 모든 타격을 고스란히 감당하지는 않았을 것이다.

가령 1926~1927년에 투자했다고 가정해보자. 차트를 보면 이는 꼭지로 오르기까지의 중간쯤에 해당한다. 당시 수많은 사람이 시장에 뛰어들고 있었다. 물론 그들은 결국 모든 이익을 잃게 될 운명이었지만, 만약 끝까지 버텼다면 10년 뒤에는 다시 수익 구간으로 돌아올 수 있었다. 비록 그 뒤에도 또 다른 험난한 시기가 기다리고 있었지만 말이다.

가령 1920년의 직전 고점에서 매수했다고 해보자. 곧바로 타격을 입었겠지만 5년 뒤에는 회복했을 것이다. 그리고 1929년 폭락 이후에도 1936년이면 본전을 찾았을 것이다. 7년이 걸린 셈이다.

핵심은, 언제 시작했느냐에 따라 결과는 달라졌으며, 흔히 인용

되는 고점 대비 저점의 90퍼센트 손실만큼 극단적이지는 않았다는 점이다.

2. 만약 1929년에 막 학교를 졸업하고 사회에 첫발을 내디뎠다고 가정해보자. 다행히도 일자리를 지킨 75퍼센트에 속했다면, 이후 수십 년 동안 주식을 헐값에 매수할 기회가 주어졌을 것이다. 역설적으로, 투자 인생의 초기에 맞이하는 폭락은 축복이다. 사실 부를 축적하는 과정에 있는 동안 주가가 후퇴하는 일은 언제나 축복과 같다. 같은 돈으로 더 많은 주식을 살 수 있기 때문이다. 마치 할인 행사와 같다.

3. 만약 1929년에 100만 달러를 가진 은퇴자였다면, 1932년까지 포트폴리오는 90퍼센트가 줄어 10만 달러가 되었을 것이다. 분명 끔찍한 타격이다. 그러나 대공황은 디플레이션 국면이었다는 점을 기억해야 한다. 즉, 주식과 함께 재화와 서비스의 가격도 극적으로 하락했다는 뜻이다. 따라서 비록 10만 달러가 더 이상 100만 달러는 아니었지만, 그 금액은 폭락 이전보다 훨씬 더 큰 구매력을 지니게 되었다. 게다가 이 낮은 수준에서 상당히 가파른 성장이 뒤따를 준비가 되어 있었다.

4. 1896년 다우 지수가 시작된 이래, 최악의 대폭락 사태는 단 한 차례 일어났다. 1929년 이후 마련된 각종 제도적 장치 덕분에

앞으로는 그런 일이 다시 일어날 가능성이 작다고 주장하는 이들도 있다. 물론 단정할 수는 없지만, 이것이 극도로 희귀한 사건이었다는 점에는 모두가 동의할 것이다.

5. 2008년에 우리는 낭떠러지 끝까지 다가섰다. 나는 사람들이 실제로 인식하는 것보다 훨씬 더 그 끝에 가까웠다고 생각한다. 그러나 결국 그 벼랑 아래로 떨어지지는 않았다. 나는 이점이 매우 고무적이라고 생각한다.

그다지 고무적이지 않은 점은, 1929년과 같은 디플레이션 대공황이 부를 대규모로 파괴할 수 있는 두 가지 경제적 재앙 중 하나일 뿐이라는 사실이다.

다른 하나는 초인플레이션이다. 미국에서는 1776년 독립전쟁 시기 이후로 이 괴물을 상대할 일이 없었다. 그러나 초인플레이션은 2008년에는 짐바브웨 경제를 파괴했고, 헝가리는 1946년 7월 역사상 최악의 사례를 기록했는데, 당시 인플레이션율 최고치가 무려 41.9경 퍼센트에 달했다. 또한 1920년대 독일의 초인플레이션은 1930년대 나치가 권력을 잡는 길을 열어주었다는 평가를 받는다.

초인플레이션은 극히 나쁜 소식이다. 디플레이션 못지않게 파괴적이며, 말 그대로 통제 불가능한 인플레이션을 뜻한다.

약간의 인플레이션은 경제에 매우 건강한 요소가 될 수 있다.

물가와 임금이 상승할 수 있게 해주며, 경제의 톱니바퀴가 원활히 돌아가도록 기름칠하는 역할을 한다. 또한 다가오는 디플레이션 대공황을 막는 해독제가 되기도 한다.

디플레이션 환경에서는 구매를 미루는 것이 보상받는다. 2009년에서 2013년 사이 새집 구매를 고려했다면, 집값과 함께 주택담보대출 금리도 떨어지고 있음을 알았을 것이다. 이 경우 나중에 더 낮은 가격과 금리로 집을 살 수 있다는 사실을 알고 기다렸을 가능성이 높다. 잠재적 구매자 다수가 이와 같은 행동을 한다면 수요는 줄어들고, 이에 따라 가격과 금리는 더 떨어진다. 지연은 보상받고 행동은 벌을 받는 셈이다. 이것이 지나치게 반복되면 시장은 가격이 폭락하는 치명적인 소용돌이로 빠져든다.

그러나 인플레이션 시기에는 오늘보다 내일이 더 비싸진다. 집(혹은 자동차, 가전제품, 식료품 등)을 지금 사야 가격 인상을 피할 수 있다는 유인이 생긴다. 지연은 더 높은 가격이라는 벌을 받고, 당장 행동하는 것은 보상을 받는다. 구매자는 점점 더 의욕적으로 변하고, 판매자는 점점 더 팔기를 꺼린다. 이것이 지나치면 시장은 통화가치가 끝없이 추락하고, 사람들이 점점 가치가 사라지는 화폐를 물건으로 바꾸기 위해 필사적으로 달려드는 치명적인 소용돌이에 빠져든다.

정부는 약간의 인플레이션을 반긴다. 돈을 더 풀어 경제를 활발히 돌게 하면서도 세금을 올리거나 지출을 줄일 필요가 없기 때문이다. 사실 인플레이션은 종종 '숨은 세금'이라 불리는데, 인플레이션이 통화의 구매력을 갉아먹기 때문이다. 또한 정부와 같은 채무자는 가치가 더 낮아진 '싼 달러'로 채권자에게 빚을 갚을 수 있게 된다.

우리의 VTSAX 부의 축적 전략에 있어서 희소식은 주식이 상당히 좋은 인플레이션 대비 수단이라는 점이다(이에 대해서는 다음 몇 장에서 자세히 다룰 것이다). 이미 살펴본 바와 같이, 주식을 소유한다는 것은 곧 기업을 소유하는 것이다. 이 기업들은 자산을 가지고 있으며, 제품을 만들어낸다. 기업의 가치는 인플레이션과 함께 상승하며, 통화가치 하락에 대한 방어막이 된다. 특히 낮거나 보통 수준의 인플레이션 시기에는 그 효과가 더욱 확실하다.

모든 투자자가 내려야 하는 결정은 부를 축적하는 과정에서 얼마만큼의 위험을 감수할 것인가 하는 문제다. 지난 100여 년의 역사를 돌아보면, 그 답은 스스로에게 물어야 한다. 최악의 대폭락 사태에 집중하는 것이 합리적인가, 아니면 역사를 지배해온 끊임없는 상승에 투자하는 것이 합리적인가?

이 말이 최악의 대폭락 사태가 두렵고 파괴적이지 않다는 뜻은 아니다. 그러나 그런 사건은 드물며, 우리의 핵심 원칙(버는 것보다 적게 쓰고, 남는 것을 투자하며, 빚을 피하는 것)의 맥락에서는 충분히 견뎌낼 수 있는 일이라는 의미다.

다음 몇 장에서는 부를 축적하고 지키기 위한 구체적인 투자 방법을 살펴볼 것이다. 1부에서 약속했듯, 그 과정이 얼마나 간단한지 믿기 어려울 정도일 것이다.

10
단순한 투자법이
가장 강력한 이유

투자는 단순할수록 좋다. 단순할수록 더 쉽다. 단순할수록 더 많은 이익을 남긴다.

이 책의 핵심 주제는 바로 이것이다. 단순한 투자법이 가장 강력한 투자법인 이유를 앞으로 몇 장에 걸쳐 상세히 설명할 것이다. 이를 통해 당신은 전문 투자자와 적극적인 아마추어들 가운데 최소한 83퍼센트보다 더 나은 투자 성과를 내는 데 필요한 모든 것을 배우게 될 것이다(8장에서 언급한 연구에 근거한 수치다). 이 과정에는 거의 시간이 들지 않으며, 당신은 삶을 풍요롭고 아름답게 만들어주는 다른 모든 일에 집중할 수 있을 것이다.

어떻게 그럴 수 있단 말인가? 투자는 복잡한 것 아닌가? 전문가의 안내가 꼭 필요한 것 아닌가?

아니다. 전혀 그렇지 않다. 고대 바빌론 시대부터 사람들은 온갖 투자 수단을 고안해왔다. 대부분은 다른 이들에게 팔기 위한 것이었다. 이러한 투자 상품을 복잡하고 불가사의하게 만드는 데에는 강력한 금전적 유인이 존재한다.

하지만 단순한 진실은 이렇다. 투자가 복잡할수록 수익이 날 가능성은 오히려 줄어든다. 인덱스펀드가 액티브펀드보다 더 나은 성과를 내는 큰 이유 중 하나는, 액티브펀드가 값비싼 운용 매니저들을 필요로 하기 때문이다. 이들은 투자 실수를 저지르기 쉽고, 그들의 수수료는 끊임없이 포트폴리오의 성과를 깎아내린다.

그러나 이러한 펀드는 그것을 운용하는 회사에 매우 큰 수익을 안겨주며, 따라서 회사는 그러한 상품을 적극적으로 홍보한다. 물론 그 수익과 홍보 비용은 수수료라는 항목으로 당신의 주머니에서 직접 빠져나간다.

성공을 위해서는 복잡한 투자가 필요하지 않을 뿐 아니라, 오히려 해가 된다. 복잡한 투자는 비용만 많이 들며, 최악의 경우 그것은 사기꾼들의 무기가 될 수 있다. 애써 시간을 들일 가치가 없다.

우리는 더 나은 길을 갈 수 있다. 당신에게 필요한 것은 단 세 가지뿐이다.

단순한 투자를 위한 3가지 고려 사항

1. 지금 투자 인생의 어느 단계에 있는가? 자산 축적 단계인가, 자산 보존 단계인가, 아니면 두 가지가 혼합된 상태인가?
2. 어느 정도의 위험을 감수할 수 있는가?
3. 투자 기간은 장기인가 단기인가?

이 세 가지가 서로 긴밀히 연결되어 있다는 점은 이미 눈치챘을 것이다. 투자 기간에 따라 감수할 수 있는 위험의 수준이 달라지며, 이 두 가지는 투자 단계의 방향을 좌우한다. 또한 세 가지 모두 현재의 고용 상태와 미래 계획에 밀접하게 연관되어 있다. 이 결정은 오직 당신만이 내릴 수 있다. 하지만 몇 가지 길잡이가 될 수 있는 생각을 제시하고자 한다.

'안전한 투자'는 환상이다

위험이 전혀 없는 투자는 없다. 일단 부를 축적하기 시작하면 위험은 삶의 일부가 된다. 이는 피할 수 없으며, 다만 어떤 위험을 감수할 것인지를 선택할 수 있을 뿐이다. 그 누구의 말에도 흔들리지 마라. 현금을 뒷마당에 묻어두거나 연방예금보험공사 보증 은행 계좌에 넣어두더라도, 20년 뒤에 꺼낸다면 여전히 같은 액수를 갖고 있을 것이다. 이자율에 따라 약간 불어날 수는 있다 (2025년 현재 약 4.5퍼센트). 그러나 비록 완만한 수준의 인플레이션

일지라도 그 구매력은 크게 깎여 있을 것이다. 반대로 주식에 투자하면 인플레이션을 능가하며 부를 쌓을 가능성이 크지만, 그 과정에서 변동성이라는 거친 여정을 견뎌야 한다.

투자에 적합한 나이란 없다

자산 축적 단계는 일을 하며 저축하고 투자를 늘려가는 시기에 적합하다. 자산 보존 단계는 근로소득이 줄어들거나 끝난 뒤에 시작된다. 이때는 투자 자산이 스스로 성장하거나, 혹은 소득을 제공하는 역할을 하게 된다.

조기 은퇴를 계획하고 있을 수도 있다. 일자리에 대한 불안이 있을 수도 있다. 안식년을 보내려는 생각일 수도 있다. 꿈을 좇아 더 낮은 보수의 자리를 받아들일 수도 있다. 새로운 사업을 시작할 수도 있다. 몇 년간 은퇴 생활을 한 뒤 다시 일터로 돌아갈 수도 있다. 인생의 단계는 삶의 과정에서 여러 번 바뀔 수 있으며, 그에 따라 투자 단계 역시 언제든 바뀔 수 있다.

독립 자금 마련은 무조건 당장 시작하라

아직 독립 자금을 마련하지 못했다면 지금 당장 시작하길 권한다. 시작하기에 늦은 때란 없다. 끈기 있게 이어가라. 인생은 불확실하다. 오늘 사랑하는 직장이 내일 사라질 수도 있다. 돈으로 살 수 있는 어떤 것도 경제적 자유만큼 중요한 것은 없다. 현대 사회에서 이보다 중요한 도구는 없다.

단기적 관점에 너무 서둘러 매달리지 마라

우리 모두는 장기 투자자가 되어야 한다. 전형적인 투자자문가들은 이렇게 말한다. "100에서 자신의 나이를 빼라(혹은 좀 더 공격적으로는 120에서 뺀다). 그 결과가 포트폴리오에서 주식이 차지해야 할 비율이다. 이 계산법에 따르면, 60세라면 주식을 40퍼센트(혹은 60퍼센트) 보유하고, 나머지 60퍼센트(혹은 40퍼센트)는 보수적이고 자산을 보존하는 채권에 두어야 한다." 터무니없는 소리다.

문제는 이렇다. 설령 완만한 인플레이션이라도 시간이 지나면 채권의 가치를 잠식한다. 게다가 채권은 주식이 지닌 보상적 성장 잠재력을 제공하지 못한다.

20세에 막 투자를 시작한다면, 아마도 80년에 가까운 투자 기간을 바라보는 셈이다. 기대수명이 계속 늘어난다면 투자 기간이 한 세기가 될 수도 있다. 60세라 해도 건강하다면 앞으로 30년은 거뜬하다. 내 생각에 이것이야말로 장기 투자다.

어쩌면 배우자가 더 젊을 수도 있다. 혹은 자녀나 손주, 자선단체에 돈을 남기고 싶을 수도 있다. 이들 모두에게는 저마다의 장기적 시간이 다르다.

단순한 투자를 위한 3가지 도구

세 가지 고려 사항을 정리했다면 이제 포트폴리오를 구축할 차례다. 이를 위해 필요한 도구는 단 세 가지뿐이다. 보라, 내가 단순하다고 약속하지 않았나!

1. 주식: VTSAX(뱅가드 전체 주식시장 인덱스펀드). 주식은 장기적으로 가장 높은 수익을 제공하며 인플레이션을 방어하는 역할을 한다. 이것이 우리의 핵심적인 부의 축적 도구다. (이 펀드의 변형 상품은 17장에서 다룬다.)

2. 채권: VBTLX(뱅가드 전체 채권시장 인덱스펀드). 채권은 소득을 제공하며, 주식의 거친 변동성을 완화하고, 디플레이션에 대한 방어막 역할을 한다.

3. 현금: 일상적인 지출을 감당하고 긴급 상황에 대비하기 위해 현금을 보유하는 것은 유용하다. 또한 디플레이션 시기에는 현금이 최강의 무기다. 가격이 내려갈수록 현금으로 살 수 있는 것이 더 많아지기 때문이다.

그러나 가격이 상승할 때(인플레이션) 현금의 가치는 꾸준히 잠식된다. 저금리 시대에는 놀고 있는 현금이 큰 수익을 낼 잠재력도 없다. 따라서 필요와 심리적 안정을 고려해 가능한 한 적은 금액만을 보유하기를 권한다.

일반적으로 머니마켓펀드Money Market Funds*는 은행 저축예금보다 약간 더 높은 수익을 제공하지만, 항상 그런 것은 아니다. 또한 머니마켓펀드는 매우 안전한 것으로 여겨지지만, 예금자보호법에 의해 보호받지는 못한다.

때로는 현금을 지역 은행이나 온라인 은행에 두기도 했다. 그러나 보통은 머니마켓펀드를 약간 더 선호하며, 2025년 현재 내 현금은 뱅가드의 VMRXX Vanguard Cash Reserves Federal Money Market Fund(뱅가드 현금 보유 연방 자금시장 펀드)에 들어 있다.

이것으로 끝이다. 이 세 가지 도구만 있으면 된다. 두 개의 인덱스 뮤추얼펀드와 머니마켓펀드 혹은 은행 계좌다. 부를 쌓아줄 도구, 인플레이션에 대한 대비책, 디플레이션에 대한 대비책, 그리고 일상적 필요와 긴급 상황을 위한 현금이 여기에 모두 포함된다. 약속한 대로 이 조합은 저비용이면서도 효과적이고, 분산되어 있으며, 단순하다.

각 투자 비중은 개인의 성향에 맞게 세밀하게 조정할 수 있다. 완만한 여정을 원하는가? 장기 수익을 낮추고 자산 증가 속도가 느려지는 것을 감수할 의향이 있는가? 그렇다면 VBTLX나 현금 비중을 늘리면 된다. 최대한의 성장 잠재력을 원하는가? 그렇다면 VTSAX 비중을 더 많이 가져가라.

---

*   초단기 금융상품에 투자하는 펀드.

앞으로 이어질 장들에서는 인덱스펀드와 채권에 관해 이야기할 것이다. 그다음에는 몇 가지 구체적인 전략과 포트폴리오를 살펴보며, 당신의 필요와 성향에 가장 잘 맞는 자산 배분 방식을 어떻게 선택할 수 있는지 알아볼 것이다.

11
우리는 워런 버핏이
아니기 때문에

 인덱스펀드는 게으른 사람들을 위한 것일까? 아니다. 그렇지 않다. 인덱스펀드 투자는 가능한 한 최상의 결과를 원하는 사람들을 위한 것이다.

 지난 몇 년 동안 내 투자 아이디어는 다른 저자들의 논평을 끌어냈다. 영광스러운 일이지만 나를 칭찬하려는 이들조차 인덱스펀드에 대한 내 입장을, 그저 크게 수고하지 않고 투자하려는 '보통 사람들'에게나 적절한 조언 정도로 표현하는 경우가 있음을 알게 되었다. 즉, 그들은 더 부지런한 사람들이 조금 더 노력해서 개별 주식이나 액티브펀드를 영리하게 고른다면 더 나은 성과를 거둘 수 있다고 생각하는 것이다. 허튼소리다!

 7장에서 소개했듯이, 2019년 89세의 나이로 세상을 떠난 잭 보글은 개인 투자자들을 위해 그 누구보다 많은 일을 해낸 인물이다. 뱅가드를 설립하고 주주에게 이익이 돌아가도록 하는 독특한 구조를 만든 것부터 인덱스펀드를 창안한 것까지, 그는 금융 산업의 거인이자 투자 세계의 성자였으며, 나에게는 개인적 영웅이었다.

그는 생애 말기에 시장을 성공적으로 이기는 일에 대해 이렇게 말했다.

"나는 이 업계에서 61년을 보냈지만 시장을 이겨보지는 못했습니다. 시장을 이겼다는 사람을 만나본 적도 없습니다. 그리고 그런 사람을 만났다는 사람조차 본 적이 없습니다."

나 역시 그렇다. 이 현실은 그가 학생 시절 논문을 준비하면서 수십 년 전에 이미 깨달았던 것이며, 업계에서의 오랜 경험은 그것을 다시금 확인시켜주었을 뿐이다. 즉, 시장 지수에 속한 모든 주식을 사들이는 방식은 전문가들의 운용 성과를 안정적이고 지속적으로 능가하며, 특히 비용을 고려할 때 그 효과는 더욱 뚜렷해진다.

인덱스 투자의 기본 개념은, 시장을 능가할 만한 주식을 고를 확률이 극히 미미하기에 차라리 특정 지수에 속한 모든 주식을 사들이는 편이 더 나은 결과를 얻는다는 것이다. 이 아이디어는 월스트리트 전문가들에게 막대한 수수료를 지급해야 한다는 논리 자체를 근본적으로 흔들고 위협했다. 당연하게도 반발은 빠르고 거셌다. 당시 보글은 크게 조롱당했으며, 지금도 일부에서는 여전히 그렇게 취급받고 있다.

그러나 1976년 그가 최초의 인덱스펀드를 출시한 이후 수십 년 동안 보글의 아이디어가 옳다는 사실은 거듭 증명되었다.

냉혹한 진실은 이렇다. 나는 시장을 이기는 개별 주식을 고를 수 없다. 당신도 마찬가지다. 자신은 할 수 있다고 주장하는 대다수 사람 역시 불가능하다. 그것은 지극히 어렵고, 비용이 많이 들며, 결국 어리석은 짓에 불과하다. 이 사실을 겸허히 받아들이는 것이야말로 부를 축적하는 능력을 비약적으로 높여줄 것이다.

워런 버핏, 피터 린치, 마이클 프라이스 같은 초일류 투자자들조차 단지 운이 좋았을 뿐이라는 견해도 존재한다. 나처럼 철저한 인덱스 투자자조차도 쉽게 받아들이기 어려운 주장이다. 그러나 연구 결과에 따르면 최고 수준의 자산운용 관리자들 가운데 단 1퍼센트만이 시장을 능가하며, 그마저도 그러한 성과가 드물게 나올 때는 실력과 운을 구분하기란 어렵다.

그렇다면 현실이 이러한데도 왜 여전히 많은 사람이 인덱스 투자를 거부할까? 내 생각에 그 배경에는 심리적 요인이 크게 작용한다. 내가 떠올리는 이유는 다음과 같다.

1. 똑똑한 사람들은 자신들이 단순히 모든 종목을 사들이는 지수 투자를 능가할 수 없다는 사실을 받아들이지 못한다. 좋은 회사를 골라내고 나쁜 회사를 피하는 일이 그토록 쉬워 보여도 실제로는 그렇지 않다. 나 역시 이 집착에 사로잡혀 수년간 수천 달러를 허비하며 헛되이 초과 수익을 좇았다.

1960년대에 미국 정부는 제너럴모터스가 너무 지배적이고 강력해 다른 자동차 회사가 도저히 경쟁할 수 없다고 판단하여, 제너럴모터스를 강제로 분할하는 방안을 심각하게 검토했다(실제로 시행되지는 않았다). 그러나 그 정도로 잘나갔던 제너럴모터스도 2008년 정부의 막대한 구제금융 덕분에 간신히 살아남을 수 있었다. 반면 1990년대에 이른바 스마트 머니smart money*는 애플이 생존하지 못할 것에 베팅하고 있었다. 그러나 지금 글을 쓰는 시점에서 애플은 시가총액 기준 세계 최대 기업이다. 오늘의 스타는 내일의 파산 기업이 될 수 있고, 오늘의 몰락한 기업은 내일의 극적인 반등 주자가 될 수 있다.

2. 인덱스를 산다는 것은 시장의 '평균' 수익률을 받아들이는 일이다. 사람들은 자기 자신이나 자신의 삶을 평균적이라고 받아들이는 데 어려움을 느낀다.

그러나 이 맥락에서 평균이라는 말을 대체로 오해하고 있다. 여기서의 평균이란, 인덱스펀드의 수익률이 중간값에 머문다는 뜻이 아니라, 그 지수를 구성하는 모든 주식의 성과가 합쳐진 결과라는 뜻이다.

자산운용 전문가들은 이 수익률을 기준으로 자신들의 성과를 평가받는다. 이미 살펴본 바와 같이, 특정 연도에는 대다수가 해

---

* 고수익을 좇아 발 빠르게 투자 대상을 옮겨 다니는 자금.

당 지수보다 낮은 성과를 기록한다. 실제로 15년에서 30년에 이르는 기간 동안 지수는 83퍼센트 이상의 액티브펀드들을 능가한다.

이는 곧 VTSAX 같은 전체 주식시장 인덱스펀드를 매수하기만 해도 성과 상위권에 들 수 있다는 의미다. 그것도 매년 말이다. '평균'을 받아들인 성과 치곤 나쁘지 않다. 나는 그런 평균이라면 기꺼이 받아들이고 늘려나가겠다.

3. 금융 매체에는 1년, 2년, 혹은 3년 동안 지수를 능가한 개인이나 전문가들의 이야기가 넘쳐난다. 드물게는 버핏처럼 장기간에 걸쳐 초과 수익을 올린 사례도 있다. (그냥 버핏이 하는 대로 하면 된다는 식의 권고는 들을 때마다 민망하다. 마치 그게 쉬운 일이라도 되는 양 말이다.) 이런 이야기는 자극적이고 흥미를 끌기 마련이다. 또한 그 이야기 속 영웅을 고용한 회사들은 대개 광고주이거나 잠재적 광고주이기도 하다.

그러나 투자는 장기적인 게임이다. 수십 년에 걸쳐 시장을 이기는 주식을 고르는 일이 어려운 것처럼, 시장을 이기는 운용자를 찾아내고 교체하는 것 또한 극히 어려운 일이다.

4. 사람들은 투자에서 비용이 끼치는 악영향을 과소평가한다. 펀드나 자문 수수료로 연 1~2퍼센트를 내는 것이, 특히 수익이 좋은 해에는 대수롭지 않아 보일 수 있다. 그러나 착각하지 마라. 이러한 연간 수수료는 당신의 자산을 옭아매는 족쇄와도 같다.

참고로 2023년 기준 뮤추얼펀드의 평균 총보수율Expense Ratio, ER(투자자가 부담하는 펀드 수수료)은 약 0.59퍼센트였고, 인덱스펀드의 평균 총보수율은 0.11퍼센트였다.[1] VTSAX의 총보수율은 0.04퍼센트에 불과하다. 보글의 말처럼 성과는 오르내리지만 비용은 매년 발생한다. 시간이 지남에 따라 이 누적 손실은 숨이 막힐 정도로 커진다.

이렇게 생각해보자. 은퇴 후 포트폴리오 수익으로 생활하기 시작하면 자산의 약 4퍼센트를 매년 쓸 수 있다(이 4퍼센트 개념은 4부에서 다룰 것이다). 그런데 자산의 0.59퍼센트가 관리 수수료로 빠져나간다면, 이는 곧 연간 소득의 14.7퍼센트를 떼어내는 셈이다.

5. 사람들은 빠른 성과, 짜릿함, 그리고 자랑거리를 원한다. 세 배나 오른 주식이나 S&P 500을 이긴 펀드를 들며 승리의 쾌감을 맛보고 싶어 한다. 인덱스가 세월 속에서 제힘을 발휘하도록 잠자코 두는 일은 별로 흥미롭지 않다. 그저 매우 수익성이 좋을 뿐이다. 부디 짜릿함은 다른 곳에서 찾고, 부를 쌓는 진지한 일은 인덱스 투자에 맡겨라.

6. 마지막으로, 아마도 가장 영향력이 큰 이유는 자신이 시장을 이길 수 있다고 믿게 된 사람들에게 조언을 팔고 매매를 중개하는 거대한 산업이 존재한다는 점이다. 자산운용사, 뮤추얼펀드회

사, 재무 상담가, 주식 애널리스트, 뉴스레터, 블로그, 중개인 모두가 당신의 주머니에 손을 넣고 싶어 한다. 그 이해관계는 수십억 달러에 이르며, 초과 수익의 환상을 파는 마케팅은 끊임없이 이어진다. 한마디로 말하자면, 우리는 세뇌당하고 있다.

인덱스 투자는 자산운용사와 그 무리가 관행적으로 챙겨 가는 막대한 수수료를 위협한다. 그들은 당신이 초과 수익이라는 매혹적인 세이렌을 좇는 헛된 탐색을 추구하도록 부추기며 살아남는다. 그러니 이들이 틈만 나면 인덱스 투자를 깎아내리는 것은 전혀 놀라운 일이 아니다.

여러 해 전, 실전 격투에 관해 이야기하던 무술 사범이 있었다. 하이킥에 관해 그는 이렇게 말했다. "길거리에서 발차기 기술을 쓰기로 결심하기 전에 자신에게 물어보세요. '나는 이소룡인가?' 만약 대답이 '아니요'라면 발을 얌전히 땅에 붙여두세요." 진짜 승부를 건 상황에서 명심할 만한 좋은 조언이다.

액션 영화나 무협 영화에서 발차기가 얼마나 멋있고 강력하게 보이든 간에, 길거리에서는 매우 위험하다. 상대보다 대단히 숙련되어 있고 현저히 우월한 실력을 갖추고 있지 않은 한(길거리 격투나 투자에서는 알 수 없는 일이다), 화려한 기술은 오히려 자신을 드러내고 취약하게 만든다. 비록 과거에 그 기술로 성공을 거둔 적이 있다 하더라도 마찬가지다. 바로 이 점이 중요하다.

투자도 마찬가지다. 개별 주식이나 펀드매니저를 고르려 하기 전에 자신에게 이렇게 물어보라. "나는 워런 버핏인가?" 만약 대답이 '아니요'라면, 인덱스 투자라는 단단한 땅에 얌전히 발을 붙이고 있으라.

분명히 해두자. 내가 인덱스 투자를 선호하는 이유는 그것이 더 쉽기 때문만은 아니다. 물론 쉽다. 더 단순하기 때문만도 아니다. 물론 단순하다. 내가 인덱스 투자를 선택한 까닭은 그것이 다른 대안들보다 부를 축적하는 데 훨씬 더 효과적이고 강력하기 때문이다.

더 큰 노력을 기울여 더 큰 수익을 얻을 수 있다면 기꺼이 그렇게 하겠다. 그러나 더 큰 노력을 들이고도 더 작은 이익을 얻는다면? 그럴 이유는 전혀 없다.

12
요동치는 시장의 방패, 채권

지금까지 우리는 주식시장, 즉 개별 주식과 인덱스펀드에 대해 상당한 시간을 들여 살펴보았다. 당연하다. 주식과 인덱스는 우리 자산을 불려주는 도구이자, 보유 자산에서 가장 큰 비중을 차지할 것이기 때문이다.

하지만 우리가 살펴봐야 할 것이 하나 더 있다. 이제 우리는 채권을 함께 편입해 변동성을 완화하고, 일정한 수익을 더하며, 디플레이션에 대한 방어 수단을 마련하는 방법에 대해 알아볼 것이다.

채권은 어떤 의미에서는 주식보다 더 안정적이고 신뢰할 만한 사촌 형제쯤으로 여겨진다. 적어도 그렇게 보인다. 하지만 곧 알게 되겠지만, 채권은 흔히들 생각하는 것만큼 위험이 전혀 없는 자산은 아니다.

다만 문제는 채권이라는 주제가 매우 방대하다는 데 있다. 세부 사항을 따지고 보자면 끝이 없으며, 그 대부분은 이 책의 독자들에게 흥미롭지 않을 가능성이 매우 크다. 사실 나조차도 채권에 대해서 이야기를 시작하려면 하품부터 난다. 그렇지만 최소한 채권이 무엇이며, 왜 우리의 포트폴리오에 포함되어야 하는지에 대해서는 알고 넘어가긴 해야 한다.

그렇다면 어느 정도의 정보가 충분할까? 솔직히 나도 잘 모르겠다. 그러니 이렇게 하자. 이번 장에서는 채권에 대해 단계적으로 조금씩 이야기를 할 테니, 읽는 도중 채권에 대해 충분히 이해했다는 생각이 든다면 과감히 다음 장으로 넘어가도 좋다. 만약 이번 장을 끝까지 읽고도 더 알고 싶다면, 이 주제를 훨씬 깊이 다룬 책들이 서점에 이미 나와 있으니, 그 책들을 살펴보면 되겠다.

1단계: 채권을 포트폴리오에 편입해야 하는 이유

채권이 우리의 포트폴리오에 포함된 이유는 디플레이션에 대비하기 위해서다. 디플레이션은 자산에 영향을 미치는 두 가지 거시적 위험 중 하나로, 다른 하나는 인플레이션이다. 인플레이션에 대해서는 주식으로 대응한다. 앞서 설명했듯이, 디플레이션은 상품 가격이 끝없이 하락할 때 발생하고, 인플레이션은 상품 가격이 급등할 때 발생한다. 음과 양의 관계라 할 수 있다.

채권은 주식보다 변동성이 적은 경향이 있으며, 우리의 투자 여정을 한층 더 완만하게 만들어주는 역할을 한다. 또한 채권은 이자를 지급하여 일정한 현금흐름을 제공하기도 한다.

2단계: 채권과 주식의 차이점

그렇다면 채권이란 무엇이며, 주식과는 무엇이 다른가? 단순하게 말하면, 주식을 사는 것은 회사의 일부 지분을 사는 것이고, 채권을 사는 것은 회사나 정부 기관에 돈을 빌려주는 것이다.

디플레이션은 물가가 하락할 때 발생하므로, 빌려준 돈이 상환될 때 그 돈의 구매력은 더 향상된다. 즉, 돈을 빌려줄 당시보다 더 많은 물건을 살 수 있게 된다. 이러한 가치 상승은 디플레이션으로 인해 다른 자산에서 발생할 손실을 상쇄하는 데 도움이 된다.

인플레이션 시기에는 물가가 상승하므로, 빌려준 돈의 가치는 하락한다. 상환을 받더라도 현금으로 살 수 있는 물건이 줄어든다. 이런 때에는 인플레이션과 함께 가치가 상승하는 주식 같은 자산을 보유하는 편이 더 낫다.

3단계: 채권도 인덱스펀드로 보유한다

우리가 보유하는 채권은 VBTLX, 즉 뱅가드 전체 채권 인덱스 펀드에 포함되어 있으므로 개별 채권을 보유할 때 따르는 대부분의 위험은 사라진다. 마지막 집계에 따르면(이는 약간씩 차이가 있다), 이 펀드는 11,277개의 채권을 보유하고 있다. 모두 최상위 품질의 투자 적격 등급이며, Baa 등급* 보다 낮은 채권은 없다(4단계에서 자세히 설명함). 이는 채무 불이행 위험을 줄여준다.

이 펀드는 만기가 크게 다른 채권들을 보유하여 금리 위험을 완화한다. 또한 다양한 기간에 걸친 채권들을 보유함으로써 인플레이션 위험도 줄인다. 다음 단계에서 이러한 위험들에 대해 더 자세히 이야기하겠지만, 지금 시점에서 중요한 점은 이것이다. 채권을 보유할 생각이라면 인덱스펀드를 통한 보유가 가장 바람직하다. 실제로 개인 투자자 중에서 개별 채권을 직접 사는 경우는 거의 없으며, 예외라면 미국 국채와 은행의 양도성 예금증서$_{CD}$ 정도로, 이들은 채권과 유사하게 작동한다.

---

*   신용평가사 무디스(Moody's)에서 선정한 신용 등급 중 하나로, 투자 가능 등급 중 가장 낮은 단계.

4단계: 채권의 첫 번째 위험 요인, 채무 불이행

채권의 두 가지 핵심 요소는 이자율과 만기다. 이자율은 단순히 채권 발행자(차입자)가 채권 매수자(대출자, 즉 당신 혹은 당신이 보유한 펀드)에 지급하기로 약속한 금액을 의미한다. 만기는 돈을 빌려주는 기간을 뜻한다. 예를 들어 A라는 회사에서 만기 10년, 이자율 10퍼센트의 1,000달러 채권을 산다면, A사는 매년 100달러(1,000달러의 10퍼센트)를 이자로 지급하여 채권 만기 동안 총 1,000달러를 지급하게 된다(연 100달러×10년).[1] 채권을 10년 만기까지 보유해 만기일이 되면, 발행자는 원금 1,000달러를 상환해야 한다. 여기서 유일하게 걱정해야 할 부분은 A사가 채무 불이행을 일으켜 원금을 갚지 못하는 경우다.

채권에 수반되는 첫 번째 위험은 채무 불이행이다. 따라서 투자자가 기업이나 정부 채권의 위험을 평가할 수 있도록, 여러 신용평가기관이 그들의 신용도를 평가하고 있다. 이들은 AAA에서 D까지 이어지는 등급 체계를 사용하는데, 대학교 성적표와 비슷하다. 등급이 낮을수록 위험은 커진다. 당연히 위험이 커질수록 채권을 사려는 투자자를 찾기가 더 어렵다. 투자자를 찾기 어려울수록 더 높은 이자를 지급해야 이들을 끌어들일 수 있다. 투자자는 더 큰 위험을 감수할 때 더 많은 이자를 기대한다.

따라서 채무 불이행 위험은 채권이 지급하는 이자의 크기를 결정하는 첫 번째 요인이 된다. 채권 매수자로서 더 큰 위험을 감수할수록 더 높은 이자를 받을 수 있다.

5단계: 채권의 두 번째 위험 요인, 금리 변동

금리 변동은 채권에 수반되는 두 번째 위험 요인으로, 채권의 만기와 관련이 있다. 이 위험은 채권을 만기일까지 보유하지 않고, 만기 전에 매도하기로 했을 때만 발생한다. 그 이유는 다음과 같다.

채권을 매도할 경우에는 이른바 '2차 시장'에서 다른 매수자들에게 내놓아야 한다. 앞서 든 예시를 그대로 적용하면, 매수자들은 당신이 지급한 1,000달러보다 더 많은 금액을 제시할 수도 있고, 더 적은 금액을 제시할 수도 있다. 이는 채권을 산 이후 금리가 어떻게 변했는지에 따라 달라진다. 금리가 올랐다면 당신의 채권 가치는 떨어지고, 금리가 내렸다면 채권 가치는 올라간다. 헷갈리는가? 이렇게 생각해보자.

앞서 예시에서 산 채권을 매도하려 한다고 해보자. 당신은 1,000달러를 지급했고, 매년 10퍼센트인 100달러의 이자를 받고 있다. 그런데 금리가 15퍼센트로 올랐고, 내가 1,000달러를 투자할 수 있는 상황이라고 하자. 나는 매년 150달러를 지급하는 채권을 살 수 있는데, 굳이 매년 100달러만 지급하는 당신의 채권을 1,000달러에 살 이유가 없다. 누구도 그렇게 하려 하지 않을 것이고, 당신은 곤란해진다. 하지만 다행히도 2차 채권시장(채권이 최초

발행된 이후 거래되는 시장)에서는 현재 15퍼센트 금리에 맞추어 당신의 채권이 얼마의 가치가 있는지 정확히 계산해준다. 그 가격이 마음에 들지 않을 수도 있지만, 적어도 매도는 가능하다.

하지만 금리가 하락하면 상황은 정반대가 된다. 금리가 5퍼센트로 떨어졌다고 해보자. 그러면 내가 1,000달러를 투자해 살 수 있는 채권으로는 연 50달러의 이자만 지급받을 수 있다. 반면 당신의 채권은 연 100달러를 지급하니, 그것은 분명히 당신이 지급한 1,000달러보다 더 높은 가치를 갖게 된다. 따라서 당신이 이 채권을 매도하고자 한다면, 채권시장은 정확히 그보다 더 높은 가격을 계산해줄 것이다.

금리가 오르면 채권 가격은 내려가고, 금리가 내리면 채권 가격은 오른다. 하지만 어떤 경우든 채권을 만기까지 보유한다면, 채무 불이행만 없으면 정확히 처음에 지급한 금액을 돌려받게 된다.

6단계: 채권의 세 번째 위험 요인, 만기 기간

짐작했겠지만, 채권의 만기 기간은 세 번째 위험 요인이며, 동시에 지급되는 이자율을 결정하는 데에도 영향을 준다. 만기가 길수록 채권 만기가 도래하기 전에 금리가 크게 변동할 가능성이 커지고, 이는 더 큰 위험을 의미한다. 개별 채권은 각각 따로 가격이 책정되지만, 일반적으로 채권 만기는 단기, 중기, 장기로 구분

된다. 예를 들어 미국 국채(연방 정부가 발행하는 채권)의 경우는 다음과 같다.

- 단기 채권$_{Bills}$: 만기 1~5년
- 중기 채권$_{Notes}$: 만기 6~12년
- 장기 채권$_{Bonds}$: 만기 12년 이상

일반적으로 단기 채권은 돈이 짧은 기간에 묶여 있어서 위험이 크지 않다고 여겨져 이자도 적다. 반대로 장기 채권은 더 큰 위험이 따른다고 보아 이자가 더 많다.

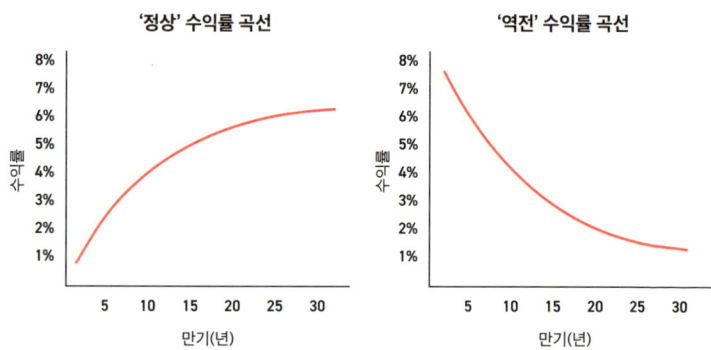

채권 분석가들은 이를 차트에 그려 이른바 '수익률 곡선'을 만든다. 위 그림에서 왼쪽 차트는 수익률 곡선의 전형적인 형태다. 단기·중기·장기 순으로 금리가 더 커지고 금리의 차이가 클수록 곡선은 가팔라진다. 이 차이는 시기에 따라 달라지는데, 가끔 단기 금리가 장기 금리보다 더 높아지는 기이한 상황이 발생하기도 한다. 이때의 차트는 역전 수익률 곡선이라 불리며, 채권 분석가들의 마음을 술렁이게 만든다.* 오른쪽 차트가 바로 그것이다.

7단계: 채권의 네 번째 위험 요인, 인플레이션

채권에 가장 큰 위험은 인플레이션이다. 앞서 이야기했듯, 인플레이션은 상품 가격이 상승할 때 발생한다. 채권을 사서 돈을 빌려주는 동안 인플레이션이 일어나면, 상환받을 때 그 돈으로 살 수 있는 물건이 줄어든다. 즉, 돈의 가치가 떨어진다. 따라서 채권 이자율을 결정하는 주요 요인 중 하나는 바로 예상 인플레이션율이다.

건강한 경제에서는 어느 정도의 인플레이션이 항상 존재하기 때문에, 장기 채권은 인플레이션의 영향을 받을 수밖에 없다. 이 때문에 장기 채권이 일반적으로 더 높은 이자를 지급하는 것이다. 따라서 역전 수익률 곡선이 나타나 단기 금리가 장기 금리보다 높아질 때, 투자자들은 낮은 인플레이션이나 심지어 디플레이션을 예상한다.

---

* 장단기 금리 역전 현상은 보통 경기 침체의 선행 지표로 알려져 있다. 실제로 경기 침체가 발생하면 중앙은행은 금리를 인하하여 경기 회복을 유도한다. 금리 인하는 곧 채권 가격 상승을 의미하므로, 금리 역전은 채권 투자자에게 투자 기회의 변곡점이 될 수 있다.

8단계: 채권의 기타 위험 요인

여기 몇 가지 다른 위험들도 있다.

신용등급 강등

앞서 언급한 신용평가기관을 기억하는가? 예를 들어 AAA 등급을 받은 회사의 채권을 샀다고 해보자. 그런데 매수 후 어느 시점에 그 회사가 어려움에 부딪혀 신용평가기관이 등급을 강등할 수 있다. 이 경우 당신의 채권 가치도 함께 하락한다.

콜 채권

어떤 채권은 '콜$_{callable}$' 옵션이 붙어 있어 발행자가 만기일 이전에 상환할 수 있다. 이 경우 발행자는 원금을 돌려주고 이자 지급을 중단한다. 물론 이런 일은 금리가 하락하여 더 낮은 비용으로 자금을 조달할 수 있을 때만 발생한다. 앞서 설명했듯 금리가 하락하면 당신의 채권 가치는 올라간다. 하지만 발행자가 조기 상환을 해버리면, 그 좋은 이익은 순식간에 사라진다.

유동성 위험

어떤 회사들은 인기가 없으며, 이는 그들의 채권에도 그대로 적용된다. 유동성 위험이란 당신이 매도하려 할 때 매수자가 거의 없는 상황을 뜻한다. 매수자가 적다는 것은 곧 가격 하락을 의미한다.

이 모든 위험은 광범위한 채권 인덱스펀드를 보유함으로써 효과적으로 완화된다. 그래서 우리가 선택한 것이 바로 VBTLX다.

9단계: 지방채의 장단점

지방채는 주 및 지방 정부와 그 산하 기관이 발행하는 채권이다. 일반적으로 학교, 공항, 하수도 시설 등과 같은 공공사업을 위한 자금을 조달하는 데 쓰인다.

지방채는 회사채보다 이자율이 낮지만, 연방 소득세가 면제된다는 장점이 있다. 또한 발행된 주 내에서는 주 소득세도 면제되는 경우가 많다. 따라서 소득세율이 높은 주에 거주하는 고소득자들에게 특히 매력적이다. 발행하는 지방 정부로서도 이자 부담이 줄어들기 때문에 유리하다.

뱅가드는 지방채에 특화된 여러 펀드를 운용하고 있으며, 특정 주에 초점을 맞춘 펀드들도 있다.

10단계: 채권의 다양한 종류

채권의 종류는 셀 수 없을 만큼 다양하다. 기본적으로는 중앙 정부, 주 및 지방 정부, 정부 기관, 그리고 기업에서 발행한다. 만기, 이자율, 상환 조건은 매수자, 매도자, 규제 당국의 상상력에 따라 얼마든지 다양하게 설계될 수 있다. 그러나 이 책이 '부에 이르는 가장 단순한 길'인 만큼, 채권에 대한 논의는 이쯤에서 마무리해야 할 것 같다.

13
달걀을 전부 바구니에 담고 잊어버려라

지난 몇 장에 걸쳐 일종의 지형을 익히는 시간을 가졌다고 할 수 있다. 이제는 좀 더 흥미로운 주제로 눈을 돌려보자. 지금까지 배운 내용을 실제로 어떻게 활용해 부를 쌓고 지킬 수 있을까? 앞에서 다룬 도구(펀드)들을 활용해 두 가지 포트폴리오를 제시하려 한다.

먼저 내가 10대였던 딸에게 해준 이야기를 그대로 들려주겠다. 딸은 투자에 전혀 관심이 없었지만, 이 단순한 방식이라면 그럴 필요가 없었다. 해야 할 일은 그저 계속 돈을 추가해 넣고 그대로 두는 것뿐이었다. 그러면 시간이 흐른 뒤에는 부자가 되어 있는 자신을 발견하게 된다. 그 과정에서 매년 액티브펀드 투자자들의 83퍼센트 이상을 능가하는 성과를 거둔다. 이를 '부의 축적 포트폴리오'라 부르자.

그리고 이번에는 은퇴한 부부인 나와 아내가 실제로 어떻게 하고 있는지를 보여주겠다. 이는 '부의 보존 포트폴리오'라 부르자.

당신의 개인적 상황은 우리 가족의 경우와는 다를 것이다. 그러나 이 두 가지 포트폴리오를 기준점으로 삼고, 10장에서 이야기했던 개인적인 고려 사항을 참고해 이 도구들을 당신에게 맞는 방식으로 조합해보라.

부를 축적하는 포트폴리오

이것은 내가 딸을 위해 만든 것이며, 또 그 이유에 대해 딸에게 해준 설명이다.

핵심은 이렇다. 투자자로서 살아남고 번영하고 싶다면 두 가지 선택지가 있다. 먼저 6장에서 살펴본 일반적인 조언을 따르는 방법이 있다. 광범위한 분산투자와 다양한 자산 배분을 추구하는 것이다. 이렇게 하면 장기 수익률은 낮아지지만, 그 대가로 변동성 완화를 기대할 수 있다.

하지만 그딴 건 집어치워라! 너는 젊고, 공격적이며, 지금은 부를 쌓아야 할 때다. 가능한 한 빨리 독립 자금을 만드는 데 몰두해야 한다. 따라서 역사상 가장 성과가 뛰어난 자산군인 주식에 집중할 것이다. 마음가짐을 바로잡고, 강인해지며, 폭풍을 헤쳐나가는 법을 배워야 한다.

"달걀을 한 바구니에 모두 담지 말라"는 격언을 들어본 적이 있을 것이다. 그런가 하면 "달걀을 모두 한 바구니에 담되, 그 바구니를 아주 주의 깊게 지켜보라"라는 변형된 격언도 들어봤을 것이다.

모두 잊어버려라. 친절한 JL 아저씨는 이렇게 말한다.

"달걀을 전부 한 바구니에 담고는 잊어버려라."

투자의 가장 큰 아이러니는 보유 자산을 자꾸 들여다보고 만질수록 오히려 성과가 나빠진다는 점이다. 바구니를 채워두고, 여유가 생길 때마다 계속 담아라. 그리고 나머지 시간에는 잊어버려라. 그러면 깨어났을 때 부자가 되어 있을 것이다.

바구니는 바로 VTSAX이다. 지금까지 잘 따라왔다면 전혀 놀랍지 않을 것이다. VTSAX는 미국에 상장된 거의 모든 회사를 담고 있는 주식시장 인덱스펀드다. 다시 말해 미국 전역에 걸친 약 3,600개 기업의 지분을 일부씩 보유하게 되는 셈이니, 아주 크고 다양하게 구성된 바구니라 할 수 있다. 저비용 인덱스펀드라는 사실은 더 많은 돈이 당신을 위해 일하고 있다는 의미다.

이처럼 100퍼센트를 주식으로 보유하는 것은 매우 공격적인 투자 배분으로 여겨진다. 실제로 공격적이지만, 부의 축적 단계에서는 그렇게 해야 한다. 앞으로 수십 년의 시간이 남아 있고, 그동안 계속해서 새로운 투자금을 추가할 수 있기 때문이다. 시장의 등락은 중요하지 않다. 당황하지 않고 꿋꿋이 버틴다면 말이다. 오히려 주가 하락은 '주식의 세일 기간'이라고 인식해야 한다. 아마도 지금으로부터 40년 뒤(혹은 포트폴리오로 생활하는 시점)에 이르면, 변동성을 완화하기 위해 채권 인덱스펀드를 추가하고 싶을지도 모른다. 그 문제는 그때 가서 고민하면 된다.

이쯤 되면 세상의 금융 전문가들이 나를 공격하려는 모습이 그려진다. 그러니 설명을 덧붙이겠다. 앞서 우리는 금융위기가 단지 투자 환경의 일부일 뿐이며, 가장 좋은 결과는 그저 그것들을 견뎌내는 데서 나온다는 점을 살펴보았다. 우리는 시장을 예측할 수도, 타이밍을 맞출 수도 없다. 투자 인생 동안 여러 차례 그런 일을 겪게 될 것이다. 그러나 정신적으로 충분히 강인하다면, 파도 앞에서도 그저 무시하고 지나칠 수 있다.

그렇다면 이제 마음가짐을 바로잡을 수 있다고 동의한다면, 폭풍을 헤쳐나가기 위해 무엇을 선택해야 할까? 분명히 우리는 가능한 한 가장 성과가 뛰어난 자산군을 원한다. 그리고 그것은 두말할 것도 없이 주식이다. 채권에서부터 부동산, 금, 농지, 미술품, 경주마 등 무엇을 보더라도, 장기적으로 최고의 성과를 내는 것은 주식이다. 그 어떤 것도 근접하지 못한다.

어째서 그런지 잠시 되짚어보자. 주식은 단순히 거래되는 작은 종잇조각이 아니다. 주식을 보유한다는 것은 곧 기업 일부를 소유한다는 뜻이다. 기업에는 고객 기반을 확장하고 서비스를 제공하기 위해 쉼 없이 일하는 사람들이 가득하다. 그들은 냉혹한 환경 속에서 경쟁하며, 성과를 내는 이들은 보상받고 그렇지 못한 이들은 도태된다. 바로 이 치열한 역동성이 주식과 그것이 대표하는 기업들을 역사상 가장 강력하고 성공적인 자산군으로 만든다.

VTSAX는 인덱스펀드이기 때문에 어떤 기업이 성공하고 어떤 기업이 실패할지 걱정할 필요조차 없다. 앞서 살펴본 것처럼 인덱스펀드는 '자기 정화'를 한다. 실패한 기업은 자연스레 탈락하고, 성공한 기업은 끝없이 성장할 수 있다.

여러 연구에 따르면 VTSAX처럼 100퍼센트 주식으로 구성된 포트폴리오가 시간이 지남에 따라 가장 큰 수익을 안겨준다. 그러나 꿋꿋이 버틸 만큼 강인하지 못하거나, 폭풍이 몰아칠 때 두려움에 사로잡혀 중도에 포기한다면, 결국 수장되고 말 것이다. 하지만 그것은 이 자산군의 약점이 아니라 투자자의 심리적 실패일 뿐이다.

덧붙이자면, 일부 연구에서는 주식 75~90퍼센트와 채권 10~25퍼센트를 나누어 보유하는 편이 100퍼센트 주식을 보유하는 것보다 아주 근소하게 더 높은 수익을 내는 것으로 나타났다. 또한 변동성도 다소 줄어든다. 만약 그런 방식을 택해 주기적으로 비중을 재조정하는 약간 더 복잡한 과정을 감수하고 싶다면, 나로서는 전혀 반대할 이유가 없다.

정말 이렇게 간단할까? 그렇다. 나는 1975년에 투자를 시작했다. 당시에는 VTSAX가 아직 만들어지지 않았지만, 그때부터

2024년 가을까지 S&P 500 지수는 연평균 12.2퍼센트의 수익률을 기록했다.[1] 2015년 1월까지의 연평균 수익률 11.9퍼센트보다 약간 더 높은 수치다. 이는 놀랍게도 2019년부터 2023년까지 이어진 팬데믹과 2020년에 촉발된 -34퍼센트의 폭락에도 불구하고 달성된 수치다. 매년 2,400달러(월 200달러)를 투자해 그대로 두기만 했다면, 2024년 말에는 500만 달러 이상으로 불어났을 것이다.[2] 같은 기간 동안 1만 달러를 한 번에 투자해두었다면 300만 달러 이상이 되었을 것이다. 지난 반세기 동안 수많은 공황, 붕괴, 경기 침체, 재난을 겪었음에도 말이다.

안타깝게도 나는 당시 그것을 실행할 만큼 현명하지는 못했다. 하지만 이것이 내가 10대였던 딸을 위해 만든 '부에 이르는 가장 단순한 길'이다. 달걀을 다양하게 구성된 하나의 큰 바구니에 모두 담고, 가능한 한 자주 투자금을 추가하고, 그리고 잊어버려라. 더 많이 추가할수록 더 빨리 목표에 도달할 것이다. 그것으로 충분하다.

부를 보존하는 포트폴리오

하지만 이렇게 말할지도 모른다. 지금 은퇴했거나 은퇴가 가까워졌다. 이미 부를 쌓았으니, 이제는 그것을 지키고 싶다. 전부 혹은 대부분을 주식으로만 구성한 포트폴리오의 변동성이 불안하게 느껴진다. 좀 더 완만한 여정을 원한다. 그렇다면 어떻게 해야 할까?

나도 그렇다. 내가 은퇴를 앞두고 있을 때는 VTSAX만 보유하던 방식에서 벗어나 투자를 확장했다. 자, 이제 정말 복잡해질 차례다. 인덱스펀드를 하나 더 추가해야 하기 때문이다. 세상에나!

이제 우리는 자산 배분의 세계로 들어서야 한다. 여기에는 약간 더 많은 시간이 필요하다. 두 개의 펀드를 운용하게 되면, 각각에 얼마를 배분할지 결정해야 한다. 그리고 1년에 한 번 정도는 원래 목표한 비중을 유지하기 위해 리밸런싱을 해주어야 한다. 1년에 몇 시간 정도 걸린다. 충분히 해낼 수 있다.

잘 알다시피 100퍼센트 주식으로 구성된 포트폴리오는 변동성을 감당할 수 있고, 계속해서 새로운 돈을 투자할 수 있으며, 장기 투자를 계획하고 있는 사람들에게는 완벽하다. 하지만 모든 이에게 맞는 것은 아니다. 이런 수준의 변동성을 감당하고 싶지 않을 수도 있다. 조금 더 마음의 평화를 원할 수도 있다. 나이가 들수록 전체 수익률이 다소 낮아지더라도 변동성을 완화해 좀 더 편안한 여정을 택하고 싶을 것이다. 밤에 편히 잠들고 싶을 것이다.

나 역시 이제 은퇴했고, 경제적으로 독립했으니 그렇다. 아내와 나는 포트폴리오에 다른 것도 조금 담고 있다. 하지만 많지는 않다. 바로 이것이다.

- 주식 75퍼센트: 뱅가드 전체 주식시장 인덱스펀드인 VTSAX

로 투자한다. 지금까지 이야기한 모든 이유로 여전히 우리의 핵심 보유 자산이다.
- 채권 20퍼센트: 뱅가드 전체 채권시장 인덱스펀드인 VBTLX로 투자한다. 채권은 일정한 소득을 제공하고, 주식의 거친 변동을 완화하며, 디플레이션에 대한 방어막 역할을 한다.
- 현금 5퍼센트: 뱅가드 연방 머니마켓펀드인 VMRXX로 투자한다.

이 비중은 각자의 상황에 맞게 세밀하게 조정할 수 있다. 더 완만한 여정을 원하고, 장기적으로 다소 낮은 수익률과 더딘 부 축적을 감수할 의향이 있다면 VBTLX의 비중을 늘리면 된다. 반면 변동성에 익숙하고 더 큰 성장을 원한다면 VTSAX에 더 많이 배분하면 된다.

이제 자산 배분이라는 개념을 소개했으니, 다음 장에서는 그것을 좀 더 깊이 살펴보자.

14
자산 배분 전략의 기본 원칙

삶은 균형과 선택의 문제다. 이것을 조금 더하면 저것은 조금 잃게 된다. 투자에 있어서는 그 균형과 선택이 각자의 기질과 목표에 따라 결정된다.

나 같은 금융 마니아는 예외적인 존재다. 정상적인 사람들은 이런 일로 귀찮아지고 싶어 하지 않는다. 내 딸이 이를 깨닫게 해주었는데, 마침내 가장 단순한 투자가 가장 효과적이라는 사실을 이해하던 바로 그 무렵이었다.

복잡하고 값비싼 투자는 불필요할 뿐 아니라 성과도 뒤처진다. 투자를 이리저리 건드리는 것은 거의 언제나 더 나쁜 결과로 이어진다. 몇 가지 건전한 선택을 한 뒤 그대로 두는 것이 성공의 핵심이자 부에 이르는 가장 단순한 길의 정수다.

이 책을 지금까지 읽어온 독자라면 이미 알고 있을 것이다. 또한 단순함을 지침으로 삼아 투자 인생을 두 단계(자산 축적과 자산 보존)로 나누고, 단 두 개의 펀드(VTSAX와 VBTLX)만을 활용한다는 사실도 알고 있을 것이다.

자산 축적 단계란 일을 하며 벌어들인 소득을 저축하고 투자하는 시기를 말한다. 이 단계에서는 주식 100퍼센트를 권장하며, 내가 선택한 펀드는 VTSAX다. 경제적 독립이 목표라면 이 시기의 저축률은 높아야 한다. 매달 돈을 투자하는 행위 자체가 시장의 거친 변동을 완화하는 역할을 한다.

정기적인 급여를 받는 일을 그만두고 투자에서 나오는 수익으로 생활하기 시작하면 자산 보존 단계에 들어선 것이다. 이 시점에서는 포트폴리오에 채권을 추가하는 것이 좋다. 일할 때 투자하던 신규 현금처럼, 채권 역시 변동성을 완화하는 역할을 한다.

물론 현실에서는 이 구분이 언제나 그렇게 명확하지 않을 수 있다. 은퇴 후에도 돈을 벌 수도 있고, 세월이 흐르면서 한 단계에서 다른 단계로, 다시 원래 단계로 여러 번 옮겨 갈 수도 있다. 고연봉 직장을 그만두고 좋아하는 일을 위해 더 적은 보수를 받을 수도 있다. 나 역시 몇 달, 때로는 몇 년 동안 일을 완전히 그만둔 시간들이 여러 번 있었다. 그때마다 내가 속한 단계는 달라졌다.

두 단계와 두 개의 펀드라는 이 틀을 활용하면, 자신만의 균형을 찾는 데 필요한 모든 도구를 갖춘 셈이다. 그 균형을 결정할 때는 여기에 더해 두 가지 요소를 고려해야 한다. 투자에 얼마나 노력을 기울일 의향이 있는지, 그리고 위험을 얼마나 감내할 수 있는지다.

투자에 얼마나 노력을 기울일 수 있는가

자산 축적 단계에서 VTSAX를 활용한 주식 100퍼센트 비중은 단순함의 정수다. 하지만 살펴본 바와 같이, 일부 연구에서는 채권을 적은 비중으로 편입하는 것(예를 들어 10~25퍼센트)이 주식 100퍼센트보다 오히려 더 좋은 성과를 낸다고 제시한다. 인터넷에서 다양한 계산기를 활용해보면 이 효과를 직접 확인할 수 있다. 다만 채권 비중을 25퍼센트 이상으로 늘리면 성과가 오히려 떨어지기 시작한다는 것을 알 수 있다.

이 연구들이 불변의 진리가 아니라는 점을 기억해야 한다. 모든 계산기는 미래에 대한 특정한 가정을 전제로 하기 때문이다. 주식 100퍼센트와 주식·채권(80:20) 혼합 포트폴리오의 예상 결과 차이는 매우 미미하다. 실제로 수십 년에 걸친 결과 역시 비슷할 가능성이 크며, 궁극적인 승자가 누구일지는 사실상 예측할 수 없다. 이러한 이유로, 그리고 단순함을 중시하는 관점에서 나는 VTSAX를 통한 주식 100퍼센트 투자를 권한다.

그렇다고 하더라도 약간의 노력을 더 들일 의향이 있다면 채권을 10~25퍼센트 편입하여 변동성을 조금 완화하고 장기적으로 더 나은 성과를 낼 가능성도 있다. 그렇게 한다면 1년에 한 번 정도는 펀드를 리밸런싱하여 자신이 정한 비중을 유지해야 한다. 또 시장이 크게 움직일 때(20퍼센트 이상 상승하거나 하락할 때) 리밸런싱을 고려할 수도 있다. 이는 성과가 더 좋았던 자산을 매도하고 성과가 뒤처진 자산을 매수한다는 뜻이다.

리밸런싱은 간단하며, 뱅가드나 대부분의 투자사 온라인 서비스에서 처리할 수 있다. 1년에 몇 시간만 투자하면 된다. 하지만 자동차 오일을 제때 갈아주어야 하는 것처럼, 반드시 실제로 실행하는 것이 중요하다.

리밸런싱을 제때 수행할 자신이 없거나 그 자체가 번거롭게 느껴진다면 $TRF_{\text{Target Risk Fund}}$(타깃 리스크 펀드)가 좋은 선택지가 될 수 있다. 이 펀드는 원하는 자산 배분 비율을 설정해두면 자동으로 리밸런싱을 해준다. 인덱스펀드를 활용해 직접 운용하는 것보다는 비용이 조금 더 들지만, 추가 서비스에 대한 대가일 뿐 여전히 저비용이다. 이에 대해서는 16장에서 더 자세히 살펴볼 것이다.

위험을 얼마나 감내할 수 있는가

자신이 위험을 얼마나 감내할 수 있는 사람인지 스스로 판단해보자. 이것은 오직 자기 자신만이 판단할 수 있다. 자신에 대해 정말로 냉정하게 솔직해져야 할 순간이 있다면 바로 지금이다.

또한 유연성에 대해서도 스스로 판단해봐야 한다. 나는 지출을 조정할 의지가 있고 또 그럴 능력이 있는가? 필요하다면 허리띠를 졸라맬 수 있는가? 더 저렴한 지역, 나아가 해외로 이주할 의향이 있는가? 다시 일을 시작할 수 있는가? 추가적인 소득원을 만들 수 있는가? 생활 방식의 요구 사항이 엄격할수록 감내할 수 있는 위험은 줄어든다.

얼마를 가지고 있는가? 4부에서 살펴보겠지만, 기본적인 4퍼센트 규칙은 자산이 장기적으로 어느 정도 소득을 제공할 수 있을지 가늠하는 데 좋은 기준이 된다. 그 소득의 전부가 생계를 유지하는 데 꼭 필요하다면 위험을 감내할 수 있는 능력은 줄어든다. 반대로 4퍼센트를 쓰더라도 그중 상당 부분이 여행 같은 선택적 취미에 쓰이고 있다면 더 많은 위험을 감내할 수 있다.

노력과 위험을 고려한 뒤에는, 다음과 같은 질문들을 스스로 던져볼 필요가 있다.

언제 채권으로 전환해야 하는가

시기는 전적으로 위험을 감내하는 능력과 개인적 상황에 달려 있다. 가장 부드러운 전환을 원한다면, 완전한 은퇴 시점보다 5년에서 10년 정도 앞서 서서히 채권 비중을 늘려가면 된다. 특히 은퇴 시점을 확정해두었다면 더욱 이 방식이 효과적이다. 반대로 은퇴 시점이 불확실하고 위험 감수 성향이 크다면, 은퇴 직전까지 주식 100퍼센트를 유지할 수도 있다. 그렇게 하면 주식의 더 큰 잠재력이 목표에 더 빨리 도달하게 해줄 수 있다. 그러나 이 경우, 시장이 불리하게 움직일 때 은퇴 시점을 조금 늦출 각오를 해야 한다. 물론 자산 축적 단계에서 보존 단계로, 혹은 그 반대 방향으로 전환할 때마다 자산 배분을 재점검하고 필요하다면 조정하는 것이 바람직하다. 이는 균형과 선택의 문제이고, 음과 양처럼 서로 보완적인 관계라는 의미다.

나이가 중요할까

나는 나이라는 전형적인 기준보다는 삶의 단계에 따라 투자 단계를 구분하는 것을 더 권장한다. 이는 오늘날 사람들이 더 오래 살고, 훨씬 더 다양한 삶의 방식을 선택한다는 사실을 반영한 것이다. 이 책의 독자라면 특히 그렇다. 어떤 이들은 아주 이른 나이에 은퇴한다. 또 어떤 이들은 고연봉 직장을 그만두고 자신이 추구하는 가치와 관심사에 더 부합하는 저임금 일로 옮겨 간다. 또 어떤 이들은 나처럼 필요에 따라 일을 시작하거나 멈추면서 투자 단계가 유동적으로 변하기도 한다. 그러니 나이는 더 이상 중요하지 않은 것 같다. 적어도 옛날만큼은 중요하지 않다.

그렇다 하더라도 나이가 들수록 선택지가 제한되는 것은 사실이다. 특히 기업 세계에서는 연령 차별이 실제로 존재한다. 나이가 들면 젊었을 때와 같은 기회가 쉽게 주어지지 않는다. 인생의 여정에서 고연봉 일자리를 가끔 내려놓아야 한다면, 반드시 이 점을 고려해야 한다.

게다가 나이가 들수록 투자에서 복리 성장이 작동할 시간도, 시장 폭락에서 회복할 시간도 점점 줄어든다. 이 두 가지 요소는 모두 위험 성향에 영향을 미치며, 그런 경우라면 채권을 조금 더 일찍 편입하는 것을 고려해보라.

리밸런싱하기 가장 좋은 시기가 따로 있을까

그렇지는 않다. 리밸런싱하기에 특정 시기가 가장 좋다는 믿을 만한 연구를 본 적이 없다. 설령 누군가 그것을 밝혀낸다고 하더라도, 일단 알려지는 순간 모두가 몰려들어 그 효과는 사라지고 말 것이다.

다만 나는 연말이나 연초는 피하는 것이 좋다고 생각한다. 이 시기는 리밸런싱이 몰리는 시기일 뿐 아니라 많은 사람이 절세를 위한 매도와 신규 매수를 하기 때문이다. 그로 인해 단기적인 시장 왜곡이 생길 수 있어서 나는 가급적 이 시기는 피한다. 개인적으로 우리 부부는 아내의 생일에 1년에 한 번 리밸런싱을 한다.

특별한 의미는 없다. 단지 무작위적이면서도 기억하기 쉽기 때문이다.

투자를 '세금 혜택 계좌'와 '일반 계좌'에 나누어 운용하는 경우에는 어떻게 리밸런싱해야 할까

이는 다소 번거로운 일일 수 있으며, 가진 조건에서 맞춰나갈 수밖에 없다. 채권을 세금 혜택 계좌에 보유하는 것이 가장 바람직하지만, 그렇게 하면 리밸런싱이 복잡해지기도 한다.

먼저, 자산 배분을 결정할 때는 모든 투자를 전체적으로 고려해야 한다.

다음으로, 원칙적으로 과세 대상이 되는 일을 만들지 않기 위해서는 세금 혜택 계좌 안에서 매수와 매도를 하는 것이 더 좋다. 특별히 해당 연도에 자본 손실이 발생한 경우가 아니라면 이를 권한다. 그런 해에는 가능한 한 과세 계좌에서 손실을 처리하는 것이 최선이다.

예를 들어, IRA*와 과세 계좌 모두에 VTSAX를 보유하고 있다고 해보자. 그해 리밸런싱을 위해 매도가 필요하다면, 과세 계좌

---

* 미국의 개인용 퇴직연금 계좌로 누구나 은퇴를 위해 스스로 개설할 수 있고, 그 안에서 주식, ETF, 채권, 펀드 등을 자유롭게 투자할 수 있다. 한국의 퇴직연금 계좌 IRP 또는 연금저축계좌와 유사하지만, 운용 자유도는 IRA가 훨씬 높다.

에서 매도하여 손실을 실현하는 것이 좋다. 이렇게 하면 다른 자본 이익, 배당금 등을 포함한 어떤 이익과도 상계할 수 있다.

리밸런싱을 더 자주 하면 성과가 개선될까

리밸런싱 서비스를 제공하는 투자 기업들은 리밸런싱이 장기적으로 성과를 개선한다고 주장한다. 하지만 나는 그 전제에 동의하지 않는다. 오히려 내 생각은 정반대에 가깝다. 이는 잭 보글의 관점과도 일치한다.

보글은 뱅가드가 실시한 연구를 인용한다. 주식과 채권 포트폴리오를 매년 리밸런싱한 경우와 전혀 리밸런싱하지 않은 경우를 비교한 연구였다. 그 결과 리밸런싱한 포트폴리오가 더 나은 성과를 보였지만, 그 차이는 전략이라기보다는 소음으로 설명할 수 있을 만큼 미미했다. 그의 결론은 이랬다. "리밸런싱은 개인적 선택일 뿐 통계로 그 효과를 입증할 수 있을 만한 제안은 아니다. (나는 하지 않지만) 리밸런싱을 한다고 해서 잘못될 것은 없지만, 주식 비율의 작은 변화에 지나치게 집착할 이유도 없다."

나는 여전히 매년 리밸런싱을 하고 있지만, 만약 방식을 바꾼다면 아예 신경 쓰지 않는 쪽으로 바꿀 것이다.

바로 이것이 자산 배분을 설계할 때 검토해야 할 요소들이며, 자신의 상황에 가장 잘 맞는 배분을 만들기 위해 활용해야 할 도구들이다.

  그렇다면 왜 다른 거의 모든 투자 관련 저자들과 달리 나는 해외 펀드를 이 조합에 포함하지 않았을까? 이제 그 이유를 살펴보자.

15
해외 투자를 하지 않는 3가지 이유

앞서 말했듯, 대부분의 투자자문가는 내가 제안한 두 가지보다 훨씬 더 많은 펀드와 자산군을 추천한다. 실제로 2008~2009년 시장 붕괴로 모두가 극도로 겁에 질린 이후, 많은 자문가들은 그 중 몇 개라도 살아남길 바라며 모든 자산군에 투자하라고 했다. 그러나 이를 제대로 하려면 각 자산군을 이해하고, 각각의 비중을 정한 다음, 어떤 방식으로 보유할지 선택하고, 주기적으로 리밸런싱하면서 추적 관리하는 등 엄청난 노력이 필요하다. 그런데 그 모든 수고에도 불구하고 결과는 대체로 평범 이하의 성과에 그칠 가능성이 높다.

그럼에도 단순한 투자의 이점을 충분히 이해한 사람들 가운데서도, 내가 제안한 두 가지 펀드로 구성된 자산 보존 포트폴리오가 불완전해 보인다는 이들이 있다. 내 블로그 독자들은 눈썰미가 뛰어난 편인데, 그들이 가장 자주 지적하는 것이 바로 '해외 주식은 왜 빠져 있는가'이다.

대부분의 자산 배분 전략에는 해외 투자 비중이 포함되어 있는데, 왜 우리의 단순한 길에는 그것이 없을까? 그 이유는 세 가지다. 추가적인 위험, 추가적인 비용, 그리고 '이미 충분히 반영되어 있기 때문'이다.

1. 추가적인 위험

첫째, 환율 위험이 있다. 해외 기업에 투자하면 그 기업의 주식은 자국 통화로 거래된다. 그런데 이들 통화는 미국 달러 대비 변동하기 때문에, 해외 펀드에는 이러한 환율 변동이라는 추가적인 위험 요소가 따른다.

둘째, 회계 위험이 있다. 특히 신흥국을 포함한 많은 국가는 미국에서 요구되는 만큼의 투명한 회계 기준을 제공하지 않는다. 미국에서도 엔론 같은 기업이 장부를 조작하다 투자자들을 파탄에 빠뜨린 경우가 가끔 있었다. 하물며 규제 체계가 허술할수록 그에 따른 위험은 더욱 커질 수밖에 없다.

2. 추가 비용

VTSAX의 총보수율은 0.04퍼센트로, 사실상 최저 수준의 비용을 자랑한다. 반면에 저비용으로 알려진 뱅가드의 해외 주식 펀드조차 이보다 최소 두 배 이상 높은 총보수율을 갖고 있다.

3. 이미 충분히 반영되어 있기 때문

해외 펀드를 보유해야 한다고 주장하는 핵심 이유는 미국 경제에 대한 의존을 피하고, 미국 시장과 상관관계가 낮은 세계 자산군의 성장 잠재력에 투자하기 위해서다. 그러나 이 부분은 이미 충분히 반영되어 있다고 볼 수 있다.

첫 번째 이유를 살펴보면, 미국 내 시가총액 상위 500개 주식이 VTSAX의 약 80퍼센트를 차지한다. 이들 상위 기업 대부분은 국제적인 사업을 운영하며, 상당수는 매출과 이익의 50퍼센트 이상을 해외에서 창출한다. 애플, 마이크로소프트, 엔비디아, 구글, 엑손모빌, 버크셔해서웨이, 캐터필러, 코카콜라, 포드 등이 그 예다. 이들 기업은 세계 시장의 성장에 안정적으로 접근할 수 있는 통로를 제공하면서도, 대부분의 추가적인 위험은 걸러낸다. 따라서 나는 해외 특화 펀드에 별도로 투자할 필요성을 느끼지 않는다.

두 번째로 자주 거론되는 이유는 해외 시장의 성과가 미국 시장과 상관관계를 보이지 않을 것이라는 기대다. 다시 말해, 한쪽이 상승할 때 다른 쪽은 하락할 수 있다는 것이다. 이런 자산을 배분에 포함하면 변동성을 완화하고, 리밸런싱을 통해 수익을 높일 가능성이 있다는 발상이다. 그러나 세계 경제가 점점 더 긴밀히 연결됨에 따라 각국 시장의 성과 차이는 희미해지고 있다. 지정학적 사건으로 인한 예외가 언제나 존재하겠지만, 세계 시장은 점점 더 높은 상관성을 보인다.

(앞 단락을 2015년에 쓴 이후, 미국 시장은 다른 세계 시장들을 훨씬 크게 앞질렀다. 이는 지난 10년 동안 내가 해외 펀드를 포함하지 않는 접근법을 택한 데 있어 좋은 성과로 이어졌지만, 시장 간 변동성이 사라질 것이라는 내 주장이 틀렸다는 것을 보여주기도 한다. 적어도 지금까지는 그렇다. 나는 여전히 세계 시장 간의 차이는 줄어들 거라고 생각하지만, 다르게 본다면 최근의 역사적 흐름은 시장 간 성과 차이가 존재한다는 주장을 뒷받침한다.)

아무튼 이건 내 생각이다. 하지만 독자의 세계관에 따라서는 다른 결론에 이를 수도 있다. 만약 그렇다면, 그리고 VTSAX에 이미 반영된 것보다 더 많은 해외 노출이 필요하다고 느낀다면, 뱅가드가 제공하는 몇 가지 훌륭한 선택지가 있다.

- VFWAX: FTSE 전 세계(미국 제외) 인덱스펀드(총보수율 0.11%)
- VTIAX: 해외 주식 인덱스펀드(총보수율 0.12%)

이 두 펀드는 미국을 제외한 전 세계에 투자하며, 미국 시장은 VTSAX로 이미 충당된다. 가능한 한 단순함을 유지하고 싶다면, 위의 펀드들을 VTSAX와 함께 보유하는 것보다 약간 더 큰 비용이 들긴 하지만, 다음과 같은 선택지도 고려할 만하다.

- VTWAX: 전 세계(미국 포함) 주식 인덱스펀드(총보수율 0.10%)

이 펀드는 전 세계에 투자하며, 그중 약 60퍼센트는 미국에 배분된다. 따라서 이를 보유한다면 더 이상 VTSAX를 따로 가질 필요조차 없다.

나는 해외 펀드의 필요성을 느끼지는 않지만, 필요하다고 생각하는 사람들에게 그것을 굳이 반대하지도 않는다. 다만 VTSAX에 이미 어떤 자산이 포함되어 있는지, 그리고 해외 펀드가 수수료와 추가적인 위험 측면에서 어떤 비용을 수반하는지만은 반드시 이해해야 한다.

16
은퇴 펀드,
가장 단순하게 부를 이루는 길

여기까지 읽어왔다면, 자산 축적 포트폴리오에는 단 하나의 펀드(VTSAX)만 필요하며, 자산 보존 포트폴리오로 옮겨 가려면 한 가지 펀드(VBTLX)를 더 추가해야 한다는 사실을 알게 되었을 것이다. 그러자 마음속으로 이런 생각이 들지도 모른다. '뭐야, 펀드가 두 개나 된다고? 게다가 매년 리밸런싱까지 해야 한다고? 관리하기 너무 번거로운데.' 어쩌면 이렇게도 생각할지 모른다. '저자가 지난 장에서 한 말은 알겠지만, 그래도 내 포트폴리오에 해외 분산투자를 조금은 포함하고 싶어.'

당신의 고충이 들린다. 당신에게는 가능한 한 가장 단순한 길이 필요하다. 단 하나의 펀드만 매수해서 죽을 때까지 보유할 수 있어야 한다. 어떤 자산 배분의 번거로운 일도 누군가가 대신 처리해주어야 한다. 당신은 다리를 놓고, 나라를 운영하고, 위대한 예술을 창조하고, 병을 치료하고, 사업을 시작하고, 해변에 앉아 쉴 시간도 있어야 한다. 걱정하지 말게 친구, 내가 당신 곁에 있다네.

더 중요한 것은 뱅가드 역시 그렇다는 점이다. 뱅가드는 12개의 TRF~Target Retirement Funds~(목표은퇴펀드) 시리즈를 제공한다. 물론 다른 뮤추얼펀드회사들도 TRF를 제공하지만, 이미 알다시피 이 책에서 말하는 최고의 선택지는 뱅가드이므로 여기서는 뱅가드의 TRF를 중심으로 이야기할 것이다. 다른 회사의 TRF라 해도 (운용보수 차이를 제외하면) 여기서 설명하는 내용과 동일하게 적용된다.

뱅가드 웹사이트를 방문해보면, 이 12개 펀드는 뱅가드 TRF 2020부터 TRF 2070까지 이어지며, 이미 은퇴해 72세 이상인 사람들을 위한 펀드도 하나 마련되어 있다. 개념은 단순하다. 자신이 은퇴할 계획 연도를 고르고, 그에 맞는 펀드를 선택하기만 하면 된다. 수년에 걸쳐 가능한 한 많은 투자금을 추가하고, 때가 되면 인출을 준비하는 것 외에는 더 이상 할 일이 없다. 아름답고 우아한 해법이다.

이제 내부를 들여다보자. 각 TRF 펀드는 흔히 '펀드 중의 펀드'라고 불린다. 이는 해당 펀드가 서로 다른 투자 목표를 가진 여러 펀드를 담고 있다는 뜻이다. 뱅가드의 경우 이 안에 편입된 것은 모두 저비용 인덱스펀드다. 알다시피 저비용은 매우 좋은 것이다.

2020부터 2070까지의 TRF는 각각 단 네 개의 펀드만을 담고 있다.

- 미국 전체 주식시장 인덱스펀드
- 미국 전체 채권시장 인덱스펀드
- 해외 주식시장 인덱스펀드
- 해외 채권시장 인덱스펀드

위 네 가지 펀드에 더해, TRF 2020과 TRF 2025 펀드에는 아래 펀드가 추가된다.

- 단기 물가 연동 국채 인덱스펀드

세월이 흐르고 선택한 은퇴 시점이 다가올수록, 이 펀드들은 자동으로 자산 비중을 조정하며 점점 더 보수적이고 변동성이 낮아진다. 투자자가 따로 할 일은 전혀 없다.

현재 이 펀드들의 운용보수는 0.08퍼센트다. 기본 인덱스펀드인 VTSAX(0.04퍼센트)만큼 낮지는 않지만, 이 펀드들이 제공하는 편리함을 생각하면 상당히 훌륭한 수준이다.

그렇다면 단점은 무엇일까? 어떤 사람들은 이 펀드들이 너무 일찍 보수적으로 변한다고 말한다. 다른 이들은 반대로 너무 오랫동안 공격적이라고 불평한다. 내 개인적인 판단으로는 뱅가드가 거의 정답에 가깝게 맞추고 있다고 본다. 다만 내 성향이 원래 공격적인 편이라 나에게는 조금 보수적으로 느껴질 뿐이다.

하지만 이는 쉽게 조정할 수 있다. 더 보수적인 접근(채권 비중이 높은)을 원한다면 실제 은퇴 시점보다 앞선 날짜를 선택하면 된다. 날짜가 빠를수록 자산 배분은 더 보수적으로 바뀐다. 반대로 더 공격적 접근(주식 비중이 높은)을 원한다면 은퇴 시점을 더 뒤로 잡으면 된다. 다른 펀드회사들은 은퇴 시점에 따라 서로 다른 자산 배분 방식을 사용한다. 그러나 기본 원칙은 동일하게 적용된다.

이러한 장점과 비교적 낮은 비용을 고려할 때, 나는 TRF를 자신 있게 추천할 수 있다. 이는 많은 사람(어쩌면 대부분의 사람)에게 탁월한 선택지다. 장기적으로는 대다수의 적극적 운용 투자 전략보다 확실히 더 나은 성과를 낼 것이다.

하지만 나는 앞 장에서 설명한 접근법을 조금 더 선호한다. 그 이유는 다음과 같다.

- 운용보수가 TRF보다 더 낮다.
- TRF는 모두 해외 주식시장 인덱스펀드를 포함한다. 이 펀드는 훌륭한 펀드이지만, 15장에서 설명했듯이 나는 VTSAX에 이미 포함된 해외 비중 외에 추가적인 해외 투자가 꼭 필요하다고 생각하지 않는다.
- 개별 펀드를 보유하면 채권을 세제 혜택 계좌에 넣어 배당금과 이자를 세금으로부터 보호할 수 있다. TRF를 선택하더라도 마찬가지로 세제 혜택 계좌에 두는 것이 가장 바람직하다.

그렇다면 어떻게 해야 할까

회사의 퇴직연금 제도에서 뱅가드의 TRF나 다른 펀드회사의 저비용 대안 상품을 제공한다면, 충분히 고려할 만한 가치가 있다. 가능한 한 단순하면서도 효과적인 포트폴리오를 원한다면, TRF가 제격이다. 이들은 이 책이 인정하는 선택지다.

17
저비용 인덱스펀드를 선택하라

이 책 전반에 걸쳐 나는 다음 두 가지 특정 뮤추얼펀드를 추천해왔다.

- VTSAX(뱅가드 전체 주식시장 인덱스펀드)
- VBTLX(뱅가드 전체 채권시장 인덱스펀드)

이 펀드들은 내가 직접 보유하고 있는 것들이다. 이들은 최저 수준의 운용보수를 자랑하지만, 최소 3,000달러의 투자금이 필요하다.

이 펀드들이 내 필요에는 가장 잘 맞지만, 그렇다고 해서 반드시 모두에게 적합한 것은 아니다. 경우에 따라 3,000달러라는 최소 투자금이 너무 부담스러운 사람도 있을 수 있다.

다른 증권사에서 찾을 수 있는 전체 주식시장과 전체 채권시장 인덱스펀드도 괜찮지만, 내가 추천하고 실제로 사용하는 투자회사는 뱅가드뿐이다. 그 이유는 다음 장에서 살펴볼 것이다. 뱅가드 외의 다른 펀드를 고려하는 이들을 위해 이번 장에서는 몇 가지 대안도 살펴볼 것이다.

펀드의 변형 형태

먼저 이해해야 할 점은, VTSAX와 VBTLX는 각각 전체 주식시장 인덱스 포트폴리오와 전체 채권시장 인덱스 포트폴리오를 담고 있는 단일 펀드라는 사실이다. 중요한 것은 포트폴리오 자체이며, 뱅가드는 이를 다른 형태로도 제공한다. 예를 들어 VTSAX가 담고 있는 것과 동일한 포트폴리오는 다섯 가지 다른 펀드, 즉 뱅가드가 '클래스$_{class}$'라고 부르는 형태에서도 찾을 수 있다. 아래에 각 펀드명과 함께 운용보수와 최소 투자금을 정리했다.

먼저 다음 두 가지는 우리 같은 개인 투자자를 위한 것이다.

- VTSAX: 운용보수 0.04% / 최소 투자금 3,000달러
- VTI(ETF): 운용보수 0.03% / 최소 투자금 없음

ETF는 상장지수펀드로, 주식과 마찬가지로 원하는 금액만큼 매수할 수 있다. 운용보수가 단 0.03퍼센트에 불과하며, 최소 투자금 요건도 없다. 다만 주의해야 할 점이 있다. ETF를 사고팔 때는 주식 거래와 마찬가지로 수수료나 스프레드$_{spread}$*가 자주 발생한다. 이러한 추가 비용은 무료 거래가 가능한 경우가 아니라면 낮은 운용보수로 인한 절감을 상쇄할 수 있다.

다음 세 가지는 기관용 주식으로, 401(k)나 기타 고용주가 제공하는 퇴직연금 제도에서 접할 수 있다.

- VITSX: 운용보수 0.03% / 최소 투자금 500만 달러
- VSMPX: 운용보수 0.02% / 최소 투자금 1억 달러
- VSTSX: 운용보수 0.01% / 최소 투자금 50억 달러

따라서 내가 VTSAX를 추천할 때, 상황에 따라 위의 다른 펀드들로 대체해도 무방하다. 혹은 그중 하나가 자신의 필요에 더 잘 맞는다면 그것을 선택하면 된다. 중요한 점은 뱅가드 전체 주식시장 인덱스 포트폴리오를 매수하는 것이다.

VBTLX와 그 전체 채권시장 인덱스 포트폴리오 역시 유사한 변형 형태들을 찾아볼 수 있다. 뱅가드 웹사이트에 접속해 VBTLX를 검색하면 해당 펀드의 홈페이지가 나오는데, 맨 위 펀

---

* 매수호가와 매도호가의 차이를 말하며, 이 값이 클수록 비싸게 사거나 싸게 팔게 되는 일종의 거래 비용이 발생한다.

드 이름 아래에 ETF 버전으로 연결되는 링크를 확인할 수 있다.

해외 독자를 위해

뱅가드는 빠르게 성장하고 있으며 현재 미국 외 다수 국가에서 이용할 수 있지만, 국가에 따라 뱅가드와 그 펀드들을 이용할 수 없을 수도 있다. 이용 가능한 국가 목록은 뱅가드 글로벌 웹사이트(https://global.vanguard.com)에서 확인할 수 있다.

뱅가드를 전혀 선택할 수 없는 상황이라서 다른 펀드를 찾아야 한다면, 앞서 설명한 세금 혜택 제도와 같은 기준을 따르면 된다.

또한 내가 VTSAX나 기타 전체 주식시장 인덱스펀드를 언급할 때, 이는 미국 주식시장을 반영하는 지수들이다. 15장에서 설명했듯이, 미국에 거주하는 이들에게는 이것만으로 충분하다. 그러나 해외에서는 이러한 미국 중심의 펀드에 접근하기 어려울 수 있다.

그래도 걱정할 필요 없다. VTWAX와 같은 글로벌 펀드를 살펴보라. 이는 전 세계에 투자하는 인덱스펀드다. 어떤 면에서는 내가 좋아하는 VTSAX보다 더 마음에 들기도 한다. 다만 나는 이 펀드를 대체재로 권하지는 않는다. 상대적으로 운용보수(0.10퍼센트)가 높기 때문이다. 또 15장에서 설명했듯이 VTSAX만으로도 해외 시장을 충분히 포괄하기 때문이다.

이런 방식을 선택하고자 한다면, 더 저렴한 ETF 버전인 VT~Vanguard Total World Stock ETF~를 고려할 만하다. 일반적으로 나는 매매 수수료나 스프레드 발생 가능성 때문에 ETF를 피하는 편이지만, VT의 운용보수가 0.07퍼센트로 VTWAX의 0.10퍼센트보다 낮아서 살펴볼 가치가 있다. 다만 매수 시 거래 비용에는 주의해야 한다.

마지막으로 한 가지 주의할 점이 있다. 어떤 글로벌 펀드를 선택하든 반드시 미국 시장이 포함되어 있는지 확인해야 한다. 미국은 세계 경제에서 매우 큰 비중을 차지하므로, 그 일부를 보유하지 않고는 투자 전략을 완성할 수 없다. 많은 '해외' 펀드들, 특히 뱅가드 같은 미국 기반 회사가 제공하는 해외 펀드들은 '미국 제외 주식'으로, 미국 주식을 포함하지 않는다. 이는 이미 VTSAX 같은 펀드를 통해 미국 시장에 투자하고 있는 투자자의 보유 자산을 보완하기 위해 설계된 것이기 때문이다. 합리적인 접근이지만, 미국 외 지역 투자자들에게는 적합하지 않을 수 있다.

결론

두 가지 특정 펀드(VTSAX와 VBTLX)나 더 낮은 운용보수를 가진 기관용 버전에 접근할 수 없다면, 동일한 뱅가드 주식 및 채권 인덱스 포트폴리오를 제공하는 다른 뱅가드 변형 상품들을 찾아보자.

뱅가드에 접근할 수 없다면, 이용할 수 있는 건전한 투자회사에서 유사한 저비용 펀드를 찾는다. 그리고 미래에 기회가 주어진다면, 가능한 한 빨리 보유 자산을 뱅가드로 이전하자.

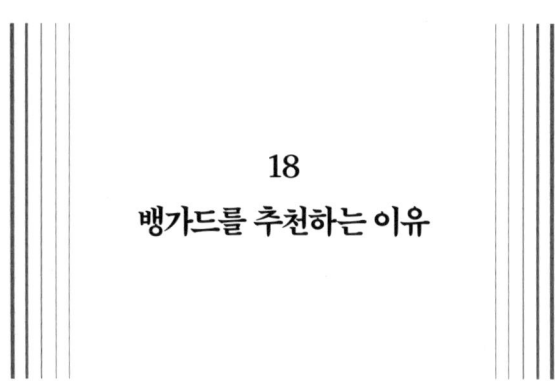

18
뱅가드를 추천하는 이유

여기까지 읽었다면, 내가 뱅가드 인덱스펀드 투자의 강력한 지지자임을 알 수 있을 것이다. 사실상 선택의 여지가 없는 경우(17장 참고)를 제외한다면, 나의 강력한 제안은 오직 뱅가드만을 이용하라는 것이다.

이처럼 대담한 권고는 당연히 몇 가지 의문을 불러일으킬 수밖에 없다. 이 장에서는 가장 흔히 제기되는 네 가지 질문을 다루고자 한다.

1. 뱅가드는 무엇이 특별한가

잭 보글이 1975년에 뱅가드를 설립했을 때, 그는 투자 업계에서 지금까지도 유일무이한 구조를 도입했다. 바로 뱅가드는 고객이 소유하며, 원가로 운영된다는 것이다. 그럴듯하게 들리지만, 실제로 이것이 의미하는 바는 무엇일까?

뱅가드 펀드에 투자하는 순간, 투자자의 이익과 뱅가드의 이익은 완전히 일치한다. 그 이유는 간단하다. 뱅가드 펀드, 그리고 그 펀드에 투자한 투자자들이 곧 뱅가드의 소유주이기 때문이다.

이에 반해 다른 모든 투자회사는 두 주인을 섬겨야 한다. 바로 회사의 소유주와 그들의 펀드에 투자한 투자자들이다. 그러나 양측의 필요는 대부분의 경우 일치하지 않는다.

이 차이를 이해하기 위해 다른 투자회사들은 어떤 구조로 되어 있는지 살펴보자. 기본적으로 두 가지 형태가 있다.

- 가족 기업과 같이 사적으로 소유될 수 있다. 피델리티 인베스트먼트$_\text{Fidelity Investments}$가 그 예다.
- 상장되어 주주들이 소유할 수도 있다. 티로우프라이스$_\text{T. Rowe Price}$가 그 예다.

두 경우 모두에서 소유주들은 당연히 자신들의 투자에 대한 수익을 기대한다. 이 수익은 각 회사가 개별 뮤추얼펀드를 운용하면서 발생하는 이익에서 나온다. 여기서 이익이란 급여, 임대료, 사무용품 등과 같은 비용을 제하고 남은 금액을 뜻한다.

뮤추얼펀드의 주주들을 위한 서비스는 어디까지나 수익을 창출하기 위한 수단일 뿐이다. 이렇게 벌어들인 수익으로 비용을 지급하고, 소유주에게 돌아갈 이익을 만들어낸다. 이 수익은 각 펀드의 주주들에게 부과되는 운용 수수료에서 발생한다.

피델리티, 티로우프라이스, 혹은 뱅가드가 아닌 다른 어떤 투자회사를 통해 뮤추얼펀드를 보유할 경우, 투자자는 자신의 펀드 운용 비용뿐 아니라 그 펀드회사 소유주에게 돌아가는 이익까지 부담하게 된다.

내가 피델리티나 티로우프라이스의 소유주라면, 수수료와 그로 인한 이익이 최대한 높기를 원할 것이다. 반대로 그들의 펀드 주주라면, 그 수수료가 가능한 한 낮기를 원할 것이다. 결과가 어떨까? 수수료는 가능한 한 높게 책정된다.

분명히 해두자면, 이런 구조 자체가 본질적으로 잘못된 것은 아니다. 사실 대부분의 기업이 바로 이러한 방식으로 운영된다. 예컨대 아이폰을 구매한다면, 그 가격에는 설계, 제조, 배송, 소매에 드는 모든 비용이 포함되어 있으며, 여기에 애플 주주들에게 돌아가는 이익도 들어 있다. 애플은 비용, 기대 이익, 그리고 가능한 한 많은 판매라는 목표를 고려하여 아이폰 가격을 최대한 높게 책정한다. 투자회사도 같은 방식으로 운영된다.

이 예시에서 내가 피델리티와 티로우프라이스를 언급한 것은 그들을 비난하기 위해서가 아니다. 두 회사 모두 훌륭히 운영되고 있으며, 좋은 뮤추얼펀드들도 제공한다. 그러나 소유주를 위한 이익을 반드시 창출해야 하므로, 두 회사는 뱅가드에 비해 뚜렷한 비용상의 불리함을 안고 있다. 이는 다른 모든 투자회사 역시 마찬가지다.

우리 투자자들에게 있어 보글의 탁월한 발상은, 그가 새로 세운 회사의 소유권을 해당 회사가 운용하는 뮤추얼펀드로 이전한 데 있었다. 우리가 그 펀드의 지분을 보유함으로써 곧 그 펀드를 소유하게 되고, 결과적으로 뱅가드를 소유하게 되는 셈이다.

뱅가드의 경우, 우리가 내는 수수료에서 발생하는 이익은 결국 다시 우리의 주머니로 돌아오게 된다. 그러나 이는 다소 우스꽝스럽고 비효율적인 절차일 뿐 아니라, 더 중요한 문제는 이런 이익이 잠재적으로 과세 대상이 될 수 있다는 것이다. 따라서 뱅가드는 '원가 운영', 즉 펀드 운용에 필요한 최소한의 비용만을 수수료로 부과하는 구조로 설계되었다.

이것이 현실 세계에서는 어떤 결과로 이어질까? 이러한 수수료는 '총보수율'로 보고된다. 뱅가드의 평균 총보수율은 0.08퍼센트이다. 업계 전체적으로 보면, 2023년 기준 평균 액티브펀드의 총보수율은 0.59퍼센트, 평균 인덱스펀드의 총보수율은 0.11퍼센트였다.[1] 언뜻 보면 큰 차이가 아닌 듯하지만, 시간이 지나면서 그 격차는 엄청나게 벌어지며, 이는 뱅가드가 비용뿐 아니라 성과 면에서도 우위를 점하는 핵심 이유 중 하나다.

뱅가드에서는 투자자가 뮤추얼펀드를 소유하고, 그 펀드를 통해 곧 뱅가드 자체를 소유하게 된다. 따라서 투자자의 이익과 뱅가드의 이익은 완전히 일치한다. 이는 투자 세계에서 드물고도 아름다운, 유일무이한 구조다.

2. 모든 자산을 한 회사에 맡겨도 괜찮을까

답은 간단하다. 내 자산은 뱅가드라는 회사에 투자된 것이 아니다. 뱅가드의 뮤추얼펀드에 투자되어 있으며, 이를 통해 그 펀드가 보유한 개별 주식과 채권에 투자되어 있다. 설령 뱅가드가 파산한다 해도(그럴 가능성은 극히 희박하지만), 근본적인 투자 자산은 아무런 영향을 받지 않는다. 그것들은 뱅가드라는 회사와는 별개이기 때문이다. 물론 모든 투자에는 위험이 따르지만, 그 위험은 뱅가드와 직접적으로 연결되어 있지는 않다.

여기서부터는 매우 복잡해질 수 있으며, 관심 있는 극소수라면 쉽게 찾아볼 수 있는 추가 정보가 많다. 그러나 여기에서 우리가 알아야 할 핵심은 다음과 같다. 우리는 뱅가드 자체에 투자하는 것이 아니라, 뱅가드가 운용하는 하나 혹은 그 이상의 뮤추얼펀드에 투자하는 것이다.

- 뱅가드 뮤추얼펀드는 독립된 개별 법인으로 존재한다. 이들

의 자산은 뱅가드와 분리되어 있으며, 각각 자체적으로 부정행위에 대비한 보증보험증권을 보유하고, 사안을 감독하는 별도의 이사회가 존재한다. 실제로는 각 펀드가 뱅가드라는 울타리 아래서 운용되지만, 독립적으로 운영되는 별도의 회사와 같은 성격을 지닌다.
- 뱅가드의 누구도 투자자의 자금에 접근할 수 없으므로, 뱅가드의 누구도 그것을 가지고 도망갈 수 없다.
- 뱅가드는 미국 증권거래위원회$_{SEC}$의 규제를 받는다.

이 모든 사항은 피델리티나 티로우프라이스 같은 다른 뮤추얼 펀드 투자회사에도 동일하게 적용된다.

3. 만약 뱅가드가 핵폭탄을 맞는다면 어떻게 되나

좋다, 분명히 하자. 만약 고대 마야 달력이 예언한 것처럼 2012년 12월 21일에 세상이 종말을 맞았다면, 뱅가드(혹은 다른 어디든)에 투자한 모든 자산은 흔적도 없이 사라졌을 것이다. 그러나 물론 그런 일은 일어나지 않았다.

거대한 운석이 지구를 강타해 세상을 불바다로 만들고, 그 뒤에 핵겨울이 닥친다면, 당신의 투자 자산은 전부 사라질 것이다. 만약 외계인이 나타나 우리 모두를 우주의 노예로 만든다면, 인간 사육장 선물 상품에 투자하지 않은 한, 포트폴리오가 엉망이 될 것이다. 그러나 이런 일들은 일어날 가능성이 극히 낮고, 우리의 통제를 벗어난 일이며, 이 책의 범위에서도 벗어난 이야기다.

그렇다고는 해도, 더 작은 규모의 재난은 실제로 발생할 수 있고 또 종종 발생하기도 했다. 뱅가드는 펜실베이니아주 말번Malvern에 본사를 두고 있다. 만약 불행히도 말번이 테러 공격으로 핵폭탄을 맞는다면 어떻게 될까? 사이버 공격은? 허리케인, 정전, 혹은 세계적 팬데믹은?

모든 주요 기업과 기관은 이러한 위험을 인식하고 있으며, 각각 재난 복구 계획을 마련해두고 있다. 뱅가드는 그중에서도 가장 포괄적인 계획을 보유한 회사 중 하나다. 회사는 여러 지역에 분산되어 있으며, 데이터는 중복으로 다중 서버에 보관된다. 관심이 있다면 뱅가드의 공식 웹사이트에서 전체 계획을 확인할 수도 있다.

그러나 혹시 행성 차원, 혹은 문명 자체가 종말을 맞는 사건을 우려한다면, 뱅가드는 당신에게 맞지 않는다. 사실 그런 상황에서는 어떤 투자도 무의미하다. 그때는 전 재산을 털어 지하 대피소에 통조림과 무기를 비축하는 데 써야 할 테니 말이다. 그런 경우가 아니라면, 뱅가드에 자산을 두고 안심하고 잠을 청하라. 나 역시 그렇게 하고 있다.

4. 뱅가드로부터 돈을 받고 하는 말 아닌가

내가 뱅가드를 강력히 옹호하고 있으니, 그 기업으로부터 어떤 대가를 받는 것은 아닌지 묻는 사람도 있다. 당연히 그렇게 생각할 수도 있겠다. 하지만 아니다. 물론 이 정도로 뱅가드를 사랑하는 만큼 뱅가드가 그걸 좀 알아줘도 좋겠지만, 나는 뱅가드로부터 어떠한 대가도 받은 적이 없다.

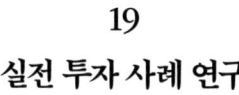

19
실전 투자 사례 연구

 지금까지 부를 향한 단순한 길을 만들기 위한 개념과 전략을 살펴보았다. 이제 막 투자를 시작하는 독자라면 누구나 무리 없이 실행할 수 있을 것이다. 그러나 대부분은 이미 그 길을 어느 정도 걷고 있을 것이다. 어쩌면 몇 가지 실수를 저질러 결코 하지 말았어야 할 투자 자산을 보유하고 있을 수도 있다. 혹은 자산군을 지나치게 다양하게 들고 있다가 지금에서야 그렇게 복잡할 필요가 없다는 사실을 깨달았을 수도 있다. 어쨌든 이미 보유하고 있는 투자 자산들을 어떻게 처리할지 생각해야 한다. 그렇다면 이런 생각이 들지도 모른다. 이 아이디어들을 현실 세계에서 어떻게 실행할 수 있을까?

 물론 이 책을 읽는 각각의 독자에게 개별적으로 답을 해줄 방법은 없다. 하지만 이 장에서는 내 블로그에서 가져온 두 가지 실제 투자자들의 사례를 소개하려 한다.

첫 번째는 이제 막 투자 여정을 시작한 데이브라는 20대 청년의 사례다. 이 내용은 책의 초판에도 실려 있는데, 이번 전면개정판에서는 이것이 과거의 사례임을 분명히 언급해둘 필요가 있다. 사례를 통해 보여주는 원칙들은 여전히 유효하지만, 납부 한도와 같은 세부 사항들은 당시 기준이라는 점을 기억해야 한다.

두 번째는 내 친구 톰의 이야기로, 이번 장이 사례 연구인 만큼 이 사례는 금융 생활이 잘못되었을 때 어떤 일이 일어나는지를 보여준다. 여러 차례의 이혼, 내 집 마련 실패, 압류, 파산, 그리고 잘못된 투자 매니저에게 휘둘린 경험이 담긴 이야기다. 동시에 내가 아는 사람 중 가장 행복한 사람의 이야기이기도 하다.

두 사례 모두 그들의 원문을 그대로 싣고자 했지만, 이해를 돕고 분량을 조절하기 위해 일부 편집을 가했다.

사례 1. 부에 이르는 가장 단순한 길을 실천하다

저는 26세로, 최근 대학을 졸업하고 재정적인 삶을 정비하기로 결심했습니다. 운 좋게도 좋은 직장을 얻었고 빚도 없습니다. 현재 비상 자금을 모으는 중이며(소득의 약 24퍼센트를 저축하고 있음), 이제는 투자에 노력을 집중하고 있습니다.

나의 조부모님은 손주들이 태어날 때마다 모두에게 투자금을 마련해주었습니다. 그 돈은 여러 해 동안 재무 상담가가 관리해왔는데, 당신의 글을 읽으며 내가 더 나은 관리를 할 수 있겠다는 생각이 확고해졌습니다. 현재 그 계좌에는 약 3만 5,000달러가 들어 있으며, 12개의 서로 다른 뮤추얼펀드에 나뉘어 있습니다.

할머니는 내 계좌의 시작 금액을 정확히 기억하지 못합니다. 다만 새로운 손주가 태어날 때마다 기존 손주들의 계좌에 있던 금액과 비슷한 수준의 돈을 넣어주곤 했습니다. 확인할 수 있는 기록 가운데 가장 이른 시점은 1994년으로, 그해 초 계좌에는 약 6,700달러가 있었고, 이후 조부모님이 매년 1,000달러씩 추가해 약 2만 5,000달러에 이르렀습니다. 1994년 당시 자산 구성은 절반이 주식, 절반이 채권이었습니다. 할아버지가 대공황 시기를 겪으며 자라 주식을 온전히 신뢰하지 못했기 때문입니다.

내 고용주는 403(b) 퇴직연금 제도를 제공하며, 급여의 최대 2.5퍼센트까지 매칭*해주고 있습니다. 현재 저는 소득의 3퍼센트를 여기에 넣고 있습니다. 이용할 수 있는 옵션 중에는 뱅가드 전체 주식시장 인덱스펀드$_{VTSAX}$도 있습니다.

저는 현재 세전 연간 7만 달러를 벌고 있으며, 급여의 24퍼센트를 저축하고 있습니다. 목표는 최소 20퍼센트 이상을 유지하는 것이지만, 다른 지출이 생기면 15퍼센트까지 낮춰야 할 수도 있습

---

* 미국의 퇴직연금 제도에서 회사가 직원의 적립금에 일정 비율로 맞춰서 내주는 돈.

투자는 단순할수록 강력해진다

니다. 언제 은퇴하고 싶은지에 대해서는 깊이 생각해본 적이 없습니다. 일찍 은퇴할 수 있다면 좋겠지만, 공식적인 목표로 세운 것은 아닙니다.

가장 궁금한 것은, 재무 상담가를 없애고 모든 뮤추얼펀드를 정리한 다음 VTSAX로 옮기려면 어떻게 하는 것이 좋을지 조언을 해주시면 좋겠습니다.

제 펀드에 납부하는 가장 좋은 방법이 무엇인지 알고 싶습니다. 비상 자금을 마련하고 자금을 뱅가드로 옮기고 나면 매달 약 1,000달러를 투자할 수 있을 것 같습니다. 이를 매달 넣는 것이 좋을까요, 아니면 더 큰 금액을 모아 한꺼번에 넣는 것이 나을까요? 정액분할투자Dollar Cost Averaging, DCA에 대해 들어는 봤지만 아직 자세히 알아보지는 않았습니다.

조언과 시간을 내줘서 고맙습니다.

답변을 시작하며

먼저 칭찬해드리고 싶은 분이 있습니다. 당신이 아니라 바로 조부모님입니다! 그분들은 크게, 아주 크게 칭송받아 마땅합니다. 제 말을 그분들께 꼭 전해드리길 바랍니다.

그분들이 당신과 다른 손주들을 위해 이런 종잣돈을 마련해주셨다는 사실은 여러 가지를 말해줍니다. 그분들은 자산이 있으며, 이는 곧 그들의 삶이 경제적으로 책임감 있고 효과적으로 운영됐음을 의미합니다. 또한 그분들은 너그럽습니다. 당신의 질문과 계획을 보니, 분명히 그분들의 정신이 후손들에게도 전해진 것 같습니다. 아직 하지 않았다면 조부모님을 모시고 저녁 식사 자리를 마련해, 그분들의 공로를 기리며 건배하십시오. 이미 했다면, 한 번 더 하십시오.

데이브의 투자 기반

1. 3만 5,000달러의 자본을 보유하고 있다.
2. 연봉이 7만 달러이고, 그중 24퍼센트, 즉 연간 1만 6,800달러를 저축하고 있다.
3. 앞으로는 저축률을 수익의 약 20퍼센트, 즉 1만 4,000달러로 설정하려고 한다. 하지만 나는 그가 저축률을 더 높이도록 설득할 생각이다.
4. 403(b) 퇴직연금 제도를 제공하는 대학교라는 좋은 직장을 얻었다.
5. 빚이 전혀 없다.
6. 은퇴 시기에 대해서는 아직 확실히 정하지 못했지만 26세라는 나이를 생각하면 당연하고, 독립 자금의 중요성은 인식하고 있다.
7. 앞으로 어떻게 투자에 납부해야 할지, 그리고 정액분할투자에 대해 알고 싶어 한다.

먼저 어떤 투자 상품을 선택할지 이야기해보자. 다행히 고용주의 퇴직연금 제도에서 뱅가드를 선택할 수 있다. 그는 VTSAX에 마음이 기울어 있는데, 이는 완전히 옳은 선택이다. 사실 우리는 그의 모든 투자를 여기에 둘 것이다. 지금 그는 자산 축적 단계에 있으며, VTSAX는 그 목적에 딱 맞는 도구다.

앞에서 살펴본 바와 같이, 이 펀드를 보유하는 방법에는 두 가지가 있다. 최소 3,000달러가 필요한 애드미럴 셰어Admiral Shares* 와 최소 금액 제한이 없는 ETF, 즉 VTI다. 이미 보았듯이 이 단일 펀드는 미국에서 상장된 거의 모든 기업을 아우르는 포트폴리오를 제공한다. 게다가 이들 기업 상당수가 해외에서 광범위하게 사업을 하고 있으므로, 해외 시장에도 자연스럽게 노출된다. 이 하나의 투자만으로도 가장 강력한 부의 축적 수단인 주식에서 폭넓은 분산 효과를 누릴 수 있다.

주식 100퍼센트 배분은 매우 공격적인 전략으로, 지금과 같은 단계에는 바로 그것이 필요하다. 그러나 주의해야 한다. 앞 장들에서 읽은 대로, 앞으로 거칠고 속이 뒤집히는 여정을 경험할 수 있다. 하지만 26세인 그는 수십 년의 시간이 앞에 있으므로 계획을 지키고 꾸준히 투자하며 견뎌낼 수 있을 것이다.

어느 시점이 되면 그는 은퇴를 생각하게 될 것이다. 은퇴 시점은 65세가 될 수도 있고, 혹은 35세 무렵 독립 자금을 마련했을

---

* 뱅가드가 제공하는 뮤추얼펀드의 별도 클래스로, 일반 투자자용(Investor Shares)보다 수수료가 50퍼센트 이상 낮다. 투자자는 특정 펀드에 최소 투자 금액을 충족해야 애드미럴 셰어로 전환할 수 있다.

때 실행할 수도 있다. 시기가 언제가 되었든, 그 단계에 가까워지면 채권으로 분산을 고려하는 것이 바람직하다. 그러나 지금처럼 자산 축적 단계에서는 주식이야말로 자금이 있어야 할 곳이며, 이를 가장 효과적으로 보유하는 방법은 VTSAX다.

이제 그가 활용할 수 있는 다양한 투자 계좌들을 살펴보고, VTSAX 투자를 이들 사이에 어떻게 배분할지 논의해보자. 기억하겠지만, 이 계좌들은 우리가 선택한 투자를 담아두는 공간이다. 선호도 순으로 나열하면 다음과 같다.

1. 403(b) 고용주 퇴직연금 제도가 1순위다. 그는 대학에 근무하므로 민간 기업에서 흔한 401(k)가 아니라 403(b) 퇴직연금 제도를 가지고 있다. 그는 급여의 3퍼센트를 납부할 계획인데, 이는 세금이 이연되며, 고용주가 2.5퍼센트를 매칭해준다. 즉, 이는 공짜 돈이다! 그렇기에 이 선택이 1순위가 된다.

2. 공제되는 IRA가 그다음이다. 이 계좌는 납부액이 공제되고 수익에 대한 세금이 이연된다는 점에서 고용주 퇴직연금 제도와 매우 유사하다. 그러나 이 계좌의 중요한 장점은 투자 대상을 전적으로 본인이 선택할 수 있고, 직장 퇴직연금처럼 제한된 상품에만 투자해야 하는 등의 제약이 없다는 점이다. 그는 뱅가드에서 IRA를 개설하고 VTSAX를 선택할 예정이다.

그는 연간 IRA 납부 한도(2016년 기준 5,500달러)에 최대한 근접하게 채우도록 노력해야 한다. 세제 혜택이 너무나 매력적이므로 놓치기 아깝다. 경제적 독립을 진지하게 추구한다면, 모든 세금 이연 기회를 최대한 활용하는 것은 필수다. 그렇게 해야 비로소 상당한 수준의 저축률에 도달할 수 있다. 그러나 여기서 멈출 이유는 전혀 없다.

정리해보면, 그는 현재 비상 자금을 마련하는 중이면서 저축률이 24퍼센트이고, 앞으로 이를 20퍼센트로 줄일 계획이다. 평균적인 미국인과 비교하면 매우 훌륭한 수치다. 그러나 그가 원하는 수준과 비교하면 더 노력할 필요가 있다. 내가 제안하는 저축률은 50퍼센트이며, 독립 자금 마련에 더 집중하는 사람들은 보통 70~80퍼센트까지도 끌어올린다.

그는 이미 빚이 없고, 저축과 투자를 하고 있다는 점에서 일반적인 범주를 벗어나 있다. 그는 직장을 가지고 있고, 젊으며, 부양가족도 없다. 투자에 집중하기에 지금보다 더 유리한 시기는 다시 오지 않을 것이다. 최소한 그는 급여가 오를 때마다 이를 소비로 돌리지 않고 전부 투자에 배정하겠다고 다짐함으로써 '생활 수준 상승'을 피해야 한다. 지금 이렇게 해두면 미래에는 돈이 벌어다 주는 돈을 어떻게 쓸 것인지를 고민하게 될 것이다.

좋다, 이제 이 모든 내용을 토대로 몇 가지 수치를 계산해보고, 구체적인 옵션들을 살펴보자.

옵션 1: 저축률 24퍼센트

저축률을 20퍼센트로 줄이는 것은 그가 원하는 목표에 도달하는 데 도움이 되지 않으므로 여기서는 고려하지 않는다.

그는 조부모님이 마련해준 3만 5,000달러를 곧바로 VTSAX에 옮기고 자본이득에 따른 세금이 있다면 납부한다. 앞서 살펴본 바와 같이, 지난 40년간(1975~2015년) 평균 시장 수익률은 연간 약 11.9퍼센트였다.[1] 이 속도라면 돈은 약 6년마다 두 배로 불어나는 셈이다. 따라서 그가 62세가 되는 36년 후에는 자산이 거의 여섯 차례 두 배씩 증가했을 것이다. 간단히 계산해보면, 한 푼도 추가하지 않아도 원금이 200만 달러 이상이 되는 것을 알 수 있다. 68세가 되면 또다시 두 배가 되어 약 390만 달러가 된다.[2] 이것이 바로 복리의 힘이다. 혹시 내가 조부모님께 저녁을 대접하라고 했던 말을 기억하는가?

여기에 그가 앞으로 꾸준히 납부까지 한다면 결과는 훨씬 더 극적으로 나타날 것이다. 현재 저축률인 24퍼센트를 적용하면, 그는 연봉 7만 달러 중 1만 6,800달러를 매년 투자할 수 있다.

그의 403(b) 퇴직연금 제도는 고용주 매칭을 받기 위해서는 급여의 2.5퍼센트를 넣어야 하지만, 그는 3퍼센트를 납부하고 있다. 이는 연간 2,100달러에 해당한다(여기에 고용주가 납부하는 2.5퍼센트, 즉 1,750달러가 추가되지만, 이는 그가 책정한 연봉의 24퍼센트인 1만 6,800달러 투자금과는 별개로 더해지는 금액이다). 이 자금은 그의 퇴직연금 제도에서 제공하는 VTSAX에 들어간다. 만약 제공되지 않는 경우라면, 퇴직연금 제도에서 선택할 수 있는 옵션 중 VTSAX와 가장 유사한 상품에 들어가게 된다.

그의 공제 가능한 IRA에는 5,500달러가 들어간다. 이는 3,000달러 이상이므로 VTSAX로 투자할 수 있다.

403(b)와 IRA를 합치면 1만 6,800달러 중 7,600달러가 배정된다. 남은 9,200달러는 다시 403(b)로 돌려 투자한다.

이 세 가지 과정의 순서를 맞추느라 고민할 필요는 없다. 단지 매력적인 순서로 선택 과정을 설명한 것뿐이다. 실제 실행은 단순하다.

1. 403(b)에 1만 1,300달러를 납부한다(2,100달러+9,200달러).
2. IRA에는 최대한도인 5,500달러를 납부한다.

옵션 2: 저축률 50퍼센트

이번에는 그가 저축과 투자에 조금 더 진지하게 임한다면 어떤 결과가 나오는지 보자. 마찬가지로 조부모님이 마련해준 3만 5,000달러로 시작하지만, 이제는 연봉 7만 달러의 50퍼센트인 또 다른 3만 5,000달러를 매년 투자할 수 있다.

앞서와 마찬가지로, 그의 403(b) 퇴직연금 제도에는 연봉 7만 달러의 3퍼센트인 2,100달러가 들어가며, 고용주는 2.5퍼센트를 매칭해준다. 또한 VTSAX에 투자되는 그의 공제 가능한 IRA 역시 최대 납부 한도인 5,500달러를 채운다.

따라서 403(b)와 IRA에 7,600달러를 배정한 뒤에도 여전히 2만 7,400달러가 남는다. 이 중 1만 5,900달러를 추가로 403(b)에 납부하면 된다. 그러면 이미 매칭을 위해 넣은 2,100달러와 합쳐 총 1만 8,000달러가 되어 연간 한도에 도달한다. 그래도 아직 1만 1,500달러가 남는다.

- 35,000 − 2,100 − 5,500 − 15,900 = 11,500 (달러)

이 1만 1,500달러는 일반 계좌의 VTSAX에 추가해, 조부모님이 아낌없이 마련해준 3만 5,000달러의 종잣돈과 함께 성장해나갈 것이다.

옵션 2의 경우, 그의 자산이 얼마나 더 강력하게 성장할 수 있는지 쉽게 알 수 있다. 그는 활용할 수 있는 모든 세제 혜택 계좌를 최대한 활용하면서, 동시에 언제든 추가 부담금 없이 인출할 수 있는 일반 계좌에서도 부를 축적해나가고 있다.

물론 이를 위해서는 남은 3만 5,000달러로 생활할 수 있도록 삶을 조직해야 한다. 어떤 독자들에게는 이 금액이 끔찍할 정도로 적어 보일 수도 있고, 또 다른 이들에게는 지나치게 많아 보일 수도 있다. 어느 쪽이든 충분히 가능한 일이다. 결국 이는 선택과 우선순위, 그리고 그가 경제적 자유를 얼마나 소중히 여기는가의 문제일 뿐이다.

재미있는 사실 하나를 소개하자면, 연 소득 3만 5,000달러는 세계 소득 상위 0.81퍼센트에 해당한다(2016년 기준). 상위 1퍼센트에 들어온 것을 축하한다!

이제 마지막으로 이런 납부가 실제로 어떻게 이루어질지 간단히 살펴보자.

대부분의 사람처럼 그는 돈을 버는 대로 투자하게 될 것이다. 투자는 403(b), IRA, 그리고 조부모님이 마련해준 3만 5,000달러로 시작한 일반 계좌의 VTSAX에 자금을 추가하는 것으로 이루어진다. 이런 방식은 사실상 정액분할투자법의 한 형태다. 즉, 일정한 금액을 시간에 걸쳐 고르게 투자하는 방식이다. 정액분할투자에 대해서는 26장에서 자세히 논의할 것이다.

그의 403(b) 계좌의 장점은 한 번 설정해두면 납부가 자동으로 이루어진다는 점이다. 반면 IRA와 일반 계좌의 VTSAX는 약간 더 노력이 필요하다. 그가 직접 잊지 않고 정기적으로 납부해야 하며, 혹은 뱅가드에 자동이체를 설정해둘 수도 있다. 내 경우라면 자동이체를 택할 것이다. 그편이 더 쉽고, 그가 계획을 꾸준히 지켜나갈 가능성도 훨씬 커진다.

이로써 그림이 완성된다. 그가 이 단순한 길을 따른다면, 자신도 모르는 사이에 독립 자금을 갖게 되어 일은 선택 사항이 될 것이다. 그가 조부모님의 연세에 이르면, 그 역시 손주들을 위해 종잣돈 계좌를 마련해줄 충분한 능력을 갖추게 될 것이며, 이렇게 세대 간의 순환을 이어가게 된다. 그 무렵에는 '억만장자처럼 기부하는 법'을 배우는 것도 고려할 만한데, 이에 대해서는 29장에서 다룰 것이다.

사례 2. 모든 금융 생활이 잘못되었을 때

몇 달 전, 아름다운 가을 오후에 나는 개를 데리고 산책하고 있었다. 햇볕을 즐기며 벤치에 앉아 있는데, 오랫동안 내 친구 톰과 연락하지 않았다는 생각이 문득 들었다. 그래서 전화를 걸었고, 늘 그렇듯 음성사서함으로 넘어가리라 예상했다. 그러나 톰은 전화를 받았고, 해병대 출신답게 아주 씩씩하게 인사를 해왔다.

톰은 참 흥미로운 인물이다. 거칠게 살고, 총기를 수집하며, 가톨릭 신자이자 평생 민주당 지지자인 해병대원이다. 신앙심이 깊고, 좋은 의미에서 강인한 사람이다. 언제나 활기가 넘치고, 불평불만이 전혀 없다. 그는 1990년대 중반 내 고객이었고, 그때부터 지금까지 친구로 지내고 있다. 나는 이렇게 다채로운 친구들을 좋아한다.

지금 예순을 훌쩍 넘긴 톰은 풍부한 경험으로 활기찬 삶을 살아왔다. 그는 나처럼 가끔 권력을 가진 사람들에게 싹 다 꺼지라고 말하고 싶어 하는 사람이다. 하지만 나와 달리 톰은 독립 자금이 없어도 기꺼이 그렇게 한다. 안전망 없이 일하는 셈이라 할 수 있다.

전화 통화에서 그는 집이 압류로 넘어갔고, 파산을 겪었으며,

법원에 의해 소중히 여겨온 골동품 총기 컬렉션마저 거의 잃을 뻔했다가, 간신히 현금을 마련해 다시 찾아올 수 있었다고 했다. 그런데 그는 이 모든 이야기를 웃으면서 들려주었다. 그게 바로 톰이다. 게다가 마침 그가 아름다운 스웨덴인 여자친구와 함께 살 준비를 하고 있었던 것도 아마 큰 위안이 되었을 것이다.

다음은 톰의 이야기를 그의 입장에서 서술한 것이다. 회사와 인물 이름은 가명이며, 지면 관계상 내용 일부를 축약했다.

톰의 이야기

- **1947~1969년: 유년 및 청년 시절**

나는 부모님 밑에서 형과 함께 자랐다. 부모님은 독실한 가톨릭 신자였고, 대공황 세대였다. 짐작할 수 있겠지만 상당히 엄격한 분들이었다. 나는 부모님으로부터 저축하는 법을 배웠고, 열세 살 때부터는 가톨릭 수련원 식당에서 일을 시작했다. 번 돈은 전부 동네 저축은행에 넣었다. 저축이 조금씩 쌓여가는 것을 보는 건 꽤 멋진 일이었다. 나는 가톨릭 초등학교와 남자 가톨릭 고등학교에 다녔는데, 두 곳 모두 돈이 들었다.

1965년, 나는 웨인 주립대학교에 입학했다. 부모님께 약간의 지원을 받았지만, 책값·교통비·점심값 등은 스스로 부담했다. 집에서 살며 통학했다.

여름마다 일을 해서 다음 학기를 위한 돈을 모았다. 연애도 하고 친구들과 어울리며 활발하고 즐거운 대학 시절을 보냈다. 담쟁

이닝쿨로 뒤덮인 유서 깊은 명문대에 다닌 것은 아니었지만, 당시에는 그것이 그저 평범한 삶이라고 생각했다.

1968년, 나는 아버지의 1965년식 중고 폭스바겐을 500달러에 샀다. 드디어 내게도 '자동차'가 생겼다. 졸업할 때, 저축은행 계좌에는 2,000달러가 있었다.

졸업 두 달 뒤, 나는 사랑스러운 아일랜드 출신의 브리짓과 결혼했다. 9월에는 버지니아주 콴티코에 있는 미 해병대 훈련소의 기초학교에 입교해 현역 복무를 시작했다. 삶은 멋졌고, 마침내 나는 독립하게 되었다.

· **1969~1992년: 첫 번째 결혼 생활**

결혼과 함께 부모님 밑에서의 억눌린 삶을 끝내고 마침내 자유로워졌다. 브리짓이 아이를 가졌고, 나는 아버지가 될 참이었다.

나는 부모님이 절대 허락하지 않았을 물건들을 가지고 싶어졌다. 새 앰프, 턴테이블, 신형 카세트 플레이어, 최고급 스피커까지 갖춘 최신 파이오니아 음향기기 세트, 그리고 300달러짜리 참나무로 만들어진 덮개 달린 고풍스러운 책상이 마음에 들었다. 그렇게 2,000달러는 순식간에 사라졌다.

나는 해병대에 입대해 장교가 되었고 연봉 5,000달러의 규칙적인 급여를 받았다. 저축은 별로 중요하게 느껴지지 않았다. 은퇴는 20년, 30년, 40년 후의 일이었다. 어쩌면 그렇게 오래 못 살 수도 있다고 생각했다.

곧 두 딸이 태어났고, 우리는 월급에 의존해 사는 형편이 되었다. 신용은 얻기도, 쓰기도 쉬웠다. 우리는 조금씩 빚을 지기 시작했는데, 많아야 1,000~2,000달러 정도였다. 별일 아니라는 생각이 들었다.

1973년, 나는 해병대를 전역했고 A사에 들어가 연봉 1만 2,000달러의 좋은 직장을 얻었다. 그리고 디트로이트에 있는 집을 2만 달러에 샀다.

1976년, 나는 현장 개발 매니저로 승진했는데, 이는 시카고로 이사해야 한다는 의미였다. 가족과 친구들을 떠나는 것이 옳은지 확신이 서지 않았다. 어느 일요일 미사에 가서 주님께 이것이 우리 가족을 위한 올바른 선택인지 기도했다. 그때 교회 안내원이 기도하고 있던 내 어깨를 두드리며 나와 아내가 봉헌예식 때 헌금을 제대 앞으로 가져가는 일을 맡아줄 수 있겠느냐고 물었다. 나는 그것을 주님이 내려주신 긍정의 대답이라고 받아들였다.

우리는 디트로이트의 집을 1만 8,000달러에 팔았다. 비싸게 사서 싸게 판 셈이다. 하지만 여전히 약간의 빚이 남아 있었다. 그 빌어먹을 카드 빚을 매달 전부 갚는 게 도무지 되질 않았다. 그래도 급여 저축에는 가입했다. 새로 산 일리노이주 네이퍼빌의 집은 디트로이트 집의 두 배인 4만 달러였고, 당연히 월별 주택담보대출 상환액도 두 배였다. 하지만 내 수입이 두 배로 늘어난 건 아니었다. 매일 시카고 도심까지 통근해야 했지만, 동네 자체는 훌륭했고 오래된 시가지 한가운데 자리한 좋은 공동체였다.

지출은 늘어가는데 수입은 그렇지 않았다. 직장 생활, 동네 생활, 아이들과 관련된 일에서 '남들과 보조를 맞춰야 한다'는 압박을 느꼈다. 급여 저축은 내 소득의 약 5퍼센트, 많아야 6퍼센트 정도였다. 그러던 중 브리짓이 다시 학교에 다니기로 하면서, 나는 처음으로 대학 등록금을 부담하게 되었다.

1979년인가 1980년에 나는 A사를 떠나 B사에서 사무 총괄 매니저로 일하게 되었는데, 연봉이 약 3만 5,000달러로 A사에서 벌던 것보다 1만 달러 이상 올랐다. 좋은 기회처럼 보였지만, 두 명의 회사 소유주와 갈등이 생기면서 1년 만에 끝나고 말았다. 이것이 나의 첫 번째 좌절이었다.

나는 급히 직장을 알아보았고, A사는 나를 다시 받아주었다. 이번에는 광고·판촉 매니저로, 연봉은 2만 7,500달러였다. 회사는 내 근속 연수도 이어주어 퇴직연금 자격을 잃지 않게 해주었다. 나보다 회사가 나에게 더 충실했던 셈이다.

1983년, A사에서 근속 10년, 그리고 퇴직연금 권리 확정까지 몇 달을 남겨둔 시점에, 코네티컷 브리지포트에 있는 C사에서 나를 적극적으로 영입했다. 그들은 나를 마치 왕처럼 대했고, 브리짓과 나는 그 지역이 무척 마음에 들었다. 일은 새로운 도전이었고, 옳은 선택처럼 보였다. 심지어 신이 내린 신호까지 있었다. 이번에는 무지개를 본 것이다.

우리는 네이퍼빌의 집을 6만 달러에 팔았다. 이전보다 좋은 가격이었다. 그 돈을 그대로 코네티컷 뉴타운에 있는 8만 5,000달러짜리 집에 넣었으며, 계약금으로는 2만 달러를 지불했다.

2년 반 뒤, C사는 석면 소송 때문에 파산했다. 끔찍한 일이었다. 하지만 그때 D사에서 일하던 한 친구가 연락을 주었고, C사 관련 사업을 맡는 D사의 부사장 자리를 제안했다. 근무지는 다시 디트로이트였다. 우리는 짐을 싸서 떠났다.

이번에는 미시간주 버밍엄의 고급 주택가에 있는 집을 12만 달러에 샀다. 브리짓은 Z사에서 감사로 일하고 있었는데, D사에서 그녀가 디트로이트로 발령받도록 도와주었다. 우리는 점차 자리를 잡아가고 있었다.

맞벌이로 연간 수입이 거의 9만 달러에 이르렀다. 와! 처음에는 모든 게 순조로웠다. 딸들은 고등학교를 졸업하고 좋은 대학에 진학했다. 하지만 일은 힘들었고, 아내와 나는 서로 얼굴 볼 틈조차 없었다. 게다가 두 아이의 대학 등록금을 감당해야 했다. 그 와중에 부모님 두 분 모두가 2년 사이에 세상을 떠나셨다.

1990년, 브리짓이 이혼을 요구했다. 혼란이 가라앉은 뒤에도 나는 직장을 유지했지만, 집을 팔아야 했고 매입가보다 그다지 많은 돈을 받지는 못했다. 합의금과 변호사 비용을 치르고 나니 내 개인 저축으로 약 2만 4,000달러가 남았다.

그 돈을 네 개의 다양한 머니마켓펀드에 넣어두고 그대로 두었다. 그러던 중 직장에서 새로운 사람을 만났다. 제니퍼였다. 그녀는 나보다 스물세 살이나 어렸다. 우리는 사랑에 빠졌고, 내가 임대한 집에서 함께 살게 되었다. 삶은 다시 즐거워졌다.

하지만 직장에서는 상황이 좋지 않았고, 결국 나는 일을 그만두었다. 제니퍼와 나는 89년식 지프 체로키에 짐을 싣고 미국의 이면도로를 따라 여행을 떠났다. 1992년 한 해를 온전히 캠핑과 배낭여행을 하며 보냈다. 그 모든 경험을 다시 해도 좋을 만큼 멋진 여행이었다.

- **1992~2012년: 두 번째 결혼 생활**

멋진 1년의 휴식을 보낸 뒤, 나는 예전 친구를 통해 볼티모어에서 자동차 부품과 픽업트럭 적재함 보호 커버를 판매하는 일을 얻었다. 제니퍼와 나는 결혼했고, 메릴랜드 토슨에 연립주택을 사서 정착했으며 아들도 낳았다. 모든 일이 잘 풀리는 듯했지만, 상사가 내 연봉 3만 달러를 더는 감당할 수 없다고 말했다.

나는 버지니아 윈체스터에 있는 작은 광고 대행사에서 연봉 4만 달러의 새 일을 찾았다. 토슨의 집을 팔고 직장 근처에서 집을 임대했는데, 이는 좋은 선택이었다. 그 일자리가 고작 1년밖에 지속되지 않았기 때문이다. 그동안 우리는 생활비, 주택 계약금 등 필요한 비용을 충당하기 위해 머니마켓펀드를 하나씩 해지해 사용해왔다.

1995년, 나는 과거 RR사 시절에 알던 고객을 담당하는 일로 오하이오의 E사에서 좋은 새 일자리를 얻었다. 이번 일은 오래갈 거라고 생각해 카야호가 폴스에 괜찮은 집을 샀고, 그곳에서 둘째 아들이 태어났다. 1996년에는 2만 달러의 보너스를 받았고, 은행에 돈도 있었으며, 신용카드 빚도 갚았다. 다만 이제 쉰 살이 된 나는 언젠가 맞이할 은퇴에 대해 걱정하기 시작했다.

우리는 1997년까지 행복하게 지냈다. 그 무렵 나는 U사에서 일하고 있었는데, 어느 날 더 이상 상사와 소유주를 참을 수 없다는 사실을 깨달았다. 다시 일을 찾아 나섰다. 그때 누가 나를 디트로이트로 부르려 했는지 아는가? 바로 예전의 D사였다. 그래서 한 번 더 디트로이트로 갔다. 1998년에는 디트로이트 교외 밀퍼드에 집을 샀는데, 그곳은 내가 평생 가장 오래 살았던 집이 되었다. E사에서 받은 보너스의 남은 금액을 계약금으로 썼다. 모두가 돈을 벌고 있었고, 삶은 만족스러웠다. 제니퍼는 집에서 아들들을 돌보다가 2002년쯤 다시 대학에 갔다. 등록금이 또 늘었지만 우리는 걱정하지 않았다. 집값이 오르고 있었기에 주택을 재융자하기도 했다.

친구가 H사의 사장이 되면서 나를 부사장으로 영입했다. 명예로운 자리였고 수입도 더 많았다. 하지만 그건 불과 2년뿐이었다. 그 친구가 해고되면서 '그의 사람들' 전부가 함께 해고되었다. 나는 2년 동안 실업자가 되었다.

G사를 떠나 F사로 옮길 때, 나는 약 4만 달러의 401(k) 자금을 가지고 갔다. 이후 거기에 5만~6만 달러를 더했고, 이를 대형 투자회사의 자산운용 매니저에게 맡겼다. 그런데 몇 년 만에 그는 약 8만 달러를 날려버렸다. 큰 타격이었다. 그는 계속 시장의 일시적 조정일 뿐이며 곧 회복된다고 말했다(닷컴 붐이 일었다가 붕괴하

는 시기였다). 뭐, 쉽게 온 돈 쉽게 간다고 해야 할까. 전문가의 조언에 감사할 따름이다.

나는 쉰다섯 살이 되었고, 어린 아내와 두 아들이 있었지만, 노후 자금은 없었다. 우리는 내가 은퇴를 위해 따로 모아두었던 돈을 쓰고 있었다.

2년간의 구직 끝에 새로 얻은 일자리가 어디였는지 아는가? 다시 G사였다. 하지만 이번에는 초라한 고객 담당 관리자였다. 벌을 받는 기분이었지만, 열심히 일하며 사업을 키우는 데 이바지했다. 결국 2003년에 다시 부사장으로 승진했고, 연봉은 8만 달러가 되었다. 연간 1,400달러의 주택담보대출을 감당하고, 제니퍼가 학업을 이어가는 데도 충분한 수입이었다.

제니퍼는 2006년에 졸업했고, 그 뒤 어떻게 됐을까? 그녀가 이혼을 신청했다. 그녀는 내 401(k)의 절반을 가져갔고, 나는 집의 절반 지분을 그녀로부터 사들여야 했다. 게다가 변호사 비용까지 들었다. 삶이 꽤 엉망이 되었다.

설상가상으로 2008년에 거품이 터졌다. C사는 파산했고 모든 협력업체를 잘라냈다. 나는 61세가 되었고, 61세의 고객 담당자를 원하거나 필요로 하는 곳은 없었다. 이미 빚을 지고 있었는데 상황은 더 나빠졌다. 집값은 떨어졌고, 팔 수도 없었다.

나는 시간제 일과 실업보험으로 버티다가 마침내 2012년에야 깨달았다. 자존심 강한 늙은 해병 장교가 내려야 할 답은 바로 파산 신청이었다.

나는 62세에 사회보장연금을 받기 시작했다. 65세까지 기다릴 수 없었기 때문이다. 해병 시절의 청력 손실로 매달 132달러의 재향군인청 보상금도 받았다. 또 RR사에서 나오는 매달 400달러의 연금도 있었다.

• **현재: 아스트리드와의 시간**

이제 현재의 삶으로 이어진다. 나는 다시 사랑에 빠졌다. 그녀의 이름은 아스트리드다. 그리고 박물관과 역사 농장에서 역사해설사로 시간제 일을 구했다. 삶은 다시 즐거워졌다. 돈이 없으니, 오히려 그것에 대해 걱정하지 않는 법을 배우게 되었다.

나는 건강하고, 재향군인청 의료 혜택도 있다. 훌륭한 친구와 친척들, 멋진 자녀와 손주들, 야외 활동과 충분한 운동을 할 수 있는 내가 사랑하는 일자리, 머물 집, 그리고 나를 사랑해주는 여인도 있다. 더 무엇이 필요하겠는가?

나는 시간제 일자리, 재향군인청 보상금, 연금, 그리고 사회보장연금을 합쳐 한 달에 약 2,500달러를 번다. 나는 참으로 운이 좋은 사람이다.

이 모든 일을 겪은 뒤, 내가 삶에서 따르는 규칙은 다음과 같다.

1. 진실을 추구하라. 세상에는 속임수가 많다. 무엇이 진실이고 무엇이 거짓인지 알아내는 법을 배워라. 노력이 필요하지만 그만한 가치가 있다.

2. 매일 밖에 나가서 신선한 공기를 마시고 운동을 해라. 긴 산책도 좋다.
3. 사람과 이야기할 때는 반드시 눈을 마주쳐라. 서로에게 신뢰를 심어주고, 상대의 반응을 읽는 법을 배울 수 있다.
4. 사랑하는 이들에게 사랑한다고 말하라.
5. 단순하게 살아라. 헨리 데이비드 소로_{Henry David Thoreau}*의 말이 옳았다. 우리는 이 모든 물건을 저세상에 가져갈 수 없다.
6. 사랑하는 일을 하고, 일에 최선을 다하라. 다만 일을 집으로 가져오지는 마라. 쉴 수 있는 시간이 있어야 한다.
7. 건강하게 먹고, 매일 술을 한잔하되, 어느 쪽도 지나치지 마라.
8. 돈으로 살 수 없는 것들에 감사하라.

톰의 이야기에 대한 내 생각

여기 한 사람이 있다. 그는 재능이 있고, 탄탄한 인맥과 뛰어난 직장 성과를 지녔지만, '의자 뺏기 게임'에서처럼 음악이 멈췄을 때 앉을 의자를 찾지 못한 채 고용주들이 선호하는 나이를 지나 버렸다. 여기에 값비싼 이혼 두 번, 많은 자녀, 재앙에 가까운 자산운용 매니저와의 거래, 2008년 시장 붕괴, 그리고 늘어나는 빚까지 더해졌다. 결국 결승선에 이르렀을 무렵 그의 경제 상황은 무너져 내렸다. 이 정도면 누구라도 술을 찾을 만하다.

---

* 단순한 삶을 실천한 미국의 철학자이자 수필가.

많은 사람이라면 이런 상황에서 불평과 한탄의 늪에 빠져 허우적댔을 것이다. 그러나 톰은 그 모든 일을 가볍게 털어내며 밝게 앞으로 나아간다. 톰은 인생에서 진정으로 중요한 것이 무엇인지 알고 있다. 건강, 사랑하는 가족들과 훌륭한 친구들, 즐길 수 있는 일자리, 안락한 집, 그리고 자신을 사랑해주는 배우자.

내 생각에 그가 이 모든 것을 가진 이유는 바로 그의 태도 덕분이다. 톰은 곁에 두고 싶은 사람이다. 친구로서도, 직원으로서도, 그리고 아름다운 아스트리드의 경우처럼 연인으로서도 말이다.

그는 풍부하고 다채로운 삶을 살아왔다. 그 삶은 작은 연금, 약간의 재향군인 보상금, 그리고 사회보장연금을 남겼다. 그 과정에서 그는 물질적 풍요가 그다지 중요하지 않다는 사실을 배웠다. 그리고 더 이상 물질에 가치를 두지 않게 되면, 좋은 삶을 사는 데 드는 비용은 그리 많지 않다는 것도 알게 된다.

앞으로 4퍼센트 규칙이 제대로 작동할지, 혹은 은퇴 준비를 늦게 시작한 건 아닌지 걱정된다면 톰의 이야기를 떠올려보라. 물론 미래를 위해 계획하고, 저축하며, 투자하는 일은 반드시 필요하다. 그러나 진정한 안전은 정신적 강인함, 충격을 받아도 버텨내는 힘, 그리고 생활 방식을 유연하게 바꾸는 능력에서 비롯된다는 점을 명심해야 한다.

20
내 돈의 최고관리자는 바로 나다

남의 돈을 관리하는 일은 매우 거대한 사업이며, 그 일을 하는 사람들에게는 대단히 수익성 높은 사업이다.

투자와 자산 관리는 많은 사람에게 대단히 어렵고 부담스럽게 느껴지기에, 그만큼 뚜렷한 수요도 존재한다. 금융 문제라는 것이 워낙 복잡해 보이다 보니, 많은 이들이 전문가에게 맡겨 더 나은 결과를 얻기를 바라는 것은 놀라운 일이 아니다. 그러나 불행하게도 대부분의 자문가는 더 나은 결과를 내지 못한다.

투자가 복잡해 보이는 이유는 금융 업계가 그렇게 보이도록 온갖 노력을 기울이기 때문이다. 물론 실제로 복잡한 투자 상품도 많다. 하지만 이제 알다시피, 단순한 인덱스 투자는 훨씬 더 간단할 뿐 아니라 훨씬 더 효과적이기도 하다.

자문가들은 아무리 좋게 봐줘도 돈이 너무 많이 들고, 나쁘게 보면 사기를 친다. 믿기 어렵다면 버니 메이도프$_{\text{Bernie Madoff}}$*를 검색해보라. 그들에게 조언을 구하고자 한다면 신중히 하고, 절대로 통제권을 넘겨주지 마라. 그 돈은 당신의 돈이며, 그 누구도 당신만큼 그것을 아껴주지 않는다. 많은 이들이 그 돈을 자기 것으로 만들기 위해 애쓸 것이다. 그렇게 두지 마라.

내가 말하는 투자자문가에는 자산운용사, 투자 매니저, 중개인, 그리고 재무설계사인 척 가장하는 보험판매원 등을 포함한다. 요컨대 남의 돈을 관리함으로써 돈을 버는 자들은 모두 해당한다.

물론 정직하고 성실하며 부지런히 일하면서, 자기 이익보다 고객의 이익을 앞세우는 자문가들도 있을 것이다. 사실 나는 그런 자문가들이 정말로 존재하는지는 잘 모르겠다. 하지만 혹시나 소수의 그런 사람들이 있을지 모르니, 공정함을 위해 이렇게 언급해두는 것이다.

문제는 다음과 같다.

1. 구조적으로 설계상, 자문가의 이익과 고객의 이익은 서로 충돌한다. 단순하고 저비용이며 효율적인 투자보다 복잡하고 수수료가 많이 붙은 투자 상품을 팔 때 훨씬 더 많은 돈을 벌 수 있기

---

* 역사상 최대 규모의 금융 사기를 저지른 인물로 2008년 금융위기 때 사기 행각이 드러났다.

때문이다. 고객에게 최선인 일을 하려면, 자문가 자신에게 최선이 아닌 일을 해야 한다. 이런 방식으로 행동하는 사람은 극히 드물고 거의 성인군자에 가깝다. 그러나 자산 관리는 그런 성인군자의 소명이 아닌 듯하다.

2. 선의에서 나온 잘못된 조언이 이 업계 전반에 만연하다. 고객의 이익을 자신의 이익보다 앞세우는 자문가는, 조 랜스데일Joe Lansdale이 소설 《어두운 물의 가장자리Edge of Dark Water》에서 쓴 표현을 빌리자면 "세례받은 방울뱀보다도 더 희귀하다"고 할 수 있다. 게다가 그런 사람을 찾았다 해도 그가 유능한 사람인지는 알 수 없다.

3. 자문가들은 고객에게 가장 좋은 투자가 아니라, 가장 높은 수수료와 운용보수를 지급하는 투자를 선호한다. 실제로 많은 경우, 자문가들은 소속된 회사로부터 이런 종류의 투자 상품을 팔도록 강요받는다. 이러한 투자는 본질적으로 매수 및 보유 비용이 비싸다. 그리고 매수와 보유 비용이 비싼 투자는 본질적으로 나쁜 투자다.

4. 사람들의 평생 저축에 접근할 수 있는 이 분야가 사기꾼, 도둑, 협잡꾼들을 끌어들이는 것은 전혀 놀라운 일이 아니다.

투자자문가들이 어떻게 돈을 버는지, 그리고 그 방식들이 어떻게 고객에게 불리하게 작용하는지 살펴보자. 여기서 말하는 대상은 노골적인 사기꾼이 아니라, 정식으로 활동하는 투자자문가들이다. 이들이 돈을 버는 데에는 일반적으로 세 가지 방식이 있다.

1. 수수료

고객이 투자 자산을 매수하거나 매도할 때마다 자문가는 돈, 즉 수수료를 받는다. 여기서 남용의 소지가 뻔히 보이고, 이해 상충이 극명하게 드러난다. 뱅가드 펀드를 살 때는 수수료가 전혀 부과되지 않는다. 하지만 아메리칸 펀드를 비롯한 다른 펀드들은 상당한 수수료를 부과한다. 일반적으로 낮은 투자 금액일수록 약 5.75퍼센트 수준이며, 이 돈은 고스란히 자문가의 주머니로 들어간다. 즉, 1만 달러를 투자한다면 실제로 당신을 위해 굴러가는 돈은 9,425달러에 불과하고, 나머지 575달러는 자문가의 몫이다. 흠, 과연 그가 어떤 상품을 추천할지 뻔하지 않은가?

어떤 펀드는 판매한 자문가에게 연 1퍼센트의 지속적인 운용보수를 제공한다. 이는 곧, 펀드를 보유하는 동안 단 한 번이 아니라 매년 수수료를 내야 한다는 뜻이다. 자문가들이 이런 상품을 선호하는 것도 당연하다. 종종 이러한 연보수와 수수료가 같은 투자 상품 안에 동시에 붙어 있기도 하다.

게다가 이러한 펀드들은 대개 적극적으로 운용되는 상품이어서, 높은 총보수율을 지니고 있다. 그 결과, 우리가 손쉽게 직접 살 수 있는 단순하고 저비용인 인덱스펀드보다 성과가 뒤처질 수밖에 없는 것은 당연하다.

이 모든 비용이 어떻게 누적되는지 생각해보라. 5.75퍼센트의 수수료에 1퍼센트의 운용보수, 여기에 0.75퍼센트의 총보수율까지 합치면, 시작부터 자본의 7.5퍼센트를 내주는 셈이다. 이는 단순히 영원히 잃는 돈일 뿐 아니라, 앞으로 수십 년 동안 그 돈이 벌어다 줄 수 있었던 수익까지 잃게 되는 것이다. 이를 VTSAX의 0.04퍼센트 총보수율과 비교해보라. 기가 막히지 않은가!

보험 상품은 수수료가 가장 높은 축에 속한다. 이 때문에 자문가들이 가장 적극적으로 추천하는 상품이 되며, 동시에 고객으로서는 가장 비용이 많이 드는 상품 중 하나다. 연금보험과 종신·유니버설 생명보험은 수수료가 무려 10퍼센트에 달하기도 한다. 더 나쁜 것은, 이 수수료가 투자 구조 안에 숨겨져 있어서 고객이 직접 확인할 수 없다는 점이다. 이런 사기가 어떻게 합법일 수 있는지 이해할 수 없지만, 실제로는 합법이다.

헤지펀드와 사모투자는 운용자들과 판매자들을 부유하게 만들 뿐이다. 투자자들에게는? 글쎄…. 가끔은 그럴 수도 있겠지만, 대체로는 아니다.

버니 메이도프를 기억하는가? 사람들은 그에게 돈을 맡아달라고 애원했다. 그의 이력은 흠잡을 데 없었고, 실적 또한 완벽해 보였다. 오직 '최고'의 투자자문가들만이 그의 투자에 고객을 참여시킬 수 있었고, 메이도프는 자문가들에게 그 대가를 후하게 지급했다. 물론 자문가들의 고객들 역시 그 비용을 자문가들에게 지급했다. 그리고 결과는? 참담했다.

이 모든 것으로도 부족하다면, 당신이 주의를 기울이지 않는 사이에 '과당매매'를 통해 더 많은 돈을 빼앗길 수도 있다. 과당매매란 중개인이나 자문가가 수수료를 챙기기 위해 투자 상품을 빈번하게 사고파는 행위를 뜻한다. 이는 불법이다. 그러나 대개 '자산 배분 조정'이라는 명목으로 손쉽게 위장된다.

2. 운용보수

수수료 기반 모델의 남용이 만연해지자, 최근에는 고정 운용보수를 부과하는 방식이 점점 인기를 끌고 있다. 이 보수는 보통 고객 총자산의 1~2퍼센트 수준이며, 보다 객관적이고 '전문적'인 접근처럼 포장된다. 그러나 이 풀숲에도 뱀이 도사리고 있다.

첫째, 연 1~2퍼센트의 운용보수는 자산 성장에 큰 걸림돌이 되며, 은퇴 후 그 자산을 가지고 생활할 때는 소득을 갉아먹는다. 투자 수익은 그 자체로 소중한데, 이 모델에서는 자문가가 가장 알짜배기를 걷어가는 셈이다.

가령 10만 달러의 종잣돈이 있다고 해보자. 이는 자문가가 관심을 가지는 최소한의 금액쯤 된다. 이 돈을 20년 동안 투자하여 연 12.2퍼센트의 이익을 거둔다고 가정해보자. 앞서 살펴본 바와 같이, 이는 1975년 이후의 평균 연수익률이다. 그 결과는 99만 9,671달러다.[1] 꽤 괜찮다. 그런데 만약 매년 이 수익에서 2퍼센트를 운용보수로 내준다면 어떻게 될까? 순수익률은 이제 10.2퍼센트가 되고, 20년 뒤의 결과는 69만 7,641달러에 그친다. 무려 30만 2,030달러나 줄어들었다. 아찔하지 않은가? 단순히 매년 2퍼센트를 내준 것만이 아니라, 그 돈이 20년 동안 복리로 불어났을 수익까지 모두 잃는 것이다. 다시 강조하지만, 이는 매우 중대한 문제다.

둘째, 여전히 이해 상충의 문제가 존재한다. 자산총액 기반 모델에서는 수수료 기반 모델만큼 노골적이지는 않지만, 문제가 여전히 남아 있다. 예를 들어 20만 달러의 주택담보대출을 상환할지 고민하고 있다고 해보자. 혹은 자녀가 학자금 대출을 부담하지 않도록 20만 달러를 대학 학비로 내줄지 고려할 수도 있다. 많은 경우 자문가들은 그렇게 하지 말라고 조언한다. 당신에게는 상황에 따라 좋은 조언일 수도, 나쁜 조언일 수도 있다. 그러나 자문가에게는 언제나 좋은 조언이다. 고객의 20만 달러가 투자금으로 쓰여야 매년 2,000~4,000달러의 수수료를 벌 수 있기 때문이다.

셋째, 압도적으로 많은 자문가는 시장 수익률을 밑도는 바람에 당신에게 더 큰 비용을 떠안긴다. 그들이 주로 선택하는 액티브펀드들은 인덱스에 비해 한참 못 미치는 성과를 내기 때문이다. 극히 드물게 그렇지 않은 펀드를 고를 만큼 운이 좋았는지 아닌지는 20년쯤 지나야 알 수 있을 것이다.

3. 시간당 수수료

많은 자문가가 이 모델을 달가워하지 않는다. 고객이 자문가와 함께 보내려는 시간을 제한하는 경향이 있다는 이유에서다. 그것도 일리가 있지만, 사실은 수수료나 연간 보수로 벌 수 있는 돈에 맞먹으려면 엄청난 시간을 들여야 하기 때문이다.

또한 자문가들은 고객들이 수수료나 보수가 제하고 나가는 것을 잘 알아차리지 못하기 때문에 이의를 제기할 가능성이 작다고 말한다. 반면 시간당 요금은 비용 효율적일 때조차도 직접 수표를 끊고 돈이 실제로 자기 손에서 빠져나가는 것을 확인한다. 이는 고객에게 불편한 일이 되고, 자문가에게는 곧 수입 감소를 의미한다. 그런데 고객 처지에서야 그리 나쁜 일은 아닌 듯하다.

그럼에도 정말로 조언이 필요하다면 이 방식이 가장 단순 명료한 지급 방법이다. 다만, 비용은 만만치 않다. 시간당 200~400달러 이상은 흔한 수준이다. 속임수를 당할 가능성은 줄어들겠지만, 그 조언이 당신의 재정에 실제로 좋은 것인지 나쁜 것인지는 여전히 알 수 없다.

4. 3가지 방식의 혼합형

자문가가 이 마지막 방식을 쓰고 있다면, 그것은 아마도 당신을 위한 것이 아닐 가능성이 크다.

그렇다면 좋은 자문가를 고르는 방법에 대한 내 조언은 무엇일까? 나도 모르겠다. 그건 아마도 승률 높은 주식이나 적극적 운용펀드를 고르는 것보다도 더 어려운 일일 것이다.

자문가는 자신이 추천하는 투자 상품만큼만 가치가 있다. 그런데 그들이 추천하는 것은 대개 이 책에서 권하는 인덱스펀드가 아닌 액티브펀드다. 그렇다면 그런 펀드들이 얼마나 자주 시장을 능가할까?

8장에서 보았듯이 그런 경우는 극히 드물다. 연구 결과에 따르면, 특정 연도에 시장을 능가하는 펀드는 17퍼센트에 불과하며, 30년의 기간으로 보면 그 비율은 1퍼센트 이하로 떨어진다. 통계적으로 보자면 이는 반올림 오류나 다름없는, 단순한 잡음일 뿐이다. 이것이 바로 당신이 비싼 돈을 주고 고용한 자문가가 팔고 있는 투자 상품이다.

초보 투자자라면, 선택지는 두 가지다.

1. 자문가를 고르는 법을 배운다.
2. 스스로 투자 상품을 고르는 법을 배운다.

두 경우 모두 노력과 시간이 필요하다. 그러나 두 번째 길은 더 나은 결과를 제공할 뿐 아니라, 더 쉽고 저렴하다. 바라건대 이 책이 그 길을 보여주고 있기를 바란다. 성공적인 투자의 가장 큰 아이러니는 단순할수록 더 저렴하고 더 수익성이 높다는 점이다. 복잡한 투자는 그것을 파는 사람들과 회사만 이롭게 할 뿐이다.

어떤 누구도 당신만큼 당신의 돈을 잘 돌보지 못한다는 것을 명심하라. 자문가를 고르는 데 드는 노력보다 더 적은 노력으로 당신은 스스로 자금을 관리하는 방법을 배울 수 있다. 비용은 더 적게 들고, 결과는 더 좋을 것이다.

3부

시장의 소음을 차단하고 중심을 잡는 법

지혜는 경험에서 온다.
그리고 경험은 종종 지혜의 결핍에서 비롯된다.
—**테리 프래챗**(Terry Pratchett)

21
잭 보글, 그리고 인덱스펀드에 대한 비판

아직 아무도 내게 그런 질문을 한 적은 없지만, 만약 누군가 내 개인 자산의 성장을 가장 크게 방해한 요인이 무엇이었냐고 묻는다면, 부끄럽지만 바로 나 자신이었다고 대답해야 할 것이다. 나는 오랫동안 인덱스 투자 개념을 완강히 거부했던 것이다. 사실 인덱스 투자에 반대하는 주장을 들을 때면 내 머릿속에서는 내 과거의 목소리가 울린다. 그 모든 주장을 내가 너무 자주, 그리고 너무 오랫동안 되풀이했기 때문이다.

그렇다면 왜 일부 사람들은 인덱스 투자라는 개념에 그렇게 강한 거부감을 보이는 걸까? 먼저 그 배경부터 살펴보자.

잭 보글은 1974년에 뱅가드 그룹을 설립했다. 그는 현대적인 저비용 인덱스펀드의 창시자이자 개인적으로 내가 존경하는 인물이다. 부자가 되고 경제적으로 독립하기를 바란다면, 당신 역시 그를 영웅으로 여겨야 한다.

보글 이전의 금융 산업은 거의 전적으로 고객의 이익을 희생하면서 금융 상품을 판매하는 사람들을 부유하게 만드는 구조였다. 그리고 사실 지금도 대부분 그렇다.

그러다 보글이 등장했다. 그는 업계의 종목 선택과 투자 조언이 기껏해야 무가치하고, 최악의 경우 해롭기까지 하며, 언제나 부의 성장을 가로막는 비싼 짐에 불과하다는 사실을 폭로했다. 당연하게도 월스트리트는 이에 분노하며 그를 끊임없이 비난했다.

보글은 이에 대응해 최초의 S&P 500 인덱스펀드를 만들었다. 그의 새로운 펀드가 실제 시장에서 그의 이론을 입증해 보였음에도, 업계의 울부짖음과 이를 가는 소리는 멈추지 않았다.

세월이 흐르고 증거가 쌓여갈수록 보글을 비난하던 사람들의 목소리는 점점 약해졌다. 아마도 그들의 주장이 점점 우스꽝스럽게 들리기 시작했기 때문일 것이다. 다른 펀드회사들 역시 투자자들이 의심스러운 성과에 높은 수수료를 지급하려 하지 않음을 깨닫고, 고객 이탈을 막기 위해 자체적으로 저비용 인덱스펀드를 내놓기 시작했다. 하지만 나는 그들의 진심이 거기에 있다고 믿은 적이 없다. 그래서 내 돈은 지금도 뱅가드에 두고 있다.

뱅가드의 기본 개념은 투자회사의 이익이 투자자의 이익과 일치해야 한다는 것이다. 이는 당시로서는 매우 혁신적인 발상이었다. 18장에서 살펴본 것처럼, 뱅가드는 독특한 소유 구조로 되어 있다. 회사는 펀드들에 의해 소유되고, 그 펀드들은 다시 펀드 투자자들이 소유한다. 뱅가드에는 외부 주주나 소유주가 존재하지 않는다. 따라서 이들의 이익은 일반 투자자의 이익과 뗄 수 없게 연결되어 있다.

인덱스 투자의 기본 개념은 투자자가 시장을 능가하는 개별 종목을 선정할 확률이 극히 낮으므로, 차라리 특정 지수에 포함된 모든 주식을 사들이는 편이 더 나은 결과를 보인다는 것이다. 이 개념은 당시 거센 조롱을 받았고, 지금도 일부에서는 여전히 비웃음의 대상이 되고 있다.

하지만 지난 40여 년 동안 보글의 사상이 옳았다는 것이 끊임없이 입증됐다. 그에 따라 인덱스펀드에 투자되는 자금 규모는 꾸준히 증가해왔다. 역사상 가장 성공한 투자자로 꼽히는 워런 버핏조차도 자신이 세상을 떠난 뒤 아내의 신탁 자산은 인덱스펀드에 투자하라고 공개적으로 권한 바 있다.

버크셔 해서웨이의 2013년 연례 주주 서한에서 버핏은 이렇게 썼다. "내 조언은 이보다 더 단순할 수 없습니다. 현금의 10퍼센트는 단기 국채에, 나머지 90퍼센트는 매우 저비용의 S&P 500 인덱스펀드에 투자하길 바랍니다(뱅가드를 추천합니다). 나는 이런 방식으로 운용한 신탁의 장기 수익이 고액의 수수료를 받는 펀드매니저들에게 자금을 맡긴 대부분 투자자, 즉 연기금, 기관, 개인보다 더 뛰어날 거라고 믿습니다."

이처럼 명확한 증거가 쌓이고 있는데도, 왜 여전히 인덱스 투자 개념을 비난하는 사람들이 있을까? 11장에서 보았듯, 그 근본적인 이유는 인간의 탐욕, 심리, 그리고 돈 문제로 귀결된다.

요약하자면, 액티브펀드와 펀드매니저들이 사라지지 않는 이유는 너무나 많은 돈이 걸려 있고, 인간의 심리가 그만큼 약하기 때문이다. 실제로 인덱스 투자는 점점 더 널리 받아들여지고 있음에도, 이 글을 쓰는 시점 기준으로 약 7,000개의 뮤추얼펀드가 존재한다. 비교를 위해 말하자면, 이 펀드들이 투자할 수 있는 미국 상장 기업은 약 4,000개에 불과하다. 그렇다, 제대로 읽은 것이다. 2부에서 살펴본 것처럼, 투자 대상인 주식보다 주식형 펀드의 수가 더 많다.

월스트리트는 끊임없이 새로운 금융 상품과 판매 전략을 만들어낸다. 그러면서도 실패한 상품들은 조용히 체계적으로 폐기해 자신들의 실적이 더 좋아 보이게 만든다. 하지만 착각하지 말자. 그들의 목표는 언제나 당신의 이익이 아니라 자기들의 주머니를 채우는 데 있다.

내 조언은 이렇다. 보글이 만든 회사와 인덱스펀드를 활용하고, 당신의 몫은 스스로 지켜라.

22
시장을 이길 수 있다는 오만을 버려라

기분 나빠할 필요 없다. 앞서 보았듯이 대다수 전문가도 마찬가지다.

인덱스 투자와 액티브 운용의 논쟁은 언제나 흥미롭다. 적어도 할 일이 없는 주식 마니아들인 우리에게는 말이다. 수십 년 동안 나는 이 논쟁의 양쪽 편에 서 있었다. 오랫동안 나는 인덱스 투자자들을 비웃었다. 가능한 모든 반론을 내세웠고, 거기에 덧붙이기도 했다. 어쨌든 눈에 보이는 형편없는 종목들만 피하면 평균 이상의 성과를 낼 수 있다고 생각했으니까. 하지만 앞 장에서 보았듯 그게 그렇게 간단한 일이 아니었다. 그래도 1989년 여름까지 나는 여전히 이 게임에서 이길 수 있다고 확신하고 있었다.

출장을 마치고 돌아오는 비행기에서 나는 우연히 한 투자 리서

치 회사에 다니는 사람 옆자리에 앉게 되었다. 비행기가 착륙할 무렵, 그는 내게 자신이 다니는 회사에 지원해보라고 제안했고, 내 부탁에 세 가지 주식 정보를 알려주었다. 나는 무작위로 하나를 골라 매수했다. 그 후 몇 주 동안 그 주식은 세 배로 뛰었고, 그 시점에서 나는 큰 폭의 연봉 삭감을 감수하고 그 회사로 이직했다. 경력 중반의 대전환이었다. 급여 따위가 무슨 상관이랴. 진짜 돈은 정보의 흐름 속에 있을 텐데.

그곳에서 나는 회사가 고용한 매우 영리한 애널리스트들로 둘러싸여 있었다. 그들은 각각 한두 개 산업에 집중했고, 그 안에서도 6~10개 남짓한 기업과 그 주식들을 분석했다. 그중에는 업계 전문지로부터 '올해의 애널리스트'로 선정된 사람도 여럿 있었다. 이들은 자신들의 분야에서 최고 수준에 오른 사람들이었다.

그들은 각 산업과 그 안의 기업들을 속속들이 알고 있었다. 최고경영진은 물론 중간관리자와 현장 직원들까지 모두 잘 알았다. 고객도 알고, 공급업체도 알고, 심지어는 접수 담당자까지 알고 있었다. 그들은 이 모든 사람과 매주, 때로는 매일 연락을 주고받았다.

그들은 다른 누구보다 먼저 중요한 정보를 입수하지는 못했다. 그건 내부자 거래로 불법이었기 때문이다. 그러나 그들은 그런 정보가 언제, 어떤 방식으로 공개될지는 정확히 알고 있었다. 물론 전 세계의 유능한 애널리스트들 역시 마찬가지였다. 새로운 정보는 몇 초 만에 주가에 반영되었다.

그들은 기관투자자 고객들이 거액을 지급하며 구독하는 보고서를 작성했다. 그럼에도 주가의 향방을 정확히 예측하는 일은 여전히 답답할 만큼 손에 잡히지 않았다.

대기업에서 일해본 사람이라면 그 이유를 쉽게 이해할 수 있을 것이다. CEO와 CFO는 내부에서 만든 전망치를 바탕으로 업무를 진행한다. 그 과정은 대략 다음과 같다.

영업사원들은 고객이 얼마나 지출할지를 예측해야 한다. 하지만 이러한 구매는 대부분 사전에 확정되지 않으며 언제든 취소될 수 있어서, 사실상 아무것도 확실하지 않다. 여기에 성사될 수도, 무산될 수도 있는 잠재 거래까지 더해지면, 결국 현장 영업사원에게 미래를 예측하라는 셈이 된다. 당연히 그들에게 예지력이 있을 리 없다. 그러니 결국은 추측에 의존할 수밖에 없다.

이러한 추측은 상사에게 전달된다. 하지만 상사 역시 예지력이 있는 것은 아니며, 자신만의 예측과 판단을 내려야 한다. 그는 고민한다. 이 영업 예측을 있는 그대로 믿어야 할까? 아니면 낙관적인 팀원과 항상 비관적인 팀원의 성향을 고려해 조정해야 할까? 결국 그들 역시 추측을 보태어 다음 단계의 경영진에게 전달한다.

이렇게 해서 본질적으로 알 수 없는 미래에 대한 수많은 추측이 차곡차곡 쌓여, 보기 좋게 포장된 예산·전망 보고서 형태로 최고경영진 앞에 제출된다. 대체로 경영진은 서류를 한 번 훑어본 뒤 이렇게 말한다. "이건 받아들일 수 없군. 이런 전망을 월스트리트에 내놓을 순 없어. 좀 더 긍정적인 결과가 필요해. 숫자를 다시 수정하게." 그러면 보고서는 다시 아래로 내려가고, 그런 일이 한두 번으로 끝나지 않는다. 그때마다 숫자는 현실에서 한 걸음씩 멀어져간다.

미래를 예측하는 일은 가장 뛰어난 예언가에게조차 위험천만한 일이다. 게다가 그들에겐 이런 복잡한 보고 절차 같은 것도 없다.

그 순간 비로소 내 안에 있던 주식 선정의 오만함이 명확히 보였다. 고작 몇 권의 책과 10-K 연차 보고서*를 읽는 것으로 우위를 점할 수 있다고 생각했단 말인가? 그것도 하루 종일, 매일같이 이 일에 몰두하는 전문 애널리스트들뿐 아니라, 해당 기업을 실제로 운영하는 경영진들보다 더 잘할 수 있다고? 그들이 해내지 못한 일을 내가 해낼 수 있다고 믿었던 걸까?

그제야 나는 깨달았다. 왜 이른바 스타 펀드매니저들조차 시간이 지나면 단순한 인덱스 수익률을 이기기가 거의 불가능한지를 알게 되었다. 그리고 왜 직접 매매보다 매매를 중개하는 쪽에서 훨씬 더 많은 부가 창출되는지도 알게 되었다.

나는 누구나 주식 가치 평가에 관한 책 몇 권만 읽으면 버핏과 같은 성과를 낼 수 있다는 흔한 주장에 진저리가 난다. 그중 가장 뛰어난 책은 아마 버핏의 멘토였던 벤저민 그레이엄이 쓴 《현명한 투자자》일 것이다. 훌륭한 책이며, 주식 분석에 관심이 있다면 반

---

*   미국 증권거래위원회에 제출되는 기업의 연간 보고서.

드시 시간을 내어 읽어볼 만하다.

하지만 기억해야 할 점이 있다. 그레이엄이 그 책을 쓴 것은 1949년으로, 잭 보글의 첫 인덱스펀드가 등장하기까지는 아직 25년이나 남아 있던 시기였다. 당시에는 액티브 운용형 뮤추얼펀드조차 드물었다. 따라서 개별 주식을 분석하고 선별하는 능력은 그때에는 훨씬 더 필요하고 유용한 기술이었다. 그러나 1950년대 초부터 그레이엄은 인덱스 투자 개념에 점차 호의적인 태도를 보였고, 1970년대 중반에 이르면 인터뷰에서 그 가치를 전적으로 인정하고 있었다.

개인 투자자가 손쉽게 시장을 이길 수 있다는 생각은, 나의 아버지의 표현을 빌리자면, 허튼소리다. 그것도 위험한 허튼소리다. 수십 년 동안 수많은 사람이 시도해왔지만, 여전히 세상에는 단 한 사람의 워런 버핏만 존재한다. 이렇게 생각해보자.

무하마드 알리를 기억하는가? 그는 당시 복싱계의 워런 버핏이었다. 당신과 나는 그의 훈련 방식을 따라 하고, 어쩌면 그의 트레이너인 안젤로 던디Angelo Dundee를 고용해 기술을 배울 수도 있을 것이다. 아무튼 그렇게 최상의 몸을 만들고, 철저히 연구한 끝에 복싱을 완전히 익혔다고 치자. 그렇다면 이제 조 프레이저Joe Frazier나 조지 포먼George Foreman, 아니면 소니 리스턴Sonny Liston과 링 위에서 맞붙을 수 있겠는가?

나는 아니다. 나는 알리도, 워런 버핏도 아니다. 당신도 마찬가지다. (물론 정말 그럴 수 있는 분이라면, 내 책을 사주셔서 감사하다!) 지난 장을 읽었다면 워런 버핏이 개인 투자자에게 무엇을 권하는지 이미 알고 있을 것이다. 바로 저비용의 광범위 분산 인덱스펀드다. 그레이엄이 아직 살아 있었다면 역시 같은 조언을 했을 것이다.

그럼에도 불구하고 만약 당신이 평균을 넘어서는 수익을 내보겠다고 마음먹었다면, 행운을 빈다. 어쩌면 당신은 나보다 더 똑똑하고 재능이 있을지도 모른다. 외모는 분명 더 나을 것이다. 머지않아 워런의 이름 옆에서 당신의 이름을 보게 되길 바란다. 라스베이거스에서 만난 사람 중에도 자신은 카지노를 상대로 이긴 적이 있다고 장담하는 이들이 있었다. 나는 그들의 말을 들으며 수십억 달러 규모의 카지노 건물을 올려다본다. 그리고 나보다 더 똑똑하고, 더 재능 있고, 더 잘생긴 사람들이 세상에 얼마나 많은지를 곰곰이 생각한다.

잊지 마라. 겸손은 목숨과 돈을 모두 지켜주는 강력한 미덕이다.

23
정액분할투자를 권하지 않는 이유

인생의 어느 시점에서는 상당한 금액의 현금을 가지고 어떻게 투자해야 할지 고민하는 즐거운 딜레마에 놓일 수도 있다. 상속을 받았을 수도 있고, 다른 자산을 매각해 얻은 돈일 수도 있다. 출처가 무엇이든 간에 그 돈을 한꺼번에 투자하는 일은 5장에서 살펴보았듯이 꽤 두렵게 느껴질 수 있다.

시장이 맹렬한 상승장에 들어 매일 새로운 최고치를 경신하고 있다면, 그 가격이 터무니없이 비싸 보일 수도 있다. 반대로 시장이 급락 중이라면, 어디까지 더 떨어질지 알 수 없어 투자가 두려워질 것이다. 결국 명확한 신호를 기다리며 망설이다가 손만 쥐어짜게 될 위험이 있다. 하지만 지금까지 읽어온 독자라면 알겠지만, 그런 명확한 순간은 절대 오지 않는다.

가장 흔히 권장되는 방법은 '정액분할투자'라 불리는 전략으로, 천천히 시장에 진입하는 것이다. 시장이 폭락하더라도 손실을 어느 정도 피할 수 있다는 발상이다. 하지만 나는 이 방법을 선호하지 않는다. 그 이유는 곧 설명하겠지만, 먼저 정액분할투자가 정확히 무엇인지부터 살펴보자.

정액분할투자란 현재 가진 목돈을 일정한 금액으로 나누어 오랜 기간에 걸쳐 정해진 시점마다 나누어 투자하는 방식을 말한다. 가령 12만 달러를 VTSAX에 투자하려 한다고 가정해보자. 지금까지 이 책을 읽어왔다면, 시장이 변동성이 크다는 사실을 이미 알고 있을 것이다. 시장은 언제든, 그리고 때때로 극적으로 폭락할 수 있다. 따라서 12만 달러를 투자한 바로 다음 날 그런 일이 일어날 수도 있다는 점도 알고 있을 것이다. 가능성은 작지만, 그렇게 된다면 정말 끔찍한 하루가 될 것이다. 그래서 한 번에 전액을 투자하는 대신 정액분할투자를 택해 그 위험을 없애기로 한다고 치자. 그 방식은 다음과 같다.

먼저 12만 달러를 투자할 기간을 정한다. 예를 들어 향후 12개월로 설정한다고 하자. 그다음 이 금액을 12로 나누어 매달 1만 달러씩 투자한다. 이렇게 하면 첫 투자 직후 시장이 폭락하더라도, 앞으로 11번의 투자 기회가 남아 있으니 더 좋은 시점에 투자할 수도 있다. 그럴듯하게 들리지 않는가?

물론 한꺼번에 투자하는 데 따르는 위험은 줄일 수 있다. 하지만 이 방법이 효과가 있으려면, 시장이 하락하고 12개월 동안 매입한 주식의 평균 단가가 첫 투자일의 주가보다 낮게 유지되어야 한다. 만약 시장이 상승한다면 오히려 손해를 보게 된다. 즉, 투자 직후 시장이 하락할 위험은 피할 수 있지만, 그 대신 정액분할투자를 하는 동안 시장이 계속 상승해 더 비싼 가격에 주식을 사게 되는 위험을 떠안는 셈이다. 그렇다면 두 위험 중 어느 쪽이 더 가능성이 높을까?

1부와 2부를 주의 깊게 읽었다면, 시장은 언제나 장기적으로 상승하지만, 그 과정이 매우 요동친다는 사실을 이미 알고 있을 것이다. 또 하나 알아야 할 점은, 시장은 하락할 때보다 상승할 때가 훨씬 더 많다는 것이다. 1975년부터 2024년까지 50년 동안 시장은 그중 41년, 즉 82퍼센트의 기간 동안 상승했다.[1]

이쯤 되면 내가 정액분할투자 방식을 그다지 좋아하지 않는 이유를 짐작할 수 있을 것이다. 그래도 이유를 정리해보자.

1. 정액분할투자를 선택한다는 것은 시장이 하락할 것이라고 베팅하는 셈이다. 손실을 피하려는 시도지만, 어느 한 해에 실제로 그런 일이 일어날 확률은 약 18퍼센트에 불과하다.

2. 그러나 시장이 상승할 확률은 약 82퍼센트로 훨씬 더 높다. 이런 경우에는 손실이 아니라 수익을 놓치게 된다. 매달 투자할 때마다 점점 더 비싼 가격에 주식을 사게 되는 것이다.

3. 정액분할투자를 선택한다는 것은 본질적으로 지금 시장이 너무 높아서 한꺼번에 투자할 수 없다고 말하는 것과 같다. 다시 말해 시장의 움직임을 예측하려는 시장 타이밍의 영역으로 들어서는 것이다. 그런데 앞서 살펴보았듯 그것은 결국 패자의 게임이다.

4. 정액분할투자는 자산 배분을 뒤틀어놓는다. 처음에는 투자되지 않은 현금을 과도하게 보유한 채 대기하게 된다. 만약 그것이 의도된 자산 배분 전략이라면 괜찮다. 하지만 그렇지 않다면, 정액분할투자를 선택함으로써 자산 배분의 구조 자체를 근본적으로 바꿔버렸다는 점을 이해해야 한다.

5. 정액분할투자를 선택할 때는 투자 기간도 정해야 한다. 시장은 시간이 지날수록 상승하는 경향이 있으므로, 기간을 1년처럼 길게 잡으면 투자하는 동안 더 비싼 가격에 주식을 사게 될 위험이 커진다. 반대로 기간을 짧게 잡으면, 애초에 정액분할투자를 할 이유 자체가 사라진다.

6. 마지막으로, 정액분할투자 기간이 끝나 전액을 투자하게 된 이후에도 바로 그다음 날 시장이 폭락할 위험은 여전히 존재한다.

그렇다면 대신 어떻게 해야 할까? 2부에서 제시한 전략을 따라왔다면, 지금 자신이 부의 축적 단계에 있는지, 아니면 부의 보존 단계에 있는지 이미 알고 있을 것이다.

만약 부를 축적하는 단계에 있다면, 매달 소득의 상당 부분을 공격적으로 투자하고 있을 것이다. 어떤 의미에서는 이런 정기적인 투자 역시 불가피한 형태의 정액분할투자이며, 투자 흐름을 완화하는 역할을 하기도 한다. 하지만 결정적인 차이점이 있다. 이런 투자는 앞으로 수년, 어쩌면 수십 년 동안 계속된다는 점이다. 게다가 이 경우에는 목돈을 한꺼번에 투자할 선택지 자체가 없다.

하지만 당신은 들어오는 돈을 손에 쥐는 즉시 그것을 일하게 만들어 가능한 한 오랫동안 당신을 위해 수익을 내도록 하고 있다. 나 역시 목돈이 생긴다면 똑같이 그렇게 할 것이다.

부의 보존 단계에 있다면, 투자 자산에는 이미 변동성을 완화하기 위한 채권이 포함되어 있다. 이런 경우에는 보유한 자산 배분 비율에 따라 목돈을 그대로 투자하고, 그 자산 배분 자체가 위험을 완화하도록 맡기면 된다.

만약 이 조언을 따르기가 너무 불안하고, 투자 직후 시장이 하락할지도 모른다는 생각에 밤잠을 설칠 것 같다면, 그냥 정액분할투자를 하라. 그런다고 세상이 무너지지는 않는다. 다만 그것은 당신이 심리에 맞추어 투자를 조정한 것이지, 투자를 통해 자신의 심리를 조율한 것은 아니라는 뜻이다.

24
주식 전문가가 되어 TV에 출연하는 법

예전에는 매주 금요일 저녁이면 PBS 채널에서 루이스 루카이저 Louis Rukeyser가 진행하는 〈월스트리트 위크 Wall Street Week〉가 방영되었다. 그 프로그램을 시청하는 일은 내게 일주일을 마무리하는 의식과도 같았다.

그는 먼저 지난 한 주간의 시장에서 벌어진 어리석음과 허점을 날카롭게 짚는 논평으로 프로그램의 문을 열었다. 그다음에는 세 명의 월스트리트 전문가로 구성된 패널을 초대해 그들의 견해를 들었다. 내가 특히 좋아했던 두 사람은 언제나 낙관적인 강세론자 애비 조지프 코언 Abby Joseph Cohen과, 늘 "지금 시장이 심히 우려스럽습니다"라고 말하던 마티 츠바이크 Marty Zweig였다.

게스트들은 하나같이 뛰어난 이력을 가진 전문가들이었고, 루카이저는 매주 시장의 상황과 향방에 대해 상반된 견해를 내놓을 인물들을 능숙하게 배치하곤 했다. 가끔은 그들 중 한 명의 예측이 맞기도 했다.

그의 논평과 질문, 그리고 발언은 언제나 윙크와 미소, 그리고 유쾌한 유머로 가득했다. 안타깝게도 그는 2006년에 세상을 떠났고, 지금 세대의 투자자들은 그의 통찰과 지혜를 더 이상 접할 수 없게 되었다.

그의 프로그램과 매주 등장하던 수많은 전문가가 내게 가르쳐준 핵심은 이것이었다. 어떤 시점이든 세상에서 일어날 수 있는 모든 미래를 예측하는 전문가가 항상 존재한다는 사실이다. 모든 가능성이 망라되어 있으니 결국 누군가는 맞게 마련이다. 그리고 그 예측대로 들어맞으면, 단순한 행운이 지혜와 통찰로 포장된다. 그 예측이 충분히 극적이었다면, 그것은 명성과 부로 이어지기도 한다.

매년 1월이면 루카이저는 출연자 각자에게 그해 시장의 최고, 최저, 그리고 연말 포인트를 예측하게 했다. 그의 정확한 말은 기억나지 않지만, 예측이 모두 나오고 나면 그는 이렇게 말했다. "이 전문가들도 틀릴 수 있다는 걸 염두에 두세요. 자, 그런 점을 감안하고 보시면 이게 그들의 예측입니다." 그리고 카메라를 향해 윙크를 보냈다.

다음 해 12월이 되면 그는 가장 근접한 예측을 한 이들에게 박수를 보내고, 빗나간 이들을 가볍게 놀리곤 했다. 진지하게 받아들이지만 않는다면 꽤 유쾌한 놀이였다. 나도 매년 나름의 예측을 해보곤 했지만, 진심으로 한 적은 없었고, TV에 나오려는 의도는 더더욱 없었다. 설령 내 예측대로 완벽히 들어맞았다고 해도 CNBC에서 인터뷰 요청이 오지는 않았을 것이다. 내 예측은 충분히 극적이지 않았으니까. 하지만 애초에 나는 TV에 출연하고픈 야망도 없었다. 다만 당신에게 그런 야망이 있다면, (나의 의미심장한 윙크와 함께) 방법은 알려주겠다.

1단계: 시장이 단기간에 크게 요동칠 거라는 예측을 한다. 상승이든 하락이든 상관없다. 다만 하락 쪽이 더 두려움을 자아낸다. 공포를 자극할수록 예측이 맞았을 때 주목받기 쉽다.

2단계: 예측을 한 시점의 날짜와 시간을 기록해둔다.

3단계: 예측이 빗나가면 잠시 기다린다.

4단계: 언젠가 맞을 때까지 1~3단계를 반복한다.

5단계: 예측이 맞아떨어질 때 보도자료를 배포한다. "시장 폭락!!! 최근 ○○○(여기에 당신의 이름을 넣어라)이 예측한 그대로…."

6단계: 언론 인터뷰 일정을 모두 비워둔다.

7단계: 방송 출연 비법을 알려줬으니, 출연료의 15퍼센트를 에이전트 수수료로 나에게 보내라.

단, 반드시 예측이 실제로 맞아떨어진 뒤에 보도자료를 내도록 하라. 그리고 한 가지 더 명심해야 할 점이 있다. 일단 당신이 시장 예언가라는 지위를 얻고 나면, 그 명성을 반복적으로 입증해야 할 의무가 따를 것이다. 몇 달, 어쩌면 몇 년 동안 당신이 하는 모든 말이 기록될 것이다. 그리고 한 번의 실수라도 하면, 언론은 그것을 신나게 보도하며 당신이 무대 뒤로 사라질 때까지 조롱할 것이다. 망신과 함께 신뢰를 잃게 되겠지만, 그 찰나의 스포트라이트를 잘 활용한다면 어쩌면 부를 손에 넣을 수도 있다.

25
주식시장의 사기꾼들

얼마 전, 나는 한 사람의 적을 만들었다. 그녀는 세상을 떠난 오랜 친구의 아내이다. 친구가 세상을 떠나기 전에, 나는 그녀를 조금이라도 보살피겠다고 약속했다.

대화를 나누던 중, 그녀는 내가 자신을 보잘것없게 느끼게 했다고 말했다. 또 바보로 만든 것 같다고도 했다. 그녀는 눈물을 보였다. 아마 두 가지 모두 내 잘못일 가능성이 크다. 나는 언제나 사려 깊은 사람은 아니다. 하지만 어쩌면 내 조언으로 그녀는 200만 달러를 아낄 수 있었을지도 모른다.

그녀의 남편은 얼마 전에 세상을 떠났다. 그는 평생 열심히 일하며 앞서 말한 재산을 모았다. 그는 아내를 진심으로 사랑했고, 언젠가 자신이 그녀를 남겨두고 먼저 세상을 떠날 가능성이 크다는 것을 알고 있었다. 그 돈은 사랑의 표현이었다. 그녀가 경제적으로 불안하지 않기를 바랐다.

하지만 그가 두려워 마지않았던 세 가지 사실도 알고 있었다.

1. 그의 아내는 흔히 말하는 '공짜 점심'을 믿었다. 즉, 달콤한 유혹에 언제나 마음을 열어두는 사람이었다. 무료 휴대전화가 대표적인 예였다. 휴대전화 약정이 끝날 때마다 통신사는 '무료'로 휴대전화를 바꿔주겠다고 제안했고, 그녀는 늘 거기에 기꺼이 응했다. 하지만 그 공짜가 매번 2년짜리 계약에 묶이는 일이라는 사실은 번번이 놓쳤다. 사소한 일이었지만, 결코 좋은 신호는 아니었다.
2. 세상에는 바로 그녀 같은 사람을 노리는 포식자들이 넘쳐난다.
3. 돈과 '공짜 점심'에 대한 이런 믿음은 피 냄새를 맡은 상어처럼 사기꾼들을 끌어들인다.

'공짜 점심' 이야기가 바로 나를 흥분하게 만들고, 결국 그녀를 울린 주제였다. 나는 재정적 포식자들이 얼마나 위험한 존재인지 그녀가 스스로 깨닫도록 부드럽게 설득하려 했다. 그녀는 매우 영리한 사람이었고, 내 말을 이해한 듯 보였다. 하지만 이내 이렇게 말했다. "걱정하지 마세요. 나는 사기당하지 않아요."

나는 이렇게 말했다. (이쯤에서 내 목소리가 다소 높아졌던 것 같다.)

"바로 그 말이, 사기를 피하는 첫 번째 원칙을 스스로 어긴 거예요!"

착각하지 마라. 당신도 사기를 당할 수 있다. 나 역시 그렇다.

몇 년 전, 내가 우연히 알게 된 사기 수법이 하나 있다. 다행히도 나는 그저 글로 읽었을 뿐이다. 하지만 과거의 나였다면, 아마도 그 미끼를 물었을지도 모른다. 그 내용은 이랬다.

어느 날 한 통의 편지를 받는다. 요즘이라면 아마 이메일일 것이다. 그 안에서 한 투자자문가가 자신을 소개하며 주식 하나를 추천한다. 예를 들어 A라는 회사의 주가가 앞으로 1~2주 안에 급등할 거라는 것이다. 그는 조심스럽게 말한다. "공부도 하지 않고 섣불리 투자하지는 마세요." 하지만 그의 '독자적 지표'들이 이 종목을 강력한 매수 대상으로 가리키고 있다고 덧붙인다.

당신은 어리석은 사람이 아니지만, 그냥 한 번 지켜보기로 한다. 좋은 기회를 놓치고 싶지 않기 때문이다. 과연 며칠 뒤, 그 주식은 급등한다. 이틀 만에 50퍼센트, 60퍼센트, 심지어 100퍼센트의 수익을 올릴 수도 있었다. 젠장. 그리고 두 번째 편지가 도착한다.

이번 편지에는 이렇게 적혀 있다. B라는 회사의 주가가 곧 급락할 조짐을 보인다는 것이다. 그들의 지표에 따르면, 이 종목은 공매도(즉, 주가가 하락할 것에 베팅하며 자신이 보유하지 않은 주식을 미리 파는 행위)를 해야 한다는 것이다. 당신은 신중한 투자자다. 이번에도 지켜보기로 한다. 하지만 이번에는 한층 더 예리한 관심으로 살핀다.

과연 이번에도 예측은 적중했다. B사의 주가는 말 그대로 폭락했다. 만약 그때 행동에 옮겼다면, 막대한 수익을 손에 넣었을 것이다.

이윽고 세 번째 편지가 도착한다. 이어서 네 번째, 다섯 번째, 어쩌면 여섯 번째까지 온다. 그리고 놀랍게도, 매번 정확하다. 주가는 편지에서 예측한 대로 오르거나 내린다. 당신은 결국 한두 번쯤 직접 그 편지의 내용을 따라 시도해보고 실제로 수익을 냈을지도 모른다. 이쯤 되면 감탄하지 않기가 어렵다.

얼마 후 근사한 레스토랑에서의 저녁 식사 초대장이 도착한다. 당신을 비롯한 몇몇 '고위층 투자자'가 초청되었다. 지금까지 단 한 번도 틀린 적 없는 바로 그 사람, '미스터 백발백중'과의 비공식 만남이다. 그는 자신의 독자적인 투자 지표와 그것이 어떻게 자신을 부자로 만들었는지에 대해 이야기할 예정이다.

저녁 자리에서 미스터 백발백중은 부드럽게 말한다. 따뜻하고 친절하며, 상대를 진심으로 걱정해주는 듯하다. 그는 부유한 기색을 풍기지만, 결코 과시적이지 않고 세련되었다. 각종 도표와 그래프가 제시된다. 구체적인 투자 방식은 명확하지 않지만, 어차피 독자적 기법이니 그럴 법하다. 그리고 거의 지나가듯 슬쩍 이렇게 언급한다. 마침 그의 최신 투자 클럽에 단 몇 자리가 남아 있다는 것이다. 물론 가입할 의무는 전혀 없지만, '우리 경험상' 이런 기회는 내일까지면 모두 차버린다고 한다. 그러니 혹시 관심이 있다면…

모든 마술이 그렇듯 이것 역시 속임수다. 눈치챘는가? 만약 지금 처음 이 이야기를 접하고도 그 속임수를 알아챘다면, 당신은 과거의 나보다 훨씬 예리한 사람이다. 하지만 자만하지는 마라. 이게 아니더라도 언젠가 또 다른 형태의 사기가 당신의 눈을 피해 다가올 것이다. 그건 누구에게나 일어날 수 있다. 이 사실을 이해하지 못하면, 언젠가는 반드시 당하게 된다. 그것이 첫 번째 원칙이다. 이제 전체 규칙을 보자.

[규칙 1] 누구나 속을 수 있다. 물론 어리석은 사람들은 표적이 된다. 그렇지만 예외적으로 영리한 사람들 역시 표적이 된다. 자신에게는 그런 일이 생기지 않을 거라고 생각하기 시작하는 순간, 당신은 가장 매력적인 표적이 된다. 가장 쉬운 희생양은 자신이 너무나도 똑똑하고, 너무나도 아는 것이 많아서 당하지 않을 거라고 믿는 사람들이다. 그러니까 이 말은 바로 당신에게 하는 것이다.

[규칙 2] 사람은 자신이 전문성을 가진 분야에서 사기를 당하기 쉽다. 이유는 간단하다. 표적 선정과 자존심 때문이다. 사기꾼들은 사기를 설계할 때, 그 내용에 자연스럽게 끌릴 만한 사람들을 노린다. 바로 그 분야의 사람들이다. 사람들은 자신이 잘 아는 영역에서는 안전하다고 느낀다. 그래서 방심한다. 자신이 속지 않을 만큼 똑똑하다고 믿는 것이다. 반면 똑똑한 사람들은 자신이 모르는 분야에서는 훨씬 더 조심한다. 버니 메이도프의 피해자 중

다수가 금융 전문가였던 이유가 바로 여기에 있다.

[규칙 3] 사기꾼(남자든 여자든)은 사기꾼처럼 보이지 않는다. 여기는 영화 속 세계가 아니다. 그들은 의심스러운 눈빛을 감추기 위해 모자를 깊게 눌러쓰고 다니지 않는다. 성공한 사기꾼은 세상에서 가장 안전하고, 믿음직하고, 정직하며, 안정적이고, 안심되는 사람처럼 보인다. 당신은 그들이 다가오는 것을 알아차리지 못한다. 아니, 오히려 그들을 따뜻하게 맞이하게 될 것이다.

[규칙 4] 그들이 하는 말의 대부분은 사실이다. 가장 효과적인 거짓말은 진실로 둘러싸여 있다. 당신을 파산에 이르게 하고 눈물을 쏟게 만들 진짜 사기 행각은 정교하게 숨겨져 있다. 그것은 흔히 작은 글씨로 쓰인 세부 사항 깊숙한 곳에 숨어 있다.

[규칙 5] 너무 좋아 보인다면, 그건 진짜가 아니다. 공짜 점심은 없다. 단 한 번의 예외도 없다.

그렇다고 해서 모든 사기가 교묘한 것은 아니다. 나이지리아의 낯선 사람이 당신처럼 평범한 사람에게 거액의 송금을 도와주면 수백만 달러를 보답하겠다는 이메일을 보낸다면, 그건 누가 봐도 사기라는 게 분명하지 않은가?

낯선 사람이 문을 두드린다. 그는 "마침 이 근처에서 일하고 있다"고 하면서, 현금을 선불로 주면 집수리를 싸게 해주겠다고 제안한다. 당신도 이 정도는 사기라는 것을 알 수 있지 않은가?

내 친구의 아내가 떠올린 건 그런 단순한 사기였다. 그리고 그녀 말이 맞다. 그녀는 그런 속임수에 넘어갈 만큼 어리석지 않다. 하지만 그녀의 남편이 걱정했던 건 그런 종류의 사기가 아니었다. 세상에는 영리한 사람, 부유한 사람, 그리고 외로운 사람을 노리는 훨씬 교묘한 사기꾼들이 있다.

배우자나 연인과 아직 이런 이야기를 나눈 적이 없다면, 지금이라도 반드시 나누어라. 나처럼 솔직하지만 눈치 없는 친구에게 그 역할을 맡기지 마라.

통계표와 그녀의 좋은 유전자를 고려하면, 내 아내 역시 나보다 몇십 년 더 오래 살 가능성이 크다. 내가 우리 집의 투자를 관리하기 때문에 우리는 이런 대화를 정기적으로 나눈다. 우리가 무엇을, 왜 보유하고 있는지를 함께 점검한다. 다행히 그녀는 그 원칙과 그 중요성을 잘 이해하고 있다.

덧붙이자면, 이것이 내가 인덱스펀드를 좋아하는 또 하나의 이유다. 나는 아내에게 복잡하지 않은, 자동 조정만으로도 운용할 수 있는 단순한 포트폴리오를 남겨주고 싶다. 지금까지 이런 대화들로 인해 아내를 적으로 만든 적은 없다. 아직은 없다.

아, 그리고 미스터 백발백중이 어떻게 그런 사기를 칠 수 있었는지 말해주겠다. 그건 역피라미드 방식이었다. 그는 먼저 변동성이 큰 주식을 하나 고르고, 천 통의 편지를 보낸다. 절반은 주가가 오를 것으로 예측하고, 나머지 절반은 내릴 것으로 예측한다. 예측이 맞은 쪽 500명에게는 두 번째 편지를 보낸다. 이번에는 또 다른 변동성 높은 주식이다. 두 번 연속 예측이 맞은 250명에게 세 번째 편지를 보낸다. 이리하여 여섯 번째 편지가 도착할 즈음에는, 여섯 번 연속으로 기막히게 정확한 예측을 받아본 열다섯 명 내외의 표적이 남는다. 그때쯤이면 그들 대부분은 제발 자신을 받아달라고 애원하게 된다.

4부

경제적 독립을 이룬 뒤 해야 할 일

돈은 하기 싫은 일을 하지 않을 수 있게 해준다.
나는 거의 모든 일을 하기 싫어하므로, 돈은 참 유용하다.

―**그라우초 마르크스**(Groucho Marx)

26
마르지 않는
4퍼센트 인출률의 법칙

경제적으로 독립을 이뤘다면, 이제 나는 1년에 얼마나 쓸 수 있을까? 정답은 '자산의 4퍼센트, 혹은 그보다 조금 더'이다.

지금까지 당신은 《부에 이르는 가장 단순한 길》의 세 가지 핵심 원칙을 따라왔다.

1. 빚은 피했다.
2. 버는 것보다 적게 썼다.
3. 남는 돈은 투자했다.

이제 당신은 자신이 모은 자산 위에 앉아, 매년 얼마를 써야 돈이 다 떨어지지 않을지를 고민하고 있다. 이건 스트레스가 될 수도 있지만 사실은 즐거운 과정이어야 한다. 심지어 이렇게 장난스럽게 묻고 싶을지도 모른다. "JL은 자기 자산의 몇 퍼센트를 쓰고 있을까?" 그 이야기는 곧 하겠다.

은퇴 관련 책들을 조금만 읽어봐도 '4퍼센트 규칙'이라는 말을 흔히 접하게 된다. 대부분의 떠도는 조언과 달리, 이 규칙은 우리의 날카로운 검증에도 꽤 잘 버틴다. 다만 그 원리를 제대로 이해하는 사람은 거의 없다.

그런데 놀랍게도 이 규칙을 만든 사람은 로켓 과학자였다. MIT 항공우주공학 학사 출신인 윌리엄 P. 벤젠William P. Bengen은 1987년에 가족이 운영하던 사업을 매각한 후 캘리포니아로 이주해 벤젠 파이낸셜 서비스Bengen Financial Services를 설립했다. 그는 이 회사를 수수료 기반 방식으로만 운영했는데, 앞에서 보았듯이 이 방식이 고객에게 가장 유리하다. 그런 점에서 벤젠은 이 업계의 좋은 사람 중 한 명이었다.

1994년, 그는 75년에 걸친 시장 수익률과 인출률에 관한 연구 결과를 발표했다. 바로 이 논문에서 그는 안전한 인출률이 얼마가 되어야 하는지를 보여주는 근거를 제시했다. 흥미롭게도 그는 그것을 '규칙'이라 부르지 않았다. 실제로 그가 제시한 수치는 4.2퍼센트였으며, 이조차도 매우 보수적인 수치라고 보았다. 나 역시 그 의견에 동의하며, 이후의 여러 연구 결과도 이를 뒷받침한다.

1998년, 샌안토니오의 트리니티대학교 재무학 교수 필립 L. 쿨리Philip L. Cooley, 칼 M. 허버드Carl M. Hubbard, 대니얼 T. 왈츠Daniel T.

Walz 세 사람은 수많은 수치를 계산하기 시작했다. 그들은 여러 가지 인출 비율이 주식과 채권의 비중이 다른 다양한 포트폴리오에 어떤 영향을 미치는지를 살펴보았다. 인출이 시작된 연도에 따라 30년 동안의 결과를 비교했으며, 인출액을 물가상승률에 맞춰 조정한 경우와 그렇지 않은 경우 모두를 분석했다. 그야말로 방대한 작업이었다. 그리고 2009년에 그 연구를 업데이트했다.

이 연구에서 수십 가지의 시나리오가 제시되었지만, 금융 미디어가 주목한 것은 단 하나였다. 바로 4퍼센트 인출률, 주식과 채권을 50:50으로 구성한 포트폴리오, 그리고 물가상승률을 반영한 모델이었다. 결과는 놀라웠다. 30년이 지난 시점에서 이 포트폴리오가 원금을 유지한 비율은 무려 96퍼센트였다. 다시 말해 이 전략이 실패해 노년의 빈곤으로 이어질 확률은 단 4퍼센트에 불과했다. 실제로 실패한 해는 55개 시작 연도 중 단 두 번뿐이었다. 바로 1965년과 1966년이다. 그 두 해를 제외하면 이 전략은 거의 항상 성공했으며, 많은 경우 포트폴리오의 잔액은 놀라울 만큼 크게 불어나 있었다.

이것을 잠시 곰곰이 생각해보라. 마지막 문장이 의미하는 바는 이렇다. 대부분 이런 포트폴리오를 가진 사람들은 매년 5퍼센트, 6퍼센트, 심지어 7퍼센트를 인출해도 아무 문제가 없었다는 것이다. 실제로 물가상승률에 따른 인출 증가분을 포기하고 매년 7퍼센트씩 인출했더라도, 85퍼센트의 경우에는 충분히 버틸 수 있었다. 즉, 단지 4퍼센트만 인출했다는 것은, 결국 인생의 마지막 순간에 엄청난 돈을 남겨둔 채 세상을 떠났다는 뜻이다. 종종 그 돈을 전혀 고마워하지 않는 자손들에게 말이다. 만약 그게 목표였다면 훌륭한 결과라 할 수 있다. 또한 앞으로 30년 이상 포트폴리오 수익으로 생활할 계획이라면, 아주 반가운 소식이기도 하다.

하지만 금융 미디어는 대부분의 사람이 깊이 생각하는 걸 좋아하지 않는다. 그래서 4퍼센트라는 결과만 보도함으로써 거의 확실한 조언을 전할 수 있었다. 이를 3퍼센트로 낮춘다면, 죽음과 세금을 빼고는 세상에서 가장 확실한 일이라 해도 과언이 아니다. 게다가 이 수치에는 매년 물가상승률만큼의 인출액 증가까지 포함되어 있다.

4퍼센트 전략이 실패한 마지막이자 유일한 두 해는 1965년과 1966년이었다. 하지만 그 이후의 최근 시점에서 시작한 사례들은 아직 30년 치 데이터를 모두 채우지 못했다는 점을 기억해야 한다. 내 추측으로는, 만약 당신이 2007년이나 2008년 초, 즉 금융위기 직전에 인출을 시작했다면, 4퍼센트 전략이 실패할 또 다른 두 해를 경험할 가능성이 크다. 그런 경우라면 인출 규모를 줄이는 편이 좋다. 반대로 2009년 3월 대폭락 이후의 저점에서 포트폴리오 기준가의 4퍼센트를 인출하기 시작했다면, 당신의 결과는 아마도 대성공에 가까울 것이다.

트리니티 연구에 대해 좀 더 알아보고 싶다면, 온라인에서 이들의 연구 개요를 살펴볼 수 있다. 왼쪽의 QR코드를 통해 웹사이트로 들어가 보자.

연구 개요를 살펴보면 네 개의 표가 등장한다. 표1과 표2는 서로 다른 인출률에서 각 포트폴리오가 시간이 지나면서 어떤 성과를 나타냈는지를 보여준다. 표3과 표4는 30년이 지난 후 포트폴리오에 얼마나 돈이 남아 있는지를 나타낸다. 이 두 표 그룹의 차이점은, 표2와 표4에서는 매년 인출 금액이 물가상승률을 반영해 조정된다는 점이다.

표1을 보면, 주식과 채권을 50대 50으로 구성하고 인출률을 4퍼센트로 설정했을 때, 포트폴리오가 30년 동안 유지될 확률은 100퍼센트라는 것을 알 수 있다.

표2를 보면, 동일한 조건에서 매년 물가상승률만큼 인출액을 늘릴 경우 포트폴리오가 30년간 유지될 확률이 96퍼센트로 떨어진다. 당연한 결과 아닌가?

표3과 표4는 30년이 지난 뒤 포트폴리오에 얼마나 돈이 남는지를 보여준다. 내게는 이 부분이 가장 흥미로운 대목이다. 표3은 일정 비율로 인출한 경우를, 표4는 매년 물가상승률을 반영해 인출액을 늘린 경우를 가정하고 있다. 이제 몇 가지 예를 살펴보자.

초기 포트폴리오 가치가 100만 달러이고 인출률이 4퍼센트라고 가정하면, 30년이 지난 후 남게 되는 중간값(중위 잔액)은 다음과 같다.

물가상승률을 반영하지 않은 인출 기준을 따를 경우(표3)

- 주식 100% = 1,561만 달러

- 주식 75% / 채권 25% = 1,074만 3,000달러
- 주식 50% / 채권 50% = 710만 달러

물가상승률을 반영한 인출 기준을 따를 경우(표4)
- 주식 100% = 1,007만 5,000달러
- 주식 75% / 채권 25% = 596만 8,000달러
- 주식 50% / 채권 50% = 297만 1,000달러

요약

매년 3퍼센트 이하로 인출한다면, 인생에서 이보다 더 확실한 선택은 거의 없을 것이다.

- 인출률이 7퍼센트를 훌쩍 넘는다면, 미래의 식탁에는 개 사료가 오를지도 모른다.
- 포트폴리오의 생존율을 좌우하는 핵심은 주식이다.
- 확실성을 원하고, 매년 물가상승률만큼 인출액을 늘리고 싶다면, 인출률을 4퍼센트 이하로 유지하고 자산 비중을 주식 75퍼센트, 채권 25퍼센트로 가져가라.
- 물가상승률에 따른 인출 증가분을 포기한다면, 주식 50퍼센트, 채권 50퍼센트 비중에서 인출률을 6퍼센트까지 높일

수 있다.
- 실제로 연구자들은 시장 상황에 유연하게 대응할 수 있다면 최대 7퍼센트까지 인출해도 괜찮다고 제안한다. 즉, 시장이 크게 하락하면 인출과 지출을 줄이고, 회복할 때까지 기다리라는 뜻이다.

이는 매우 강력한 결론이며, 부에 이르는 가장 단순한 길을 따라가는 당신에게 큰 확신과 안도감을 줄 것이다.

이 표들을 살펴보면 한 가지가 분명히 드러난다. 부를 쌓고 지키는 데 있어 주식이 얼마나 강력하고 필수적인 존재인지를 말이다. 이것이 바로 부에 이르는 가장 단순한 길에서 주식이 중심적인 자리를 차지하는 이유다.

눈에 덜 띄지만 그에 못지않게 중요한 사실이 하나 있다. 바로 낮은 비용의 인덱스펀드를 활용해 포트폴리오를 구성하는 것이 얼마나 결정적으로 중요한가 하는 점이다. 액티브펀드 매니저나 투자자문가에게 연 1~2퍼센트의 수수료를 내기 시작하면, 지금까지의 낙관적 가정들은 모조리 쓰레기통으로 들어간다. 미국금융서비스대학The American College of Financial Services의 은퇴소득학 교수이자 트리니티 연구의 가장 존경받는 해석자 중 한 명인 웨이드 파우Wade Pfau는 이렇게 말한다. "예를 들어, 50대 50 포트폴리오를 30년간 운용하며 물가상승률을 반영해 매년 4퍼센트를 인출했을 때, 수수료가 없을 경우 성공률은 96퍼센트였다. 그러나 수수료가 1퍼센트면 성공률은 84퍼센트로 떨어지고, 2퍼센트면 65퍼센트까지 떨어진다."

다시 말해, 트리니티 연구의 예측 결과를 낮은 비용의 인덱스 펀드가 아닌 다른 상품으로 구성된 포트폴리오에 적용하는 것은 무의미하다.

이제 앞서 언급했던 질문에 답할 차례다. "그렇다면 나는 은퇴 후 자산의 몇 퍼센트를 인출하고 있을까?" 솔직히 말해, 나는 그 문제에 거의 신경을 쓰지 않아서 계산하는 데 잠시 시간이 걸렸다. 그리고 계산을 마친 후에도 정확한 수치는 아니었다. 하지만 대략 추정하건대, 초기 몇 년간의 인출률은 5퍼센트를 조금 넘는 수준이었던 것 같다. 이렇게 느긋한 태도는 당신에게 다소 의외로 보일 수도 있다. 하지만 그럴 만한 이유가 있다.

1. 아이가 대학에 다니고 있었다. 그건 매년 엄청난 지출이었다. 하지만 2014년 봄이 되자 그 부담은 사라졌다. 대학 재학 기간 그 돈은 내 순자산 계산에 포함되어 있었지만, 동시에 이미 '지출 예정금'으로 따로 잡아둔 상태였기 때문이다.

2. 은퇴 후 아내와 나는 여행을 자주 다녔고, 그에 따라 관련 지출도 급격히 증가했다. 다소 불길하게 들릴지 모르지만, 내 나이쯤 되면 돈보다 시간이 먼저 다할까 봐 더 걱정된다. 물론 시장이 크게 폭락한다면 이 지출은 가장 쉽게 줄일 수 있는 항목이 된다.

3. 아내가 66세, 내가 70세가 되었을 때, 사회보장연금이라는 두 개의 새로운 수입원이 생겼다.

4. 무엇보다 중요한 점은, 내가 세심한 관리가 필요한 6~7퍼센트 수준보다 훨씬 낮은 인출률을 유지하고 있다는 것이다.

5. 위의 이유들을 고려하면, 앞으로 내 인출률은 아마 4퍼센트 이하로 내려갈 것으로 보인다.

3~7퍼센트 사이의 인출률 범위 안에서 자신에게 맞는 비율을 결정하는 핵심은 숫자 그 자체가 아니다. 중요한 것은 개인의 유연성이다. 필요할 때 생활비를 조정할 수 있고, 패시브 인컴$_{passive\ income}$*을 보완할 일거리를 구할 수 있으며, 더 저렴한 지역으로 기꺼이 이주할 의지가 있다면, 어떤 인출률을 선택하든 훨씬 더 안정된 은퇴 생활을 누릴 수 있다. 아마 더 행복하기도 할 것이다.

만약 일정 수준의 소득이 필요하고, 다시 일할 의지도 능력도 없으며, 현재 사는 지역에 연고가 깊어 다른 곳으로 옮길 수도 없다면, 훨씬 더 신중해야 한다. 개인적으로는 그런 태도를 바꾸는 쪽을 권하겠다. 물론 그건 어디까지나 내 생각이다.

4퍼센트는 단지 하나의 기준일 뿐이다. 현명한 유연성이 안정성을 제공한다.

---

* 노동을 직접 하지 않아도 시스템을 통해 얻을 수 있는 지속적인 소득.

27
자신만의 인출 전략 세우기

이 책에서 설명한 단순한 길을 잘 따라온 사람이라면, 어느 시점이 되었을 때 자신의 노동이 아니라 자산으로 생활비를 감당할 수 있게 된다. 얼마나 빨리 이 지점에 도달하느냐는 저축률과 필요한 현금흐름의 크기에 달려 있다.

어쨌든 경제적 독립에 이르렀다면, 이제 자산이 지난 장에서 언급한 바와 같이 약 4퍼센트의 수익을 제공함으로써 모든 재정적 필요를 충족할 수 있을 만큼 성장했을 것이다. 다시 말해, 자산이 연간 지출액의 25배에 이른 셈이다.

직장을 떠난 뒤에는 개인의 위험 성향에 가장 적합한 비율로 주식과 채권을 나누어 운용한다. 이상적으로는 뱅가드의 저비용 인덱스펀드로 구성하는 것이 좋다. 주식은 VTSAX, 채권은

VBTLX다. 앞에서 논의했듯이, 이 두 펀드는 세금 혜택 계좌와 일반 과세 계좌 두 범주로 나뉘어 있어야 한다. 전체 자산 배분 비율은 VTSAX 75퍼센트, VBTLX 25퍼센트다.

이 책에서 제시한 단순한 길을 따랐더라도, 여전히 다른 투자를 보유하고 있을 가능성도 크다. 나 역시 은퇴할 당시 이런 '잡동사니 투자'를 일부 가지고 있었다. 주로 예전부터 습관처럼 만지던 개별 주식들이었다.

이 지점부터는 논의가 다소 복잡해질 위험이 있다. 투자 자산에서 인출할 약 4퍼센트를 마련하는 방법은 거의 무한에 가깝기 때문이다. 따라서 먼저 이 과정이 실제로 어떻게 작동하는지를 살펴보고, 이어서 내가 따르는 기본 원칙과 구체적인 실행 방식을 공유하겠다. 그다음에는 독자 스스로 자신에게 맞는 전략을 세울 수 있는 도구를 갖추게 될 것이다.

자금을 인출하는 다양한 방법

자산을 뱅가드나 이와 유사한 금융회사에 보유하고 있다면, 자금을 인출하는 과정은 그야말로 간단하다. 전화 한 통이나 온라인에서 몇 번의 클릭만으로 다음과 같은 지시를 내릴 수 있다.

- 원하는 일정(주간, 월간, 분기별, 연간 등)에 따라 보유 중인 투

자 자산에서 일정 금액을 이체하도록 설정할 수 있다.
- 자본이익 분배금*, 배당금, 이자 등이 지급되는 대로 이체하도록 할 수도 있다.
- 언제든지 웹사이트에 접속해 몇 번의 클릭만으로 직접 이체를 진행할 수도 있다.
- 또는 위의 방법들을 자유롭게 조합해 사용할 수도 있다.

이 자금은 입출금계좌나 원하는 다른 계좌로 이체할 수 있는데, 절차도 매우 간단하다. 뱅가드, 또는 대부분의 금융회사에 전화만 해도 친절하고 상세한 안내를 받을 수 있다.

자금 인출의 기본 원칙

이제 우리가 사용하는 접근법의 기본 원칙들을 살펴보자.

첫째, 75대 25의 자산 배분을 구성할 때 우리는 자산이 어떤 계좌에 있든 관계없이 전체 펀드를 통합해 하나의 포트폴리오로 본다는 점에 주목해야 한다.

둘째, 세금 혜택 계좌에서 발생하는 모든 배당금, 이자, 자본이익 분배금은 전부 재투자되도록 한다. 많은 사람이 '배당금과 이

---

* 펀드에서 배당 형태로 지급되는 금액.

자 수입만으로 생활하는 것'에 매료되지만, 나는 그렇지 않다. 대신 내 포트폴리오가 감당할 수 있다고 연구에서 입증된 4퍼센트 인출 방식을 따른다.

셋째, 과세 계좌에 있는 VTSAX에서 발생하는 배당금과 자본이익 분배금은 입출금계좌로 송금되도록 설정해두었다. 이러한 지급은 과세 대상이므로, 이를 재투자한 뒤 곧바로 그와 동일한 금액을 인출하는 것은 아무런 의미가 없다.

넷째, 세금 혜택 계좌에 있는 투자 자산은 가능한 한 오래 세금이 이연된 상태로 성장하도록 둔다.

4퍼센트 인출의 실제 적용

1. 먼저 여전히 들어오는 비투자 소득을 고려한다. 은퇴했다고 해도, 인생에 적극적으로 참여하고 있다면 일정한 현금흐름을 만들어내는 활동 역시 하고 있을 가능성이 크다. 우리는 더 이상 저축 단계에 있지 않지만, 이 소득은 가장 먼저 사용하는 돈이다. 이렇게 벌어들이는 수입이 있는 만큼 투자 자산에서 인출해야 할 금액이 줄어들고, 그만큼 자산이 성장할 시간을 더 벌게 된다.

2. 앞서 말했던 과세 계좌의 '잠동사니 투자들'을 기억할 것이다. 은퇴 후 가장 먼저 사용한 자산이 바로 그것들이었다. 그중에

서도 가장 보기 안 좋은 것들부터 정리하기 시작했다. 나머지 계획은 그대로 따르지 않더라도, 만약 독자도 포트폴리오에 이런 잔여 자산이 있다면 이 방식으로 정리하길 강력히 권한다. 다만 양도소득세를 최소화하려면 필요에 따라 천천히 매도하라. 반면, 손실이 난 자산이 있다면 즉시 처분해도 된다. 이때 발생한 자본 손실로 자본이익 일부를 상쇄해 세금 부담을 줄일 수 있다.

3. 그런 자산들을 모두 소진한 후에는 과세 계좌에 있는 VTSAX에서 인출하기 시작했다.

4. 과세 계좌의 VTSAX는 전체 자산의 일부에 불과하므로, 매년 이 계좌에서 찾은 금액은 해당 계좌 잔액의 4퍼센트를 훨씬 초과했다. 핵심은 인출액을 이 한 계좌의 비율로 보지 말고, 전체 포트폴리오의 맥락에서 봐야 한다는 것이다.

5. 앞서 설명한 것처럼 과세 계좌의 VTSAX에서 정기 이체를 설정할 수도 있었지만, 우리는 그렇게 하지 않았다. 대신 일상적인 재정을 관리하는 아내가 입출금계좌 잔고가 줄어드는 것을 확인할 때마다 뱅가드에 접속해 필요한 금액만큼 직접 이체했다.

6. 이런 인출 방식은 다소 즉흥적으로 보일 수도 있고, 실제로 어느 정도 그렇기도 하다. 그러나 지난 장에서 설명했듯이, 우리

는 4퍼센트 규칙을 정확히 지켜야 한다는 강박을 느끼지 않는다.

7. 대신 우리는 간단한 스프레드시트를 만들어 지출이 발생할 때마다 항목별로 기록한다. 이렇게 하면 돈이 어디로 흘러가는지 파악할 수 있고, 시장이 급락해 지출을 줄여야 하는 상황이 온다면 어느 부분을 조정할 수 있을지 판단하기가 쉽다.

이것이 전부다. 물론 그대로 따라 해도 되지만 반드시 그럴 필요는 없다. 자신의 상황과 성향에 가장 잘 맞는 방식으로 자유롭게 조정하면 된다.

예를 들어 원금에는 손대지 않고 투자에서 발생한 수익만 사용하고 싶다면, 투자회사를 통해 다음과 같이 지시할 수 있다.

- 배당금, 이자, 자본이익 분배금이 지급될 때마다 모두 입출금계좌로 이체되도록 설정한다.
- 이러한 수입을 모두 합쳐도 대체로 4퍼센트 수준에는 미치지 못할 것이므로, 필요할 때는 온라인에 접속해 일부 주식을 매도하도록 지시하고 그 금액을 추가로 이체할 수 있다.
- 또는 배당금, 이자, 자본이익 분배금을 지급 시점마다 이체받는 동시에, 과세 계좌에서 정기적으로 일정 금액을 이체하도록 설정해 총 인출액이 약 4퍼센트 수준이 되도록 조정할 수도 있다.

예를 들어 2024년 말 기준으로 주식 75퍼센트, 채권 25퍼센트 비율로 구성된 100만 달러 규모의 포트폴리오를 보유하고 있다고 가정해보자.

- 4퍼센트 인출률을 적용하면 연간 인출액은 4만 달러가 된다.
- VTSAX에 투자된 75만 달러는 현재 약 1.25퍼센트의 배당 수익을 제공하므로, 배당금은 약 9,375달러이다.
- VBTLX에 투자된 25만 달러는 현재 약 3.5퍼센트의 이자 수익을 제공하므로, 이자는 약 8,750달러이다.
- 이를 합치면 총 1만 8,125달러가 되며, 이 금액으로 충분하다면 여기서 끝이다.
- 그러나 연간 4만 달러 전액을 원한다면, 나머지 21,875달러는 과세 계좌의 주식을 일부 매도하여 인출하면 된다. 이를 월 단위로 나누면 약 1,823달러 정도다.

그러나 이 방식은 내게 지나치게 번거롭게 느껴진다. 다만 투자 수익만으로 생활하려는 사람이 사용할 수 있는 여러 방식을 보여주기 위한 예시로 제시한 것이다.

변동하는 시장에 대응하는 유연성

나는 연간 4퍼센트 인출 계획을 세워놓고 그대로 방치하지는 않는다.

앞 장에서 살펴보았듯, 트리니티 연구는 수십 년에 걸쳐 포트폴리오를 얼마나 인출해도 자산이 유지될 수 있는지를 규명하려는 목적에서 시작되었다. 매년 인플레이션에 맞춰 인출액을 조정했을 때, 연 4퍼센트 인출은 96퍼센트의 성공률을 보였다. 이 결과가 바로 대부분의 주식시장 하락 국면에서도 자산이 생존할 수 있도록 설계된 4퍼센트 규칙의 근거가 되었으며, 이를 통해 은퇴 후 시장 변동성에 대한 걱정을 덜 수 있게 되었다.

이는 훌륭한 학문적 연구로 평가받을 만하며, 몇 가지 예외적인 경우를 제외하면 포트폴리오 대부분이 30년 동안 무사히 유지되었다는 점은 고무적이다. 실제로 대부분은 매년 인출했음에도 자산은 오히려 크게 성장했다.

몇몇 시나리오에서는 이 방식이 결국 자산을 모두 소진하게 만들 수 있다는 점을 제쳐두더라도, 대부분은 막대한 부를 만들어냈다. 그렇다면 무일푼이 되지도 않고 자산이 만들어낼 추가적인 부의 혜택도 놓치고 싶지 않다면, 세월이 흐르더라도 꾸준히 자산 상황을 점검할 필요가 있다.

이 때문에 나는 현실의 시장 상황과 무관하게 4퍼센트 인출 일정을 고정으로 설정해두고 기계적으로 따르는 것은 어리석은 일이라고 생각한다. 시장이 폭락해 내 포트폴리오가 절반으로 줄어든다면, 당연히 지출을 조정할 것이다. 내가 근로자로서 급여가 50퍼센트 삭감된다면 아마 똑같이 행동하지 않겠는가.

같은 이치로, 시장이 상승세를 타는 좋은 시기에는 4퍼센트보다 조금 더 써도 된다고 판단할 수 있다. 상승장의 순풍이 뒤를 받쳐주고 있기 때문이다.

어느 쪽이든 나는 1년에 한 번씩 자산 상태를 다시 점검한다. 가장 좋은 시점은 목표 자산 배분을 유지하기 위해 비중을 조정할 때다. 우리 부부의 경우 그것은 아내의 생일이거나, 시장이 20퍼센트 이상 오르거나 내렸을 때다.

진정한 재정적 안정과 부의 잠재력을 온전히 누리는 길은 바로 이러한 유연성에 있다. 시장이라는 바람이 바뀌면 내 인출 방향도 그에 따라 달라질 것이다. 당신도 그 유연성을 잃지 않길 바란다.

28
사회보장연금은
없다고 생각하라

1980년대 초, 나는 어머니에게 사회보장연금 제도에 대해 불평하곤 했다. 당시 어머니는 해당 연금을 받고 있었다. 어머니가 어릴 때만 해도 고양이 사료로 연명하던 노인들이 흔할 정도로, 노인층은 미국에서 가장 가난한 계층이었다. 나는 나와 두 누이가 사회보장세만 면제받아도 어머니가 지금 받는 연금 월 수령액보다 더 많은 돈을 줄 수 있고, 우리도 여윳돈이 생길 거라고 말했다. 그러나 어머니는 내 말을 믿지 않았다.

반대로 나는 사회보장연금이 내 세대까지 유지될 거라고는 전혀 생각하지 않았다. 그래서 내 모든 재정 계획은 그 제도가 없어

※ 본 장은 미국의 사회보장연금 제도를 주제로 하였으나, 상황과 조건이 다름을 감안하고 우리나라 국민연금 제도와 연관 지어 참고로 보아주길 바란다.

도 괜찮다는 전제 위에서 세워졌다. 만약 그 제도가 여전히 존재한다면, 그건 그저 뜻밖의 보너스일 뿐이었다. 그런데 놀랍게도 지금 우리 부부는 그 연금을 받고 있다. 그것도 예상보다 꽤 많은 금액을. 우리가 그동안 낸 돈과 앞으로 살날을 고려하면 결과적으로 꽤 괜찮은 거래였던 셈이다. 역사상 가장 막강한 로비 단체인 미국은퇴자협회$_{AARP}$의 힘을 과소평가했던 모양이다.

사회보장연금 제도는 대공황의 한가운데였던 1935년에 탄생했다. 그 혹독한 시기는 거의 모든 사람에게 재앙이었지만, 일자리를 구하기조차 어려운 상황에서 더 이상 일할 수 없었던 노인들에게는 특히나 치명적이었다. 많은 노인이 말 그대로 고양이 사료로 목숨을 부지했고, 그것마저도 구할 수 없는 이들도 있었다.

그 시절에는 평균 기대수명이 지금보다 훨씬 짧았다. 다만 이 수치를 계산할 때 주의할 점이 있다. 평균 기대수명을 가장 크게 낮추는 요인은 아동 사망이기 때문이다. 따라서 20세까지 생존한 사람들의 기대수명을 기준으로 보는 것이 이 경우에는 더 적합할 것이다. 1935년 당시 남성의 평균 기대수명은 약 65세, 여성은 약 68세였다. 그 이후 미국의 기대수명은 꾸준히 늘어나 2022년 질병통제예방센터$_{CDC}$의 자료에 따르면 남성은 약 75세, 여성은 약 80세에 이르고 있다.

이 수치를 보면, 사회보장연금을 65세부터 지급하도록 정한 것이 당시 제도로서는 꽤 영리한 선택이었음을 알 수 있다. 모든 근로자가 사회보장연금 제도에 돈을 납부하지만, 실제로 연금을 받을 만큼 오래 사는 사람은 많지 않았고, 받는다 해도 수령 기간이 몇 년 되지 않았다. 이 제도는 놀라울 만큼 잘 작동해, 중간에 몇 차례의 미세한 조정이 있었음에도 2020년에는 잉여금이 2조 9,000억 달러에 달했다.[1]

하지만 이제 상황이 바뀌었다. 그동안 이 막대한 잉여금을 납부해온 베이비붐 세대가 대거 은퇴기에 접어든 것이다. 게다가 이들은 과거보다 훨씬 오래 산다. 아무런 변화가 없다면, 앞으로 사회 보장연금 제도는 들어오는 돈보다 나가는 돈이 더 많아질 전망이다. 상황은 다음과 같다.

- 1935~2020년: 매년 흑자가 쌓이며 정점을 찍었고, 총잉여금은 약 2조 9,000억 달러에 이르렀다.
- 2021년: 연금 지출이 근로소득세 수입을 초과하기 시작했다. 다만 2조 9,000억 달러 잉여금에서 발생하는 약 2.4퍼센트의 이자 수입이 그 격차를 메워주었다.
- 2024년: 이자 수입만으로는 더 이상 지출 초과분을 감당할 수 없게 되었으며, 잉여금이 2조 8,000억 달러로 감소했다.
- 2035년: 잉여금이 완전히 소진될 것으로 예상된다.
- 2035년 이후: 새로 걷히는 근로소득세 수입은 예정된 연금 지급액의 약 83퍼센트만 충당할 수 있을 것으로 예상된다.

잉여금 2조 8,000억 달러는 정확히 어디에 있을까

이 잉여금은 일반적으로 신탁기금Trust Fund이라 불리며, 미국 재무부가 발행한 국채 형태로 보유되고 있다. 참고로 2024년 기준으로 이는 약 36조 달러에 달하는 미국 국가부채의 7.8퍼센트에 해당한다. 말하자면 우리는 우리 자신에게 빚을 지고 있는 셈이다. 실제로 미국의 총부채 36조 달러 중 약 21퍼센트(7조 3,000억 달러)는 이런 방식으로 우리가 스스로에게 진 부채다. 사회보장기금, 국민건강보험, 그리고 군인과 공무원 연금기금이 여기에 포함된다. 반면 일본이 보유한 미국 부채는 1조 1,300억 달러(3퍼센트), 중국은 7,750억 달러(2퍼센트)에 불과하다.

잉여금 2조 8,000억 달러는 정말 존재하는 걸까

아마 이런 말을 들어본 적이 있을 것이다. 신탁기금은 실제로 존재하지 않으며, 정부가 이미 그 돈을 다 써버렸다는 이야기 말이다. 그 말은 맞기도 하고, 틀리기도 하다.

어딘가에 10만 달러짜리 지폐를 가득 쌓아둔 '금고' 같은 것은 존재하지 않는다. (참고로 이 지폐는 1934년에 발행된 것으로, 골드 인증서라 불렸다. 지폐 앞면에는 우드로 윌슨Woodrow Wilson 대통령의 초상이 그려져 있었다. 이 지폐는 연방준비은행 간의 공식 거래에서만 사용되었으며,

일반 대중에게는 유통된 적이 없다.)

신탁기금은 여러 종류의 미국 재무부 국채로 구성되어 있다. "그 돈이 정말 존재하는가?"라는 질문에 답하려면, 먼저 이 국채가 어떤 성격의 채권이며 어떻게 작동하는지를 이해할 필요가 있다.

어떤 기관이든 채권을 발행하는 목적은 자금을 조달해 사용하기 위해서다. 이후 그 원금과 이자는 미래의 수입으로 상환한다. 신탁기금이 보유하고 있는 미국 재무부 국채 역시 마찬가지다. 이 채권은 흔히 '미국 정부의 완전한 신용과 신뢰'로 보증된, 세계에서 가장 안전한 투자 상품으로 여겨진다. 물론 그 미국 정부란 곧 우리, 즉 미국 납세자들이며, 바로 2조 8,000억 달러의 채무를 진 당사자이기도 하다.

따라서 신탁기금이 보유한 미국 재무부 국채는 중국이나 일본, 각종 채권·머니마켓펀드, 그리고 수많은 개인 투자자들이 보유한 미국 국채와 마찬가지로 실제 가치가 있는 진짜 자산이다.

신탁기금을 현금으로 금고에 보관하지 않는 이유

"그래도 우리가 낸 돈을 정부가 마음대로 써버리지 않고, 현금으로 금고에 그대로 보관했더라면 정부에 대한 불신이 덜했을 텐데." 이렇게 투덜거리는 사람도 있다. 그러나 현금은 장기적으로 돈을 보관하기에는 아주 형편없는 수단이다. 인플레이션이 그 구매력을 조금씩 갉아먹기 때문이다.

돈을 투자한다는 것은 곧 그 돈이 어딘가에 쓰인다는 점을 이해하는 것이 중요하다. 예를 들어 지역 은행에 예금 계좌를 가지고 있다고 하더라도, 그 돈이 금고 속에 고스란히 들어 있는 것은 아니다. 은행은 그 예금을 다른 사람에게 대출해 이자를 받고 있으며, 따라서 그 돈 전부가 즉시 인출 가능한 상태로 존재하는 것은 아니다.

그런 위험을 도저히 받아들일 수 없다면, 선택지는 현금을 침대 밑이나 금고에 쌓아두는 것뿐이다. 만약 정부가 그런 방식을 택했다면, 지금 신탁기금은 지폐로 가득 차 있을 것이다. 다시 말해 '미국 정부의 완전한 신용과 신뢰'로 보증된 종잇조각들로 말이다. 거기에 비하면 적어도 재무부 국채는 이자를 지급한다.

연금은 몇 세부터 받는 것이 좋을까

미국의 경우 62세가 되면 사회보장연금을 받을 수 있다. 하지만 문제는 일찍 받을수록 매달 받는 금액이 줄어든다는 점이다. 반대로 수령을 늦출수록 연금액은 늘어난다. 물론 늦게 받을수록 연금을 받을 수 있는 기간은 그만큼 짧아질 것이다.

언제부터 연금을 받는 것이 좋을지를 두고 수많은 전략이 쏟아졌다. 그 가운데는 꽤 그럴듯한 방법도 있고, 또 지나치게 복잡한 방법도 있다. 나 역시 그런 글을 많이 읽어봤지만, 결국 결론은 간단하다고 본다. 정부의 생명 통계표는 그야말로 최고 수준이기 때문에, 연금 지급액은 확률적으로 거의 정확하게 설계되어 있다. 따라서 다음의 질문들을 순서대로 자신에게 던져보면 된다.

1. 지금 그 돈이 필요한가? 지금 당장 돈이 꼭 필요하다면 다른 어떤 요소도 중요하지 않다. 다만 수령을 한 달 미룰 때마다 월 지급액은 그만큼 커진다는 점을 기억해야 한다.

2. 사회보장연금 제도가 붕괴하여 언젠가 지급이 중단될 거라고 생각되는가? 만약 그렇게 믿는다면 당연히 지금 받을 수 있을 때 받자는 쪽을 택하게 될 것이다. 하지만 참고로 말하자면, 나는 그 생각이 틀렸다고 본다. 그 이유는 곧 설명하겠다.

3. 앞으로 얼마나 오래 살 것 같은가? 오래 살수록 연금 수령을 늦추는 편이 유리하다. 62세와 66세 수령 시점의 손익분기점은 대략 84세쯤이다. 즉, 84세 이후까지 산다면 66세 이후로 수령을 미룬 쪽이 총액 기준으로 더 많은 연금을 받게 된다. 반대로 84세 이전에 사망할 것 같다면, 가능한 한 빨리 받는 편이 나을 수도 있다. 단, 다음의 경우는 예외다.

4. 결혼한 상태이고 부부 두 사람 중 당신이 더 많은 소득을 올렸다면, 배우자가 얼마나 오래 살지를 함께 고려해야 한다. 만약 배우자가 당신보다 오래 살 가능성이 높다면, 당신이 세상을 떠난

뒤 배우자는 자신의 더 적은 사회보장연금 대신 당신의 더 많은 연금으로 바꿔 수령할 수 있다.

예를 들어, 내 아내와 나는 둘 다 건강한 편이다. 하지만 양가 가족의 병력과 일반적으로 여성의 평균 수명이 남성보다 길다는 점을 고려하면, 아내가 나보다 오래 살 가능성이 높다고 본다. 나는 아마 85세까지는 살 수 있을 것 같다. 만약 내가 혼자라면 가능한 한 빨리 연금을 받기 시작했을 것이다. 하지만 아내는 95세, 어쩌면 100세까지도 살 수 있다. 내가 세상을 떠나면, 아내는 자신의 연금 대신 내 연금으로 전환할 수 있는 선택권이 생긴다. 내 연금이 더 많기 때문에 당연히 그렇게 하는 게 낫다. 그래서 나는 아내가 받을 금액을 최대화하기 위해 내 연금 수령을 70세까지 미뤘다. 반면 아내는 66세에 수령을 시작했다.

또 하나 고려할 점이 있다. 나이가 들수록 판단력과 인지 능력은 서서히 떨어진다. 그만큼 투자 자산을 스스로 관리하기가 점점 더 어려워지고, 다른 사람의 도움에 의존하게 된다. 그런 시점에서는 정부가 매달 꼬박꼬박 보내주는 연금이 단순한 돈 이상의 가치를 지니게 된다.

물론 미래가 어떻게 될지는 아무도 알 수 없다. 우리가 할 수 있는 최선은 그저 확률에 따라 현명하게 선택하는 것뿐이다.

사회보장연금이 고갈돼 받지 못할 가능성은 없나

62세가 되자마자 연금액이 줄어드는 것을 감수하고 곧바로 수령을 시작하는 사람들도 있다. 지금 당장 돈이 필요해서 어쩔 수 없는 경우도 있지만, 많은 이들이 불안감 때문에 그렇게 한다. 그들은 사회보장연금 제도가 자신이 살아 있는 동안 붕괴될 거라고 믿고, 받을 수 있을 때 최대한 받아두자고 생각한다. 그러나 나는 걱정하지 않는다. 당신이 55세 이상이라면, 연금은 한 푼도 빠짐 없이 받을 수 있다. 그 이유는 다음과 같다.

1. 미국의 사회보장연금 제도는 역사상 가장 강력한 로비 단체인 미국은퇴자협회의 지지를 받고 있다.
2. 노년층이 인구에서 차지하는 비중이 점점 커지고 있다.
3. 노년층은 투표한다.
4. 지금까지 제시된 모든 사회보장연금 제도의 재정 문제 해결책은 55세 미만에만 영향을 미치도록 설계되어 있다.

55세 미만은 그럼 못 받을 가능성이 있다는 건가

55세 이상에게 사회보장연금은 꽤 괜찮은 제도로 작동해왔다. 하지만 내 세대와 그 이전 세대가 아마도 이런 후한 혜택을 누릴 마지막 세대가 될 가능성이 높다. 제도는 이미 위기에 처해 있으며, 분명히 개혁이 필요하다. 오늘날 55세 미만인 사람들에게는 훨씬 덜 매력적인 조건이 될 가능성이 크다.

1. 약속된 연금은 100퍼센트 받겠지만, 그 약속된 금액 자체가 더 적어질 것이다.
2. 부담금은 더 커질 것이다. 사회보장세가 부과되는 소득 상한선이 계속 높아지고 있기 때문이다. 2015년에는 상한이 11만 8,500달러였지만, 2025년에는 17만 6,100달러로 49퍼센트 인상되었다. 이런 추세는 앞으로도 이어질 것이다.
3. 정년퇴직 연령 역시 계속 높아질 것이다. 과거에는 65세였고, 나의 경우 66세다. 1960년 이후 출생자는 67세가 기준이다. 이 연령은 앞으로도 더 오를 것이다.
4. 연금이 소득 심사를 거쳐 지급될 가능성이 있다. 즉, 납부액이 아니라 필요 여부에 따라 받는 금액이 달라질 수 있다는 뜻이다.
5. 의회는 계속해서 제도를 손볼 것이고, 결국 사회보장연금 제도는 형태가 다소 축소되더라도 여전히 유지될 것이다.

사회보장연금 제도는 과연 우리에게 득일까 실일까

글쎄, 상황에 따라 다르다. 이 책을 읽는 경제적으로 책임감 있는 사람들에게는 아마 그리 좋은 거래는 아닐 것이다. 당신이 의무적으로 내야 하는 소득의 7.65퍼센트(사회보장세 6.2퍼센트와 국민건강보험료 1.45퍼센트)와 2025년 기준으로 고용주가 동일하게 부담해야 하는 금액을 합쳐 수십 년 동안 이 책에서 제시한 방식으로 투자했다면, 당신의 자산은 지금보다 훨씬 더 불어났을 가능성이 높다. 게다가 그 돈은 정부의 정책 변화에 흔들리지 않고 당신의 손안에 있었을 것이다. 하지만 그렇게 할 수 있는 사람은 소수에 불과하다.

나는 대부분의 사람이 돈을 제대로 다루지 못한다는 현실을 잘 알고 있다. 사회보장연금 제도가 없다면, 많은 사람이 다시 고양이 사료로 연명하는 처지로 돌아갈 것이다. 그렇게 되면 우리 나머지는 그들의 비참한 사정을 지켜봐야 할 뿐 아니라, 상황을 해결하기 위해 사회보장연금 제도보다 훨씬 더 가혹한 제도가 도입될지도 모른다. 그러니 대부분의 사람에게는 결국 이 제도가 괜찮은 거래라고 생각한다. 아마 사회 전체로 봐도 그럴 것이다. 하지만 현명한 투자자인 당신과 나에게는 아니다.

사회보장연금에 대한 나의 조언

사회보장연금이 없다고 가정하고 재정 계획을 세워라. 수입보다 적게 쓰고, 남는 돈을 투자하며, 빚을 지지 말고, 독립 자금을 모아라. 경제적으로든 삶의 방식으로든 스스로 독립적인 존재가 되어라. 그리고 언젠가 사회보장연금을 실제로 받게 된다면, 그때는 마음껏 즐기면 된다.

29
억만장자처럼 기부하는 법

우리 부부와 빌·멀린다 게이츠 부부 사이에는 한 가지 공통점이 있다. 이 말을 들으면 독자들은 의아할 것이다. 대체 콜린스 부부와 게이츠 부부가 무슨 공통점이 있다는 것인가? 그 답을 알려 주겠다.

게이츠 부부처럼 우리 부부 역시 자선재단을 가지고 있다. 이쯤 되면 이렇게 생각할 것 같다. '그럴 줄 알았어. JL은 억만장자였구나.' 안타깝게도 그건 오해다. 나는 부유한 대신이라기보다 청빈한 수도승에 더 가깝다. 우리 재단에는 게이츠 부부처럼 근사한 건물조차 없다.

지금까지 우리는 투자와 독립 자금을 모으는 방법에 대해 많이 이야기했지만, 정작 그 돈을 어떻게 쓰는가에 대해서는 거의 다루지 않았다. 우리 부부는 물건을 소유하는 데 별로 관심이 없어서, 그 부분에 대해서는 할 말이 많지 않다. 여행은 좋아한다. 거기엔 아낌없이 쓴다. 그리고 딸의 대학 학비를 대준 일도 정말 잘한 소비였다. 아이가 대학 생활을 온전히 즐기며 성장할 수 있었기 때문이다.

하지만 가장 순수한 기쁨을 준 것은 누군가에게 베푼 돈이었다. 사실 우리가 쓴 돈 중에서도 유난히 큰 만족을 안겨준 1,200달러가 있다. 이 이야기를 꺼내는 게 조금 망설여진다. 자칫 자랑처럼 들릴 수 있기 때문이다. 하지만 진짜 의도는 단지 한 가지 사례를 보여주려는 데 있다. 그렇게 받아들여 주길 바란다.

오래전 딸이 다니던 가톨릭 초등학교에서 열린 자선 경매 행사에 참석한 적이 있었다. 그 학교의 교사들과 학교를 이끌던 수녀 원장님은 늘 우리에게 깊은 인상을 주었다.

우리가 즐겨 가던 동네 식당 중에 파커스$_{Parker's}$라는 곳이 있었다. 주인의 이름을 딴 식당인데, 그날 파커가 기증한 10인용 고급 만찬 이용권이 경매로 나왔다. 우리는 즉흥적으로 그걸 낙찰받아 학교 선생님들에게 선물하기로 했다.

경매는 꽤 치열했다. 하지만 가격이 파커스에서 실제로 열 명이 식사할 수 있는 비용 수준에 이르자 경쟁이 서서히 줄어들었다. 결국 약 1,200달러 선에서 우리가 낙찰받게 되었다.

우리는 그 저녁 식사권을 수녀원장님께 드리며 두 가지 요청을 전했다. 첫째, 수녀원장님에게 총 열다섯 명의 교사 중 함께 식사

할 열 명을 직접 정해달라고 했다. 둘째, 수녀원장님 본인도 반드시 참석해달라고 했다. 우리는 그분이 어떤 분인지 잘 알고 있었기에, 혹시라도 사양하거나 다른 이들에게 모두 양보할까 봐 미리 당부를 했던 것이다.

그 소식이 퍼지자 흥미로운 일이 몇 가지 벌어졌다. 먼저 식당 주인 파커가 나서서 기부를 확대해, 열다섯 명의 모든 교사가 함께할 수 있도록 만찬 인원을 늘려주었다. 그리고 또 한 명의 입찰자가 나서서 와인 비용을 자신이 부담하겠다고 했다. 좋은 음식과 와인, 그리고 가톨릭 학교 교사들이 한데 어우러지면 어떤 일이 벌어질지는 굳이 설명하지 않아도 알 수 있다. 그날 모두가 정말 즐겁게 지냈다고만 해두겠다.

자선 기부는 개인적인 즐거움 외에도 세금 공제라는 실질적인 혜택이 있다. 물론 이 혜택을 받으려면 세금 신고를 할 때 공제 항목을 세부적으로 기재해야 한다. 예를 들어, 2025년 기준으로 부부 공동 신고 시 표준공제액은 3만 달러다. 만약 세부 공제 항목을 모두 합쳐도 이 금액에 미치지 못한다면, 굳이 세부 공제를 선택할 필요 없이 표준공제를 적용하는 편이 더 낫다. 괜히 복잡한 계산으로 시간을 낭비할 필요가 없다.

몇 년 전, 나는 내 개인 세금 상황에 영향을 줄 두 가지 인생의 변화가 곧 닥칠 거라는 걸 깨달았다. 집을 팔 계획이 있었고, 은퇴도 준비 중이었다. 집을 팔면 주택 관련 공제 항목들이 사라져 표준공제를 적용받게 되므로 기부금 공제를 받을 수 없게 되고, 은퇴 후에는 세율이 낮은 과세 구간으로 내려가게 되므로 기부금 공제의 절세 효과도 함께 줄어든다. 즉, 이 두 가지 모두 자선 기부의 세금 혜택을 줄이는 요인이었다. 그래서 내가 찾은 해법은 이랬다.

자선기금

이미 알고 있겠지만, 나는 뱅가드의 열렬한 팬이다. 따라서 우리 재단을 설립할 때 뱅가드 자선기금 프로그램_{Vanguard Charitable Endowment Program}을 이용한 것도 전혀 놀라운 일이 아니다. 그 이유는 이렇다.

- 재단을 설립하는 데 억만장자일 필요가 없다. 최소 2만 5,000달러만 있으면 누구나 자신만의 재단을 설립할 수 있다. 물론 근사한 건물은 포함되지 않는다.
- 재단에 자금을 출연한 해에 바로 세금 공제를 받을 수 있다. 덕분에 세금 혜택이 나에게 가장 유리할 때 적용할 수 있었다.
- 주식, 뮤추얼펀드, 혹은 가치가 오른 자산이 있다면 이를 재단으로 직접 이전할 수 있다. 이 경우 자산의 시가 전체에 대한 공제를 받을 수 있고, 평가 차익에 대한 양도소득세도 내지 않는다. 세금 혜택이 이중으로 주어지고, 자선단체에는 더 많은 돈이 전달된다.

- 다양한 투자 옵션을 선택해, 자금을 실제로 기부하기 전까지 세금 없이 증식시킬 수 있다.
- 어떤 자선단체에 얼마(최소 500달러)를 언제 기부할지 전적으로 자신이 결정할 수 있다. 자동으로 실행되도록 설정하는 것도 가능하다.
- 언제든 원하는 시점에 자금을 추가할 수 있으며, 최소 금액은 5,000달러다(잔액이 2만 5,000달러 아래로 떨어질 경우, 연간 250달러의 관리 수수료가 부과된다).
- 뱅가드가 운용하기 때문에 비용은 최소 수준이다.
- 원치 않는 기부 요청이 들어올 때 "우리는 재단을 통해서만 기부합니다. 제안서를 보내주세요"라고 말할 수 있다. 지금까지 받은 제안서는 정확히 0건이다.
- 그렇게 하면 일부 자선단체들이 다른 모금단체에 넘기는 기부자 명단에 우리 이름이 올라가지 않아 원치 않는 기부 요청을 막을 수 있다.

이 제도는 세금상의 이점 외에도 자선 기부에 대해 내가 개인적으로 내린 몇 가지 결론과도 맞아떨어진다.

- 기부는 집중하는 것이 가장 좋다. 우리는 단 두 곳의 자선단체만 선택했다.
- 여러 단체에 소액을 나눠주는 것은 스스로 뿌듯할 수는 있

겠지만, 효과가 희석되고 기부금의 상당 부분이 행정 처리 과정에서 소모된다.
- 여러 단체에 소액을 보내면, 그만큼 많은 우편·메일 명단에 이름이 오른다.
- 전화로 모금하는 단체에는 절대 기부하지 마라.
- 어떤 자선단체가 광고를 많이 할수록, 나는 그들이 진짜로 도움이 필요한 사람들에게 내 돈을 전달하고 있다는 믿음이 줄어든다.
- 자선단체를 결정할 때는 그곳이 어떻게 운영되는지 반드시 조사를 해야 한다. 사기 단체도 있지만, 많은 자선단체가 비효율적인 운영으로 실제 도움이 필요한 이들에게 기부금이 충분히 전달되지 않는다.

자선단체가 아니어도 사람들을 도울 수 있다

세금 공제가 가능한 방식의 전형적인 기부 외에도 의미 있는 나눔은 있다. 주변의 친구나 이웃을 직접 돕는 일은 세금 공제를 받을 수는 없지만, 그 효과는 즉각적이고 모두에게 이롭다. 나는 앞으로 이런 직접적인 도움을 더 자주 실천하려 한다. 특히 지금은 세부 공제를 하지 않고 있으니 더욱 그럴 생각이다.

마지막으로, 기부는 분명 훌륭하고 기분 좋은 일이다. 하지만 그건 의무가 아니다. 이와 다르게 말하는 사람이 있다면, 그는 아마 무언가를 팔려는 사람일 것이다. 대개는 자신에게, 혹은 자신이 애착을 가진 프로젝트에 기부하라는 말일 가능성이 높다.

개인으로서 우리가 사회에 지는 의무는 단 하나뿐이다. 우리 자신과 우리의 자녀가 다른 사람에게 짐이 되지 않도록 하는 것이다. 그 밖의 일들은 모두 개인의 선택이다. 스스로 선택하라. 그리고 세상을 훨씬 더 흥미로운 곳으로 만들어보라.

투자자를 위한
당부

당신이 원하는 모든 것은 두려움의 저편에 있다.
—잭 캔필드(Jack Canfield)

사회 초년생을 위한
10년 투자 조언

내 딸은 이제 서른이 되었다. 내가 딸에게 사회 초년생을 위한 투자 조언을 처음 들려준 것은 그녀가 10대였을 때였다. 그러나 이 조언은 꼭 젊은이들만을 위한 것은 아니다. 나이가 좀 더 들었더라도 부를 향해 방향을 바꾸고 싶다면, 이 조언에 귀를 기울여 보라. 앞으로 10년 동안 이 조언을 유념해 투자를 해나간다면 분명 미래를 바꿀 수 있게 될 것이다.

- 빚을 지지 마라. 이자를 내면서까지 소유해야 할 만한 것은 없다.
- 경제적으로 무책임한 사람은 피하라. 특히 그런 사람과 결혼해서는 안 된다.

- 앞으로 10년쯤은 일에 매달려 커리어와 직업적 명성을 쌓는 데 집중하라. 그렇다고 사무실 책상 앞에만 앉아 있으라는 뜻은 아니다. 커리어를 훨씬 더 넓은 개념으로 생각하라. 가능성은 무한하다.
- 대학 시절 돈이 넉넉하지 않아 검소하게 생활했던 습관과 기술을 잊지 말고, 그 어떤 새로운 모험이든 마음껏 추구하라.
- 생활 수준이 점점 커지는 덫에 걸리지 마라. 이미 그렇다면 지금이라도 줄여라.
- 소득의 최소 50퍼센트를 저축하고 투자하라. 이 돈은 VTSAX나 이 책에서 언급한 다른 옵션들에 넣어라. 이렇게 10년만 꾸준히 해도 경제적 독립에 다다를 수 있다.
- 50퍼센트보다 더 많이 저축하면 더 빨리 목표에 도달한다. 반대로 덜 저축하면 조금 더 오래 걸린다.
- 시장이 운 좋게 호조를 보이면 목표에 더 일찍 도달할 수 있다. 그렇지 않다면 시간이 좀 더 걸릴 것이다.
- 자산을 모으는 동안은 시장이 하락할 때 기뻐하라. 부를 축적하는 단계에서의 시장 하락은 선물과 같다. 투자할 때마다 같은 돈으로 더 많은 주식을 살 수 있기 때문이다.
- 하지만 자신이나 다른 누군가가 이런 하락을 예측하거나 타이밍을 맞출 수 있다고 믿는 어리석음에 빠지지 마라.
- 서른에서 서른 중반 무렵(혹은 시작한 지 10~15년쯤 뒤)이 되면 두 가지 일이 일어난다. 커리어가 최고조에 오르고, 동시에

경제적 독립이 눈앞에 다가올 것이다.
- 자산의 4퍼센트로 생활비를 충당할 수 있게 되면, 그때가 바로 경제적 독립을 이룬 순간이다. 다시 말해, 경제적 독립이란 연간 생활비의 25배를 보유한 상태를 뜻한다. 예를 들어 연간 생활비가 6만 달러라면, 투자한 돈이 150만 달러가 되었을 때 경제적 독립에 도달한 것이다. 반면 마이크 타이슨처럼 한 달에 40만 달러, 즉 연간 480만 달러를 쓰고 산다면 경제적 독립에는 1억 2,000만 달러가 필요하다. 이처럼 경제적 독립은 자산의 규모만큼이나 자신의 소비를 얼마나 통제하느냐에 달려 있다.
- 경제적 독립을 이루었다면 이제 투자 수익으로 살아가라.
- 경제적 독립을 이룬 시점에서, 지금의 일에 여전히 흥미를 느끼는지 혹은 새로운 일을 시도하고 싶은지를 스스로 결정할 수 있다.
- 이때 일을 계속한다면 소득의 100퍼센트를 투자하라. 이제 당신은 투자 수익으로 살아가는 사람이다. 이는 자산의 성장을 폭발적으로 가속할 것이다.
- 주의하라. 이 마지막 세 가지 원칙을 문자 그대로 실천해야 한다는 뜻은 아니다. 이것은 자산과 소득을 바라보는 사고방식에 관한 것이다. 실제로 대부분은 이 개념을 실행할 때 투자 원금은 유지하면서 근로소득으로 생활비를 충당하고, 남는 돈을 추가로 투자하게 될 것이다. 이런 방식으로 자산

이 성장하면, 그에 따라 4퍼센트 규칙에서 말하는 쓸 수 있는 금액 또한 점점 커진다.
- 일을 계속하는 동안에는 VTSAX 하나로도 모든 투자 목적을 충족할 수 있다. 그 과정에서 꾸준히 자금을 추가하면 변동성 또한 완화된다.
- 일을 그만두기로 했다면, 채권으로 자산을 분산하라. 채권 비중을 늘릴수록 투자 여정은 부드러워지지만, 성장 속도는 그만큼 낮아진다.

경제적 독립을 이루고, 보유 자산의 4퍼센트로 생활할 수 있게 되었다면, 원한다면 이제 바로 그 자유를 누릴 때가 왔다.

- 생활 수준을 조금씩 높이기 시작하라. 단, 지출은 반드시 자산의 4퍼센트 이내로 유지해야 한다.
- 앞에서 이야기했듯, 이제는 억만장자처럼 기부를 생각할 때다.
- 자녀를 가질 계획이 있다면 지금이 적기다. 아직 아주 젊고, 경제적으로도 안정되어 있으며, 경제적 독립을 이루었기에 아이들에게 필요한 시간을 온전히 쏟을 수 있다.
- 집을 사고 싶다면 고려해볼 수 있다. 그러나 서두르지 마라. 집은 투자 대상이 아니라 값비싼 사치품이다. 감당할 여유가 충분하고, 그것이 자신이 원하는 삶의 변화를 불러올 때만 사라.

당신은 젊고 똑똑하며 건강하고 강인하다. 오늘부터 이 투자 조언대로 삶을 시작한다면, 앞으로 10년 뒤에는 독립 자금을 손에 넣게 될 것이다. 일단 경제적 독립을 이루고 나면 자산은 계속 불어날 것이고, 선택의 폭 또한 점점 넓어질 것이다. 당신의 앞날은 너무나 눈부셔서 바라보는 내 눈이 아플 지경이다.

이건 내가 내 딸에게 늘 해왔고 앞으로도 계속 해줄 말이다. 그리고 그 결과는 아주 훌륭했다. 그러니 만약 당신도 아직 학교에 다니거나 졸업한 지 몇 년 되지 않았다면, 또 다정한 JL 아저씨가 어떤 조언을 해줄지 궁금하다면, 바로 이게 그 답이다. 지금까지 이야기한 모든 것과 마찬가지로, 이 조언의 핵심 역시 인생에서 자신의 기회를 넓히는 데 있다.

조금 더 나이가 들었다고 해서 낙심할 필요는 없다. 인생에서 너무 늦은 때란 없다. 나 역시 이걸 깨닫는 데 수십 년이 걸렸다. 아마 당신의 인생에도 이 길을 향해 오기까지 많은 굴곡이 있었을 것이다. 그러나 그 굴곡들은 이미 지나간 일이다. 중요한 것은 미래이며, 그 미래는 우리 모두에게 지금 이 순간부터 시작된다.

자유, 돈으로 살 수 있는
가장 값진 것

오래전 어느 날, 나는 직장에서 유난히 힘든 하루를 보내고 있었다. 오후 늦게 당시 여자친구였던 아내에게 전화를 걸어 말했다. "이 지긋지긋한 일 다 그만두고 타히티로 떠나자." 그때 나는 타히티가 어디에 있는지도 잘 몰랐으면서 그냥 그렇게 말했다.

그녀는 말했다. "좋아. 항공권은 내가 싸게 구할 수 있어." 그리고 2주 뒤에는 아름다운 타히티 여성이 내 목에 환영의 꽃목걸이를 걸어주고 있었다. 그때 나는 결혼을 약속한 이 여자에게는 말 한마디도 함부로 해선 안 되겠다는 걸 깨달았다.

도전과 열정이 가져다준 낙원의 삶

타히티는 남태평양에 자리한 프랑스령 폴리네시아의 섬으로, 수많은 섬이 모여 이루어진 곳이다. 그 하나하나가 이제까지 본 섬보다 더 아름다워 보였다. 우리는 그중 한 섬의 맑고 투명한 바다 위에 세워진 오두막에서 한동안 머물렀다.

어느 날 아침, 숙소 안뜰에 있는 야외 카페에서 느긋하게 커피를 마시고 있을 때였다. 단정하고 탄탄한 체격의 한 남자가 맨발에 웃통을 벗은 채 우리 테이블로 다가왔다. 그는 자신을 무크$_{Muk}$라고 소개하며, 호텔의 공동 소유주 중 한 사람이라고 했다. 억양으로 보아 분명 미국인이었다.

당연히 우리는 몹시 호기심이 생겨 그에게 함께 앉자고 권했다. 무크는 대단한 이야기꾼이자 대화가 즐거운 사람이었다. 그는 먼저 전날 내 아내가 느긋하게 쉬고 있는 모습을 보고, 하마터면 일을 게을리한다고 나무랄 뻔했다고 털어놓았다. 그녀는 매우 타히티 사람 같았던 것이다.

모두 재미있는 이야기였지만, 정작 내게는 궁금한 점이 따로 있었다. 그래서 나는 물었다.

"그런데 말이에요, 미국 사람이 어떻게 타히티에 호텔을 소유하게 된 겁니까?"

알고 보니 무크와 그의 친구 두 사람은 1960년대 초, 미시간주의 어느 대학을 졸업했다고 했다. 그 후 그들은 캘리포니아로 이

주했고, 무슨 일을 할지 고민하던 중 친구 한 명이 신문에서 작은 광고를 보게 되었다. 타히티에 있는 파인애플 농장을 매우 싼값에 판다는 광고였다. 당시 타히티는 아직 유명한 관광지가 아닐 때였다. 그 길로 그들은 현장을 한 번 보지도 않고 그 농장을 사들인 뒤, 짐을 싸기 시작했다.

내가 물었다. "파인애플 재배에 대해 아는 게 있었나요?"

"하나도 없었어요." 무크가 대답했다.

"농장에서 자란 적이 있나요?"

"아니요, 우리 모두 도시에서 자랐어요."

"그래도 학교 다닐 때 농장에서 일해본 적이 있었나 보죠?"

"아예 농장에 발도 들여본 적 없었어요."

그들은 타히티에 도착하자마자 파인애플 농장에서 일을 시작했다고 했다. 하지만 두어 달 만에 그 농장이 왜 그렇게 헐값이었는지 이유가 드러났다. 타히티에서는 파인애플 농사로는 생계를 유지할 수 없었던 것이다. 그들은 점점 더 궁핍해졌고, 낙원에 갇힌 신세가 되었다. 그들은 자신들이 할 수 있는 일을 고민하기 시작했다. 그러던 중 폴리네시아의 수도 파페에테$_{Papeete}$에 있는 한 현지 은행에서 그들에게 회의 참석을 제안했다.

농장에서 언덕을 조금 내려가면 바닷가에 반쯤 지어진 호텔이 하나 있었다. 건축주가 파산하며 공사를 포기한 상태였다. 은행은 무크와 그의 친구들에게 그 호텔을 완공할 의향이 있는지 물었다. 물론 조건은 아주 후했다.

내가 말했다. "잠깐만요, 당신들 중에 건축 경험 있는 사람이라도 있었나요?"

"전혀요."

"그렇다면 그 전에 호텔을 운영해본 적이 있었나요?"

"아니요."

"호텔에서 일해본 적은요?"

"없어요. 그래도 호텔에 묵어본 적은 있었죠."

"그럼 도대체 왜, 말 그대로 좋은 뜻에서 묻는 건데요. 은행은 왜 미완성 호텔과 공사 자금을 당신들한테 넘긴 거예요?"

"그들도 궁지에 몰려 있었거든요. 그리고 우리는 미국인이잖아요. 당시 이곳에서 미국인은 일을 끝까지 해내는 사람들로 통했어요."

무크와 그의 친구들은 그 명성에 걸맞게 행동했다. 경험이 전혀 없었음에도 그들은 호텔을 완공해 수익을 내기 시작했다. 이후 그들은 우리가 머물렀던 호텔을 포함해 몇 개의 호텔을 더 짓고 운영하게 되었다.

우리가 만났을 때쯤 그는 이미 부자가 되어 있었다. 맨발에 웃통을 벗은 채로 여전히 나날이 부유해지고 있었다. 게다가 그 모든 걸 아름다운 낙원에서 누리고 있었다.

2015년에 이 글을 쓰던 중 문득 무크가 궁금해져 그를 검색해봤다. 알고 보니 그는 이미 여든 살이 되었지만, 건강하게 지내고 있었다. 그의 이야기 중 몇몇 세부 사항은 내가 기억하거나 여기서 전한 것과 조금 달랐지만, 분명 우리만이 그에게 깊은 인상을 받은 것은 아니었다.

한편 타히티에서 만난 사람 중 자기만의 방식대로 삶을 만들어 낸 이는 또 있었다.

자기만의 방식으로 삶을 꾸리는 사람들

어느 날 저녁, 우리는 해변을 따라 걷다가 모래 위에 자리한 작은 식당에 들러 저녁을 먹었다. 해안 가까운 바다 안쪽에는 몇 척의 아름다운 요트가 정박해 있었다.

우리가 술을 마시고 있을 때, 요트 한 척에서 작은 보트 하나가 분리되어 해안으로 다가왔다. 우리 또래쯤 되어 보이는 한 남녀가 보트에서 내려 모래 위를 걸어와 옆 테이블에 앉았다. 우리는 이야기를 나누기 시작했고, 곧 한 테이블에 함께 앉아 저녁을 먹게 되었다. 지금은 아쉽게도 그들의 이름은 잊었지만, 그날 들었던 그들의 이야기는 결코 잊을 수 없었다.

그들은 로스앤젤레스에서 요트를 타고 이곳까지 건너왔으며, 넉 달 동안 남태평양의 섬들을 여행하며 지내고 있다고 했다. 나는 도대체 무슨 일을 하길래 그런 생활이 가능한지 물었다.

알고 보니 그 남자는 두 명의 동업자와 함께 사업을 하고 있었다. 세 사람은 두 가지를 공동 소유하고 있었는데, 하나는 그 요트였고 다른 하나는 로스앤젤레스의 사업체였다. 세 사람은 번갈아가며 두 명은 로스앤젤레스에서 사업을 운영하고, 한 명은 요트를 타고 나와 여행을 즐기는 식으로 생활하고 있었다.

이런 삶을 위해서는 절대적인 신뢰가 가능한 동업자가 필요하다. 하지만 그 전제만 갖춰진다면 이보다 멋진 인생 설계는 없을 것이다. 이 남자들과 무크는 대담하게 살아간다는 것이 어떤 것인지 보여주는 훌륭한 본보기였다.

물론 이런 사람들이 세상에 흔하지는 않다. 그러나 세월이 흐르며 나는 이들 외에도 자신만의 방식으로 삶을 살아가는 이들을 여럿 만나왔다. 그들은 빚과 소비주의, 그리고 스스로 옭아매는 사고방식의 사슬을 끊어내고 자유롭게 살고자 했다. 그들의 마음은 언제나 새로운 생각과 용기로 가득 차 있었다.

나에게는 이 자유야말로 돈으로 살 수 있는 것 중 가장 가치 있는 것이다. 그리고 바로 그러한 이유로, 이 책에서 그 자유를 얻기 위한 전략들을 제시하고 있다.

위기는 언제든 다시 온다

경제적 자유를 추구하기로 마음먹었다면, 돈을 소비가 아닌 투자에 쓰겠다는 선택을 해야 한다. 그런데 이상하게도 우리 문화에서는 이를 대부분 희생으로 여긴다. 나로서는 그게 도무지 이해되지 않는다. 개인적으로는 독립 자금보다 더 사고 싶거나 가지고 싶은 것이 없기 때문이다.

독립 자금을 갖게 되면 세상의 가능성은 끝없이 열리고, 그 자유를 가지고 무엇을 할지 스스로 결정하는 짜릿한 선택의 순간이 찾아온다. 한계란 오직 상상력과 두려움뿐이다.

다만 투자가 희생을 의미하진 않지만, 위험을 감수해야 한다는 뜻이기는 하다.

이 책에서 제시하는 투자법은 주식시장은 결국에는 항상 상승한다는 전제에 기반한다. 실제로 다우존스 산업평균지수는 지난 세기를 68포인트에서 시작해 11,497포인트로 마감했다. 그사이 두 차례의 세계대전, 대공황, 극심한 인플레이션, 그리고 수많은 전쟁과 경제 위기를 겪었다. 현 세기에서 성공적인 투자자가 되고 싶다면, 이와 같은 긴 안목이 필요하다.

21세기 첫 25년 동안 우리는 세 번의 시장 붕괴(2000년, 2008년, 2020년)와 몇 차례의 약세장, 또다시 이어진 전쟁들, 세계적 팬데믹, 그리고 40년 만에 되돌아온 인플레이션과 금리 상승을 겪었다. 그럼에도 2025년 1월 초 기준, 다우 지수는 42,772포인트에 이르렀다. 앞서 살펴본 것처럼, 이런 격변 속에서도 지난 반세기 동안 S&P 500은 연평균 12.2퍼센트라는 놀라운 속도로 상승해왔다.

절대적인 안전을 추구하는 사람들이 있지만, 그런 것은 존재하지 않는다. 미국 경제가 앞으로 수십 년에 걸친 장기 침체에 빠지지 않을 것이라 확신할 수 있을까? 혹은 그보다 더 나쁜 일이 일어나지 않을 거라 단언할 수 있을까? 전혀 그렇지 않다. 4퍼센트 인출률이 언제나 안전하다고 말할 수 있을까? 역시 아니다. 전체 시나리오 중 약 4퍼센트에서는 그 전략이 실패할 수도 있으며, 그때는 조정이 필요하다.

소행성 충돌이나 초대형 화산 폭발, 인류 멸종 수준의 바이러스, 외계인의 침공, 빙하기, 혹은 좀비의 습격 같은 일은 어떨까? 진정해라. 그런 일은 일어나지 않는다. 적어도 우리가 살아 있는 동안에는 말이다.

지구는 약 45억 년 동안 존재해왔고, 다세포 생명은 약 5억 년 전부터 활동해왔다. 공룡을 멸종시킨 6,500만 년 전의 소행성 충돌 같은 대규모 종말을 불러온 멸종 사건은 지금까지 다섯 차례 정도 있었다. 대략 1억 년에 한 번꼴인 셈이다.

우리가 지구에 존재하는 이 짧은 순간, 지질학적으로는 눈 깜짝할 사이에 불과한 시간 동안 그런 엄청난 일이 일어날 거라고 생각하는 것은 오히려 오만함이 아닐까? 우리가 그걸 직접 목격하게 될 거라고? 그럴 가능성은 거의 없다.

만약 내가 틀렸다면 어떻게 하겠나고? 정말로 인류 문명 자체를 끝장낼 만한 사건이 실제로 일어난다면, 그때는 우리가 어떤 방식으로 투자를 했든지 모든 것이 아무 의미도 없어질 것이다.

그렇다고 해서 우리가 아무런 위험도 마주하지 않는다는 뜻은 아니다. 돈을 가진 사람이라면 누구나 위험을 감수해야 한다. 위험을 피할 수는 없고, 다만 어떤 종류의 위험을 택할지 선택할 수 있을 뿐이다. 생각해보자.

- 주식은 매우 위험한 자산으로 여겨지며 단기적으로는 확실히 변동성이 크다. 하지만 5년에서 10년 정도의 기간으로 시야를 넓혀보면 이익을 얻을 가능성이 훨씬 커진다. 20년 이상 보유한다면 부자가 될 확률이 거의 확실하다고 할 수 있다. 지난 125년간의 격동의 역사가 그 증거다.

- 현금은 매우 안전한 자산으로 여겨진다. 그러나 매일 인플레이션에 의해 그 구매력은 조금씩 잠식된다. 몇 년 단위로 보면 큰 문제가 아닐 수도 있고, 단기적으로 사용할 자금이라면 현금을 보유하는 것이 당연히 옳다. 하지만 10년, 20년 이상으로 기간을 늘려보면 이야기는 완전히 달라진다. 현금은 거의 확실하게 가치를 잃는 자산이 된다.

아마 위험이라는 개념보다 변동성의 관점에서 생각하는 것이 더 유용할 것이다. 주식은 현금보다 훨씬 큰 변동성을 지니지만, 그만큼 부를 축적할 가능성도 훨씬 크다. 반면 현금은 변동성이 거의 없지만, 그 대가로 구매력이 서서히 잠식되는 손실을 감수해야 한다.

"어떤 것이 가장 좋은가?"라는 질문에 답하려면, 먼저 "나의 필요, 심리적 성향, 그리고 목표는 무엇인가?"라는 질문에 답해야 한다.

우리는 모두 확률에 따라 판단하고, 가능한 대안 중에서 결정을 내려야 한다. 그러나 그 과정에서 두려움과 위험이 종종 과장되어 있다는 사실을 인식해야 한다. 그리고 두려움이 우리를 지배하게 두는 것은 위험을 수반한다는 점을 이해해야 한다.

나는 이 같은 두려움을 극복할 수 있었기에 2008년에 일어난 금융위기 같은 사태 속에서도 공포에 휩쓸리지 않고 버텨낼 수 있었다. 그 덕분에 나는 독립 자금을 가질 수 있었다. 그 덕분에 약간의 위험이 따르지만 진짜 하고 싶은 일에 마음껏 몰두할 수 있었다. 이 책은 당신도 그렇게 할 수 있도록 돕기 위해 쓰였다.

이제 이만큼 왔으니 당신은 투자가 실제로 어떻게 작동하는지, 그리고 어떻게 현실적으로 부를 쌓아갈 수 있는지를 확실히 이해하게 되었을 것이다. 또한 그 길은 전혀 평탄하지 않으며, 시장의 급락은 지극히 정상적인 일이라는 사실도 알게 되었을 것이다. 이 지식을 갖춘 지금은 그런 사건들이 더 이상 당신에게 두려움을 불러일으키지 못할 것이다. 덕분에 공포에 휘둘리지 않고 부를 쌓아 경제적 자유를 이루겠다는 목표에 계속 집중할 수 있을 것이다.

길은 이미 당신 앞에 펼쳐져 있다. 이제 해야 할 일은 그 첫발을 내딛는 것뿐이다. 그 여정을 마음껏 즐겨라.

최종 점검

경제적 독립에 이르는 핵심 원칙

버는 돈보다 적게 쓴다

1. 수입의 일정 부분을 저축하라. 나는 50퍼센트를 기준으로 삼았다. 높은 저축률에는 두 가지 이점이 있다. 적게 쓰며 생활하는 법을 배우게 되고, 동시에 더 많은 돈을 투자할 수 있게 된다.

2. 소유물은 당신 것이지만, 동시에 그것들이 당신을 소유하기도 한다.

3. 돈으로는 많은 것을 살 수 있지만, 그중에서도 가장 귀한 것은 자유다.

4. 수입의 대부분을 소비에 쓰며 산다면, 당신은 그저 금박을

두른 노예일 뿐이다. 심지어 수입보다 더 많은 돈을 쓰고 있다면, 당신은 족쇄를 찬 노예나 다름없다.

5. 경제적으로 무책임한 사람은 멀리하라. 절대 그런 사람과 결혼하거나 그가 당신 돈에 접근하도록 놔두어서는 안 된다.

6. 인생의 선택이 언제나 돈 때문일 필요는 없지만, 그 선택이 재정에 어떤 영향을 미칠지는 늘 분명히 알아야 한다.

남는 돈은 투자한다

7. 저축한 돈을 투자에 활용하라. 수입 중 투자 비중이 높을수록 더 빨리 독립 자금을 얻게 된다.

8. 주식시장은 부를 쌓을 수 있는 강력한 도구다. 반드시 여기에 투자해야 한다.

9. 시장과 주식의 가치가 때때로 급락한다는 사실을 이해하라. 아무도 그 시점을 예측할 수 없다. 언론은 예측할 수 있다고 주장하는 사람들로 가득하지만, 그 누구도 알지 못한다.

10. 하락장에서는 소음을 무시하고 주식을 더 사라. 이는 생각보다 훨씬 어려운 일이다. 주변 사람들은 공포에 휩싸일 것이고, 언론은 매일같이 "팔아라! 팔아라! 팔아라!" 하고 외칠 것이다.

11. 투자자문가는 피하라. 너무 많은 이들이 자신의 이익만을 생각한다.

12. 좋은 자문가를 고를 수 있을 만큼 충분히 지식을 쌓았다면, 이는 곧 이미 스스로 재정을 관리할 수 있을 만큼 충분히 알게

되었다는 뜻이다. 그건 당신의 돈이고, 누구도 당신만큼 그것을 아끼지 않는다.

13. 연간 투자 자산의 4퍼센트로 살아갈 수 있다면, 당신은 이미 경제적으로 독립한 것이다.

빚은 피한다

14. 빚을 지고 산다는 것은 온몸에 거머리를 붙이고 다니는 것만큼이나 끔찍한 일이며, 그 결과도 비슷하다. 가장 날카로운 칼을 꺼내 그 피를 빠는 놈들을 하나씩 긁어내기 시작하라.

자주 하는 질문

'부에 이르는 가장 단순한 길'의 기본 원칙
- 버는 돈보다 적게 쓴다.
- 남는 돈은 투자한다.
- 빚은 피한다.

이 길을 처음 제시한 지 10년이 지났는데, 여전히 유효한가?
이 질문은 언제나 나를 약간 당황하게 만든다. 이 책을 읽어보면 알겠지만, 내가 제시하는 길은 수십 년 동안 따라가야 할 길이다. 예를 들어 내 딸처럼 일찍 시작하면 70년, 80년, 그리고 가능하다면 그 후손들에게까지 이어질 길이다. 그러니 이 길은 여전히 유효하며, 앞으로도 오랫동안 유효하도록 설계되어 있다.

그게 무효가 되어버릴 만한 일이 생길 가능성도 있을까?

물론이다. 이 길은 자본주의 경제 체제를 전제로 한다. 요즘 자본주의는 여러 의미를 내포한 단어가 되었지만, 본래 자본주의란 개인이 재산을 소유하고 부를 축적할 수 있도록 허용하는 경제 체제를 뜻한다.

이 자본주의 체제 안에서는 또한 공개적으로 거래되는 자유로운 주식시장과, 많은 종목을 담고 있으면서 비용이 적은 인덱스펀드가 필요하다. 이러한 도구들을 통해 우리는 부를 쌓을 수 있다. 자본주의와 이 도구들이 없다면, 부에 이르는 가장 단순한 길도 존재하지 않을 것이다.

지난 10년간 채권은 형편없었다. 계속 가져가야 할까?

물론 채권의 수익이 나빴던 것은 사실이다. 2025년 초 현재, 뱅가드에 따르면 VBTLX의 지난 10년 평균 연간 수익률은 고작 1.2퍼센트에 불과하다. 최근 5년간의 성적은 -0.32퍼센트로 더 나쁘다. 특히 2022년은 채권 역사상 최대 폭의 하락을 기록한 해였고, 그해 VBTLX는 한 해에만 -13.16퍼센트나 떨어졌다. 하지만 앞의 질문에 대한 내 답을 떠올려보라. 부에 이르는 가장 단순한 길은 수십 년을 내다보는 여정이다. 그 길 위에서는 여전히 채권을 보유해야 한다.

채권이 항상 좋은 성과를 내리라고 기대할 수는 없다. 주식만큼 변동성이 크지는 않지만, 최근 몇 년은 채권도 상당히 출렁일 수 있음을 보여주었다. 그럼에도 우울했던 지난 10년을 포함하더라도 지난 40년 동안 채권의 평균 수익률은 6.4퍼센트로, 현금의 4.1퍼센트보다 1.5배 높았다.

타임머신을 타고 2009년 3월로 돌아간다고 가정해보자. 당시 주식시장은 사상 최악의 시장 붕괴 중 하나로 막 바닥을 찍은 직후였다. 물론 그 당시에는 아무도 그것을 몰랐고, 대부분은 주가가 더 떨어질 것이라고 예상했다. 그 시점은 2000년 닷컴 붕괴로 시작된 최악의 10년을 마무리하던 때였다. 그 10년 동안의 평균 수익률은 연 -2.72퍼센트로, 지금의 채권처럼 완전히 잃어버린 10년이었다. 그때 당신이 이런 생각을 했다고 치자. '이 끔찍한 주식을 10년이나 붙잡고 있었는데 고통만 받았어. 이제 그만두자.' 그러고는 전부 현금화했다면 어떻게 되었을까?

2009년 당시 S&P 500 지수의 저점은 676.53이었다. 내가 이 글을 쓰는 2025년 1월 말 현재, 그 지수는 6,041에 이르렀다. 만약 그때 주식을 팔았다면, 역사상 가장 위대한 상승장을 통째로 놓쳤을 것이다.

뱅가드 말고 다른 투자회사를 이용해도 될까?
그렇다. 17장을 참고하라.

피델리티에는 운용보수가 0퍼센트인 전체 주식시장 인덱스펀드가 있다. 만약 VTSAX나 뱅가드보다 운용보수가 더 낮은 비슷한 펀드가

있다면, 그걸 대신 사도 될까?

물론 그렇게 해도 된다. 하지만 내가 그렇게 하지 않는 이유는 다음과 같다. 낮은 비용이 중요한 것은 사실이지만, 그 효과에는 한계가 있다. 예를 들어 VTSAX의 0.04퍼센트와 일반적으로 운용보수가 0.75퍼센트인 액티브펀드의 차이는 매우 크다. 그러나 0.04퍼센트와 0.02퍼센트, 혹은 0퍼센트의 차이는? 그리 큰 의미는 없다.

저비용은 뱅가드의 핵심 가치로 깊이 각인되어 있다. 나는 그 점이 마음에 든다. 다른 투자회사는 경쟁 압력에 떠밀려 마지못해 이 원칙을 받아들였을 뿐이다.

뱅가드보다 낮은 수수료를 내세우는 것은, 일종의 미끼상품 전략이다. 우선 고객을 끌어들이고 나서 더 비싼 상품을 팔기 위한 수단인 셈이다.

운용보수가 0퍼센트인 펀드를 제공한다는 것은, 그 펀드의 운용에 비용이 들지 않는다는 뜻이 아니다. 단지 그 비용을 해당 펀드의 투자자들이 직접 내지 않는다는 의미일 뿐이다. 대신 그 회사의 다른, 더 높은 운용보수를 가진 펀드 보유자들이 그 비용을 부담하게 된다. 나는 이런 방식에 윤리적인 문제를 느낀다. 어쨌든 그렇다 하더라도 다른 운용사의 전체 주식시장 인덱스펀드는 뱅가드의 VTSAX와 본질적으로 큰 차이가 없다.

자세한 내용은 18장을 참고하라.

여전히 기존 인덱스펀드(VTSAX)를 ETF(VTI)보다 선호하는가? 최근 들어 ETF의 운용보수가 계속 낮아지면서 솔직히 갈아탈까 하는 유혹을 느끼곤 한다.

전통적으로 나는 ETF를 피하는 편이었다. 매수·매도 스프레드나 판매 수수료가 발생할 가능성이 있었기 때문이다. 그러나 요즘은 이런 스프레드가 거래 금액의 약 0.004퍼센트에서 0.11퍼센트 수준으로 매우 작고, 수수료 없이 거래할 수 있는 경우도 많다.

ETF는 동일한 뮤추얼펀드보다 운용보수가 더 낮을 수도 있다. 예를 들어 VTSAX의 운용보수는 0.04퍼센트이지만, 그 ETF 버전인 VTI는 0.03퍼센트다.

나는 굳이 바꿀 생각은 없지만, 처음부터 ETF로 시작하거나 그쪽으로 갈아타는 매력은 충분히 이해한다. 물론 그것에 반대할 이유도 전혀 없다.

주식시장이 폭락할 때는 어떻게 해야 할까?

공포와 소음에 휘둘리지 말고, 계속 앞으로 나아가라. 공포에 질려 주식을 팔아버린다면, 이 길에서 결국 피 흘리며 낙오하게 될 것이다. 시장의 주기적인 하락은 지극히 자연스러운 과정이다. 그것을 견디는 것은 시간이 지나 풍성한 이익을 얻기 위해 우리가 치러야 할 대가다.

5장을 참고하라.

그렇다면 시장이 폭락할 때까지 현금을 쌓아두었다가 그때 사면 되지 않을까?

하지만 시장이 언제 하락을 끝낼지 어떻게 알겠는가? 20퍼센트 하락했을 때인가? 30퍼센트? 50퍼센트? 아니면 오지 않을지도 모르는 다음 대공황의 90퍼센트 폭락을 기다리겠는가?

40퍼센트 떨어졌을 때 사기로 마음먹었는데, 39퍼센트 하락 후 반등하면 어떡할 건가? 혹은 60퍼센트까지 더 떨어진다면? 지금 시점에서 주가가 50퍼센트 더 오르고 나서 30퍼센트만 하락한다면? 그렇게 고민하는 동안 쌓아둔 현금은 인플레이션 때문에 계속해서 가치가 떨어지고 있을 것이다.

암호화폐에 대해서는 어떻게 생각하는가?

지금까지 대부분의 암호화폐는 실제 화폐로 기능하기에는 변동성이 지나치게 컸다. 그것은 투자라기보다 투기다. 즉, 미래에 누군가가 더 비싼 값에 사줄 거라는 기대 혹은 희망을 품고 매수하는 것이다. 금, 예술품, 희귀 동전, 클래식 자동차, 골동품 등과 같은 방식이다.

때로는 비트코인처럼 투기가 아주 잘 풀리는 때도 있다. 이 글을 쓰는 시점이 바로 그렇다. 솔직히 나도 비트코인이 2009년 처음 발행됐을 때 모든 자산을 팔고 그것을 샀더라면 좋았을 것이다. 하지만 그런 말은 언제나 다양한 시기의 수많은 투기성 자산에도 할 수 있는 말이다. 그리고 그런 투기 중 상당수는 결국 잘되지 않는다. 바로 그것이 투기인 이유다.

나는 투기꾼이 아니다. 나는 투자자다.

투기꾼과 투자자의 차이는 무엇인가?

투자자는 현금흐름과 성장을 만들어낼 수 있는 실질적인 운영 기반이 있는 자산을 산다. 예를 들어 기업의 주식이나 임대 부동산이 그렇다. 이런 자산의 가치는 돈을 벌어들이는 근본적인 활동 덕분에 성장한다.

인덱스로만 투자하면 '밈 주식Meme Stock*' 같은 개별 종목의 기회를 놓치는 것 아닌가? 밈 주식으로 큰돈을 번 친구를 보다 보니 나만 소외되는 기분이 든다.

맞다, 그런 기회들은 놓치게 될 것이다. 밈 주식은 정의상 투기적 자산이다. 앞서 말했듯 이런 투기가 때로는 아주 잘 풀릴 때도 있다. 하지만 대부분 그 결과는 피 흘리며 길가에 쓰러지는 꼴이 된다. 그러니 그런 비통함도 함께 피하게 될 것이다.

친구에게 행운을 빌어주자. 이 게임에서 이긴 사람들 대부분은 계속해서 그 게임을 한다. 중독성이 있기 때문이다. 그리고 결국은 번 돈을 전부, 아니 그 이상을 잃게 된다.

이기는 종목만 꾸준히 골라내는 일은 숨이 막힐 만큼 어렵다.

---

* 온라인에서 입소문을 타 개인 투자자의 눈길을 끄는 주식.

시장의 타이밍을 맞추는 것은 그보다 더 어렵다. 그런 일을 꾸준히 해낼 수 있는 사람이 있다면, 그는 워런 버핏보다 더 부유하고 두 배로 존경받는 인물이 되었을 것이다.

상장 기업의 수가 예전보다 줄어서, VTSAX 같은 인덱스펀드가 보유한 종목 수도 줄었다. 이것은 문제가 되지 않을까?

전혀 문제가 되지 않는다. 최근 기준으로 VTSAX는 여전히 3,627개의 종목을 보유하고 있다. VTSAX를 보유한다는 것은 사실상 미국에 상장된 거의 모든 기업의 일부를 소유하는 것과 같다. 공장 노동자에서 CEO에 이르기까지, 모든 이들이 당신을 더 부자로 만들기 위해 일하고 있는 셈이다.

당신이 처음 운용보수에 대해 글을 쓰기 시작했을 때보다, 실제로 운용보수가 더 낮아진 것 같다. 왜 이렇게 반가운 소식이 나온 걸까?

그렇다. 실제로 낮아졌다. 그리고 이는 아주 좋은 소식이다. 이 모든 공은 잭 보글에게 돌아가야 한다. 그는 투자자들에게 저비용을 제공하기 위해 뱅가드를 그런 방식으로 설계했다. 그 결과 경쟁 압력이 생겨 다른 투자회사들 또한 운용보수를 낮출 수밖에 없었다.

'매그니피센트 세븐Magnificent Seven*' 종목이 이제 S&P 500의 약 33퍼센트를 차지한다. 이런 집중 현상이 걱정스럽지 않은가? VTSAX 같은 펀드는 사실상 기술주 펀드가 된 것 아닌가? 인덱스 투자의 타당성이 흔들리는 건가?

아니다, 아니다, 전혀 아니다. 지금 보이는 현상은 결함이 아니라 기능이다. VTSAX 같은 인덱스펀드의 아름다움은 바로 그러한 자기 정화 기능에 있다. 자기 정화 기능이란, 성공적인 기업은 포트폴리오 내에서 비중이 커지고 덜 성공적인 기업은 자연스럽게 사라지는 과정을 뜻한다. 이 포트폴리오는 시가총액 가중 방식으로 구성되어 있으며, 이는 곧 기업의 시가총액이 클수록 펀드 내 비중이 커진다는 의미다.

2025년 현재, 기술주 전반과 특히 이 7개 종목은 최근 몇 년 동안 놀라운 성과를 거두었다. VTSAX 보유자들은 이 성공의 혜택을 상당히 잘 누리고 있다. 그러나 나는 에너지주가 최고 성과를 내던 시절도, 금융주가 그랬던 시절도, 산업주와 소비재주가 빛나던 시절도 기억한다. 산업 전체는 시간이 지나며 오르내리기 마련이다. 하지만 우리는 그 펀드의 보유자로서 그런 변화를 신경 쓸 필요가 없다. 오르는 종목은 어차피 우리가 갖게 되며, 오를수록 그 비중도 함께 커질 테니까.

어떤 사람들은 이제 기술주가 영원히 시장의 정점에 있을 거라

---

* 최근 몇 년간 미국 증시의 상승을 주도한 7개 대형 기술주, 즉 엔비디아, 마이크로소프트, 테슬라, 애플, 아마존, 구글, 메타를 말함.

고 말한다. 그럴 수도 있고, 아닐 수도 있다. 나는 모른다. 알고 싶지도 않다. 알 필요도 없다.

이 책을 처음 썼을 때는 저금리·저인플레이션 시대였지만, 지금은 둘 다 높은 수준이다. 이런 거시경제 환경의 변화가 '부에 이르는 가장 단순한 길'의 접근법에 어떤 영향을 미치지 않는가?

전혀 없다. 수십 년 동안 거시경제 환경은 수없이 변해왔다. 앞으로도 계속 변할 것이다. 때로는 이런 변화가 시장을 급등시키거나 급락시킬 것이다. 그러나 이는 예상 가능한, 지극히 정상적인 과정이다. 이런 변동성을 견디는 것은 장기적 보상의 열매를 얻기 위해 우리가 치러야 할 대가다. 이를 이해하는 것이 내가 전하는 조언의 핵심이자, 이 책이 제시하는 접근법의 근간이다.

포트폴리오에 해외 인덱스펀드를 추가할 필요성에 대해, 세월이 지나면서 생각이 바뀌진 않았는가?

나는 해외 주식형 펀드를 보유해야 할 필요성을 느껴본 적이 없고, 지금도 그렇다. 그렇긴 하지만 그것을 포함하는 걸 완강히 반대하는 것도 아니다. 필요하다고 느낀다면 그렇게 해도 좋다. 다만 그전에 VTSAX가 이미 어떤 종목을 담고 있는지, 그리고 해외 투자에는 어떤 추가적인 위험과 비용이 따르는지 반드시 이해해야 한다.

단일 국가에 집중된 이런 투자 접근이 가능할 만큼 미국은 경제적으로 지배적인 영향력이 있는 유일한 나라다. 내가 다른 나라에 살고 있었다면, 글로벌 인덱스펀드를 선택했을 것이다. 언젠가 전 세계가 성장하고 번영함에 따라 미국의 지배력이 약해질 수도 있다. 그때가 되면 나 역시 글로벌 인덱스펀드를 고려할지도 모른다. 하지만 적어도 가까운 미래에는 그런 일이 일어나지 않을 것 같다.

자세한 내용은 15장을 참고하라.

미국 달러가 세계 기축통화 지위를 잃게 된다면 어떻게 될까?

미국의 경제적 지배력은 약화할 것이며, 급증하는 국가부채 문제는 훨씬 더 심각해질 것이다. 이런 변화는 내가 글로벌 인덱스펀드로 옮겨 갈 이유가 될 수 있다. 물론 그때도 미국 경제는 여전히 번영할 가능성이 있으므로, 나는 여전히 글로벌 인덱스펀드를 통해 미국 주식을 일정한 비중으로 보유할 것이다. 다만 그 시점에서는 미국 자산만을 단독으로 보유하고 싶지는 않을 것 같다. 그러나 그런 일이 가까운 시일 내에 일어날 가능성은 매우 낮다고 본다. 대안이 될 만한 통화가 아직 존재하지 않기 때문이다.

나와 내 가족에게 맞는 금융 자문가를 찾기 위해 어떤 질문을 던져야 할까?

무엇보다도 그들이 어떤 방식으로 보수를 받는지, 그것이 시간이 지나면서 내 수익률에 어떤 영향을 미치는지, 그리고 그 구조가 그들의 이익과 나의 이익 사이에 어떤 이해 충돌을 일으킬 수 있는지를 반드시 물어야 한다. 또한 내가 조언을 받고자 하는 구체적인 영역에 대해 명확한 질문을 준비해야 한다.

고객의 이익을 진심으로 우선시하면서 동시에 충분한 전문성을 갖춘 상담사를 찾는 일은 매우 어렵다. 아이러니하게도 그런 사람을 제대로 평가할 만큼 아는 수준에 이르면, 이미 그들이 필요하지 않게 될 가능성이 크다.

부동산을 소유하거나 부동산에 투자하는 것에 대해 어떻게 생각하나?

젊었을 때 나는 부동산 투자에 손을 대본 적이 있다. 그중 일부는 꽤 잘되었지만, 일부는 내 두 번째 책 《나는 어떻게 부동산으로 돈을 잃었나 How I Lost Money in Real Estate Before It Was Fashionable》의 소재가 되었다. 이 책을 읽어본다면 내 실수를 두고 한바탕 웃을 수 있을 것이다.

부동산 투자는 큰 수익을 낼 수도 있지만, 결국 내게는 일거리만 늘렸다. 부동산에 투자한다는 것은 사실상 파트타임, 어쩌면 풀타임 일을 떠맡는 것과 같다. 심지어 부동산 관리 회사를 고용할 계획이라 해도 마찬가지다. 그들을 찾고, 검증하고, 관리해야 하기 때문이다. 물론 그것이 당신이 시간을 쓰고 싶은 방식이라면 괜찮다.

부동산 투자를 이 책에서 제시하는 방식과 비교하려면, 거기에 투입해야 할 추가적인 시간을 반드시 고려해야 한다. 즉, 부에 이르는 가장 단순한 길 투자 방식과 부동산 투자를 비교할 때는 당신의 시간까지 함께 따져봐야 한다. 어쩌면 나처럼 그 시간에 차라리 커리어를 쌓거나, 부업을 키우거나, 아니면 그냥 해변에서 쉬는 편을 더 선호할 수도 있다.

투자는 젊은 사람들만의 게임처럼 느껴진다. 내 나이에 투자를 시작한다면 너무 늦은 게 아닐까?

이 접근법은 복리의 마법을 일으킬 시간을 필요로 하므로, 일찍 시작하는 것이 확실히 유리하다. 하지만 이렇게 생각해보자. 언제 시작하든, 이 책에서 제시하는 원칙을 따른다면 경제적 독립에 이르는 데 걸리는 시간은 대체로 10~15년 정도다. 그 기간은 주로 저축률에 달려 있다. 그러니 나이가 좀 들었더라도 충분히 시도할 여유는 있다.

명심하라. 이건 단지 목적지가 아니라 여정이다. 돈을 1달러라도 저축하고 투자할 때마다 그만큼 경제적으로 더 강해진다. 이 책의 맨 앞부분에서 인용했던 레오 버넷의 말을 다시 떠올려보자. "별을 향해 손을 뻗더라도 별을 얻지 못할 수 있다. 그렇다고 한 줌의 진흙만 움켜쥐고 돌아오는 것은 아니다."

경제적 독립을 이루었다는 것을 어떻게 알 수 있을까?

계산은 간단하다. 자산 규모와 지출 수준의 균형을 보면 된다. 자산의 4%가 연간 지출액이 된다면 경제적 독립을 이루었다고 볼 수 있다. 즉, 자산이 100만 달러라면 그것의 4%인 4만 달러를 연간 지출액으로 쓸 수 있다.

반대로 지출액을 기준으로 계산할 수도 있다. 연간 지출액의 25배에 해당하는 금액을 투자 자산으로 모았다면 경제적 독립을 이루었다고 볼 수 있다. 즉, 연간 지출액이 6만 달러라면, 그것의 25배인 150만 달러의 투자 자산이 필요하다.

물론 숫자는 이야기의 일부일 뿐이다. 나는 4퍼센트 인출률 기준으로 연 지출의 다섯 배를 감당할 만큼 자산을 가진 사람들을 만나본 적이 있다. 그들은 언제든 일을 그만두고 다시는 돈을 벌지 않아도 될 정도였다. 하지만 그들은 자기 일을 사랑하며, 워런 버핏이 말하듯 매일 아침 경쾌하게 발걸음을 옮기며 일터로 향했다. 경제적 독립에 도달했다는 것은 사랑하는 일을 반드시 그만둬야 한다는 뜻이 아니다.

하지만 만약 영혼을 짓누르는 직장에 다니고 있고, 연간 5만 달러가 필요하지만 투자 자산이 100만 달러뿐이라면 어떻게 해야 할까? 내 조언은 이렇다. 오늘 당장 그만둬라. 100만 달러라면 연 5만 달러를 5퍼센트 인출률로 충분히 감당할 수 있다. 29장에서 살펴본 트리니티 연구에 따르면, 주식 75퍼센트와 채권 25퍼센트의 비중으로 포트폴리오를 구성하고 매년 5퍼센트를 인출하더라도, 인플레이션을 반영한 30년간의 성공 확률은 82퍼센트에 달한다. 영혼을 갉아먹는 직장이라면, 나는 그 정도 확률이면 충분히 감수하겠다.

또 이렇게도 물어보고 싶다. 인출률을 4퍼센트로 유지하고 싶다면, 1년 동안 추가로 1만 달러를 벌 방법을 스스로 찾아낼 수 있지 않을까? 내 짐작이지만, 이 책을 읽고 있는 사람이라면 분명 그럴 수 있을 것이다.

지금까지 쌓아온 자산을 보호하기 위해 책임보험을 들어야 할까?

우리는 그렇게 하고 있다. 주택보험과 자동차보험에서 제공되는 책임 보상 한도를 최대치로 설정했고, 그 보장을 더 확장해주는 포괄배상 책임보험도 함께 보유하고 있다.

이런 보험이 불필요하다고 주장하는 사람들도 있으며, 어쩌면 그들이 옳을 수도 있다. 실제로 한 보험설계사는 나에게 포괄배상 책임보험이 실제로 청구되는 걸 본 적이 없다고 말한 적도 있다. 그럼에도 나는 이 보험을 유지하고 있다. 비용이 저렴하기 때문이다(아마 그만큼 사용 빈도가 낮다는 뜻일 것이다). 그리고 덕분에 밤에 좀 더 안심하고 잠들 수 있다.

오늘날 세상은 20세기 후반의 미국과는 크게 달라졌다. 그렇다면 당신의 부의 축적 방법은 젊은 세대에게 비현실적인 것은 아닐까?

그렇지 않다. 오히려 21세기는 인류 역사상 부를 쌓기에 가장 좋은 시대가 되고 있다. 그 어느 때보다 도구는 더 우수하고 저렴해졌으며, 기회는 훨씬 더 커졌다.

은퇴가 가까워질수록 주식과 채권의 비중을 어떻게 조정해야 할까?

자세한 내용은 14장을 참고하라.

책의 초반부에서, 자동차를 구매하면 투자에 비해 잠재 수익이 크게 줄어들 수 있다고 언급했다. 하지만 많은 사람에게 자동차는 개인적·직업적으로 필수적이다. 이런 큰 지출을 책임감 있게 관리하려면 어떻게 해야 할까?

그 예시는 자동차를 사지 말라는 뜻이 아니다. 다만 자동차가 실제로 얼마나 큰 비용을 요구하는지를 제대로 이해해야 한다는 뜻이다. 더 일반적으로 말하면, 모든 결정이 재정적 판단일 필요는 없지만, 그 결정이 가져올 재정적 결과는 반드시 이해하고 있어야 한다. 특히 집처럼 훨씬 더 비싼 자산의 경우에는 이 점이 더욱 중요하다.

부를 쌓는 단계에서는 자신의 필요에 맞는 최소한의 자동차와 주택을 사야 한다. 필요보다도 더 크고 멋진 것을 원한다면, 부자가 된 뒤에 그때 가서 마음껏 사라.

아이가 저축을 시작하고 싶어 한다. 어디서부터 시작하면 좋을까?

저축의 가치를 이해하는 자녀를 길러냈다는 점을 축하한다! 이렇게 일찍 시작하는 것은 장기적으로 엄청난 보상을 가져올 것이다.

먼저 돈을 모으는 목적에 관해 대화를 나누는 것부터 시작하

라. 예를 들어 자동차 구매를 위한 저축이라면, 그 돈은 예금계좌에 넣는 것이 좋다. 내 딸이 어렸을 때, 우리는 아이를 데리고 동네 은행에 가서 은행원을 소개해주었다. 은행원이 아주 좋아했다. 그리고 은행원에게 여러 종류의 계좌에 대해 딸에게 직접 설명해 달라고 요청했다.

자녀가 부를 쌓기 위한 투자에 관심이 있다면, VTI를 추천한다. 이는 뱅가드의 전체 주식시장 인덱스펀드 ETF로, 포트폴리오는 VTSAX와 동일하다. 2025년 1월 현재 VTI의 주가는 약 299달러 수준이지만, 뱅가드에서는 1달러만으로도 주식을 1주 미만인 소수점 단위로 매수할 수 있다. VTSAX의 최소 투자 금액이 3,000달러인 점을 고려하면 훨씬 접근하기 쉬운 시작점이다.

22세인 자녀가 '신용 점수를 쌓기 위해' 신용카드를 만들겠다고 한다. 나는 가능한 한 신용카드는 멀리하라고 말하고 싶은데, 무엇이 더 합리적인지 모르겠다.

나도 당신 의견에 동의하지만, 어쩌면 우리 둘 다 틀렸을지도 모른다. 신용카드는 전기톱과 같다. 엄청나게 강력하지만 동시에 매우 위험한 도구다. 따라서 현대 사회에서는 이 도구를 안전하고 효과적으로 사용하는 법을 배워야 한다. 신용을 쌓는 것도 중요하지만, 이를 계기로 돈을 책임 있게 사용하는 법을 배우게 될 수도 있다. 자녀가 아직 젊을 때, 당신의 지도를 받으며 배우는 것이 가장 좋다.

자세한 내용은 1장을 참고하라.

부에 이르는 가장 단순한 길을 계속 걸어가기 위해 어떻게 동기를 유지할 수 있을까?

이것은 내게는 어려운 질문이다. 나는 애초부터 동기 부족을 느낀 적이 없다. 처음부터 내가 가장 간절히 원하는 것이 자유라는 걸 알고 있었고, 그 자유에 이르는 길이 바로 금융자산을 사는 것임을 깨달았다. 그래서 그것은 결코 희생처럼 느껴지지 않았다. 나는 단지 내 돈을, 내가 가장 원하는 것에 쓰기로 선택했을 뿐이다.

사실 이 길이 모든 사람을 위한 것은 아니다. 대부분은 이렇게 말할 것이다. "경제적 독립이 멋지긴 하지만, 그래도 나는 내게 어울리는 멋진 차와 은행이 허락하는 한도 내에서 가장 큰 집을 살 거야."

나는 이것을 필수품의 횡포라고 부른다. 반드시 차가 있어야 하고, 집이 있어야 하고, 사립학교, 명품 가방, 해외여행이 있어야 한다는 식이다. 이런 필수품의 목록은 끝이 없다. 삶에 이런 것들이 많을수록 경제적 독립에 도달할 가능성은 그만큼 낮아진다.

실제로 경제적 독립이 당신의 최우선 필수품이 아니라면, 이 길은 더 길고 더 어려워질 것이며, 어쩌면 당신에게 맞지 않을 수도 있다.

참고 자료

웹사이트 주소가 직관적일 때에는 별도의 설명을 덧붙이지 않았다.

학술 연구 자료

포트폴리오 인출률에 관한 트리니티 연구
- 필립 L. 쿨리, 칼 M. 허버드, 다니엘 T. 왈츠가 공동으로 집필한 논문으로, 〈포트폴리오 성공률: 인출 한계는 어디인가(Portfolio Success Rates: Where to Draw the Line)〉라는 제목으로 《재무설계 저널(Journal of Financial Planning)》 2011년 4월호에 게재되었다. 해당 논문은 다음 웹사이트에서 확인할 수 있다.
https://www.financialplanningassociation.org/article/journal/APR11-portfolio-success-rates-where-draw-line.

주식 지수 대비 뮤추얼펀드의 성과를 분석한 연구
- 디멘셔널 펀드 어드바이저스(Dimensional Fund Advisors)가 발행한 〈2023 펀드 환경 보고서(2023 Fund Landscape Report)〉.
https://www.allodium.com/images/pdf/2023_DFA-Fund-Landscape-Report.pdf.
- 브래드 바버와 테런스 오딘의 〈주식 매매는 당신의 자산을 위험에 빠뜨린다(Trading Is Hazardous to Your Wealth)〉, 《재무학 저널(The Journal of Finance)》 2000년 4월호 게재.
https://faculty.haas.berkeley.edu/odean/papers%20current%20versions/individual_investor_performance_final.pdf.

블로그

- Early Retirement Extreme
- Go Curry Cracker
- Mad Fientist
- Mr. Money Mustache
- JLCollinsNH: 이곳에서 저자의 〈주식 시리즈(Stock Series)〉 글 모음 및 기타 게시글, 그리고 여러 사례 연구를 찾아볼 수 있다.

계산기

- 계산기 A: 웹사이트 〈Don't Quit Your Day Job〉의 'S&P 500 Return Calculator, with Dividend Reinvestment'
  https://dqydj.net/sp-500-return-calculator/.
- 계산기 B: 웹사이트 〈Don't Quit Your Day Job〉의 'S&P 500 Periodic Reinvestment Calculator (with Dividends)'
  https://dqydj.net/sp-500-dividend-reinvestment-and-periodic-investment-calculator/.
  1. 'Click to Show Advance'를 선택한다.
  2. 'Ignore Taxes'와 'Ignore Fees'를 선택한다.
  3. 'Capital Gains Tax Rate'를 '0'으로 설정한다.
- 계산기 C: 기본 투자 계산기
  https://www.calculator.net/investment-calculator.html

감사의 말

나는 열렬한 독서가다. 그래서 많은 책에서 감사의 말을 읽어왔다. 그리고 언제나 비웃곤 했다. 물론 몇몇 사람들은 글의 거친 부분을 다듬는 데 약간의 도움을 주었을지도 모른다. 하지만 진짜 무거운 짐을 들어 올린 사람은 결국 작가 자신이며, 감사의 글을 쓰는 건 그저 예의상 하는 일이라고 생각했다.

그러다 이 책을 쓰게 되었다. 《부에 이르는 가장 단순한 길》의 초판은 내 편집자 팀 로런스Tim Lawrence가 아니었다면 결코 세상에 나오지 못했을 것이다. 이건 결코 빈말이나 형식적인 칭찬이 아니다. 그의 조언 덕분에 완성된 책은 훨씬 더 나은 모습이 되었다. 하지만 끝까지 나를 결승선으로 끌고 간 것은 그의 끈질긴 격려와 집요한 인내, 그리고 이 책의 가치와 필요성에 대한 그의 굳은 믿음이었다.

그는 내가 '끈질기다'라는 단어를 지나치게 자주 쓴다고 지적하며, 그 사용을 줄이도록 끈질기게 몰아붙였다. 하지만 이 감사의 글은 그의 손을 거치지 않았으니, 이렇게 세 번이나 그 단어를 끼워 넣고 있다.

이번 전면개정판에서는 출판사 오서스 에쿼티Authors Equity의 매들린 매킨토시Madeline McIntosh가 편집자의 역할을 맡았고, 그녀의 작업은 그야말로 탁월했다. 물론 그녀는 이 일을 시작할 때 "몇 가지만 수정하면 된다"라고 나를 유혹했다. 그러나 그 모호한 약속은 결국 크리스마스 이전부터 밸런타인데이까지 이어진 끈질긴 (네 번째다!) 고된 작업으로 변해버렸다.

우리는 내 딸 제시카까지 이 프로젝트에 끌어들였다. 제시카의 의견과 제안은 모두 정확했다. 딸의 참여는 이 책을 더 나은 책으로 만드는 데 그치지 않았다. 딸이 내 작업을 얼마나 깊이 받아들이고, 또 얼마나 완전히 이해하게 되었는지를 보여주었다. 이 사실을 알게 된 기쁨과, 딸과 함께 일할 수 있었던 즐거움은 말로 다 표현하기 어렵다.

힘든 작업이었지만 우리는 모두 유쾌함을 잃지 않았고, 종종 웃음을 터뜨리며, 마침내 완성된 전면개정판을 출판사에 넘길 때의 안도감을 함께 느꼈다. 그들은 전면개정판을 받아 각자의 자리에서 훌륭하게 일을 해냈고, 오서스 에퀴티의 창립 작가 제임스 클리어와 함께 《부에 이르는 가장 단순한 길》을 더 크고 폭넓은 독자층에 전해주었다.

이 책을 집필 중인 원고 형태로 처음 세상에 내보였을 때부터 표지에 대한 반응은 폭발적이었다. 그 덕분에 이번 전면개정판에서도 그 정신만큼은 그대로 유지하기로 했다. 디자이너 캐럴 추 Carol Chu가 그때나 지금이나 놀라운 작업을 해냈다고 말해도, 이에 이견을 제기할 사람은 없을 것이다.

나는 이 책의 미국판 원서 표지에 쓰인 삽화를 늘 사랑해왔고,

그것은 이번 전면개정판에도 그대로 이어졌다. 그 그림의 작가 트리샤 레이$_{Trisha\ Ray}$와는 오래된 친구 사이인데, 인연의 시작은 1976년 내가 자전거로 아일랜드를 여행하던 때였다. 그때 그녀와 약혼자는 나를 납치하듯 골웨이$_{Galway}$의 음악 축제로 데려갔고, 그러고는 돌아가는 길은 알아서 찾으라며 길가에 나를 내려놓고 떠나버렸다. 이런 일을 겪고도 친구가 되지 않을 수 있었을까?

이번 전면개정판에서 많은 문장을 새로 더하고 다듬었음에도, 메리 자라츠$_{Mary\ Jaracz}$의 깔끔하고 매력적인 디자인은 우리의 수정 작업에 자연스럽게 녹아들었다.

이 책에서 제시한 개념과 견해, 접근법은 흔히 통념과 어긋나는 경우가 많다. 그래서 사실관계를 정확히 확인하는 일이 내게는 특히 중요했다. 그 결과 나는 세 명의 사실 확인 담당자를 두게 되었다. 그중 두 명은 오늘날 경제적 독립 분야에서 가장 뛰어난 필자들이다. 한 명은 아직도 사생활을 지키려 애쓰는 블로거 '매드 파이언티스트'이고, 또 한 명은 블로그 〈고 커리 크래커〉의 운영자 제러미 제이컵슨이다. 세 번째는 수수료 기반 재정설계사인 맷 베커였다. 책에서도 언급했듯, 나는 이 직업과 그 분야의 많은 사람에게 꽤 비판적인 편이다. 하지만 맷은 예외적인 인물이었다. 그의 통찰과 시각은 내 생각의 폭을 넓혀주었고, 덕분에 이 책은 훨씬 더 나은 책이 되었다.

책이 점차 완성되어갈 때쯤, 나는 이 책이 내가 염두에 둔 독자들에게 정말로 통할지 확인하고 싶었다. 내가 찾고 있던 사람들은 똑똑하고, 책 읽기를 좋아하며, 개인 금융 관리에 대해서는 거의 모르지만 그 주제에 관심이 있어 관련 책을 읽어볼 의향이 있는 사람들이었다. 또한 나를 개인적으로 모르는 이들이어야 편견 없이 평가할 수 있을 것이었다. 지인들의 소개로 나는 세 사람을 만나게 되었다. 톰 멀린, 케이트 쇠딩어Kate Schoedinger, 그리고 브린 콘로이였다. 이 세 사람은 책의 진행 방향을 바로잡아 주었고, 특히 금융에 전문 지식이 없더라도 개념을 쉽게 이해할 수 있도록 꼼꼼히 검토해주었다.

미스터 머니 머스태시라는 이름으로 더 잘 알려진 피트 애드니는 흔쾌히 서문을 써주겠다고 했다. 피트는 경제적 독립 세계에서 막강한 영향력을 지닌 인물이며, 오랫동안 내 블로그와 투자 철학을 지지해온 사람이기도 하다. 그 이유만으로도 그에게 부탁하기에 충분했다. 그런데 그는 흔쾌히 승낙했을 뿐 아니라, 이 책의 첫머리를 장식한 훌륭한 글까지 써주었다. 그 사실 앞에서 나는 겸허해진다. 친구여, 진심으로 고맙다.

이번 전면개정판은 뛰어난 문학 에이전트 몰리 글릭Mollie Glick의 통찰력과 인내, 그리고 현명한 조언이 없었다면 존재하지 못했을 것이다. 나는 이 프로젝트를 어떻게 진행해야 할지 꽤 확고한 생각을 하고 있었는데, 그녀는 그 위에 더 나은 방향을 세워 올렸다. 누구나 곁에 몰리 같은 사람이 있다면 얼마나 좋을까 싶다.

이 책을 집필하고 다시 개정하는 과정은 길고 때로는 스트레스가 극심한 여정이었다. 감정의 롤러코스터를 타듯 어떤 때는 우울했고, 어떤 때는 입에 거품을 물고 열광하기도 하고, 또 어떤 때는 들뜬 기쁨에 휩싸이기도 했다. 그런 나를 아내 제인은 잠든 사이에 칼로 찌르지 않고 끝까지 견뎌주었다. 이런 인내에 상을 주지 않는다는 건 인류 문명의 중대한 실수라 해도 과언이 아니다.

이렇게 해서 우리는 마침내《부에 이르는 가장 단순한 길》의 전면개정판을 세상에 내놓게 되었다. 우리가 모두 몹시 자랑스러워하는 결과물이다. 훌륭한 팀의 도움 덕분에, 이 책은 내가 만들 수 있는 가장 최고의 형태로 완성되었다. 만약 부족한 점이나 오류, 부정확한 부분이 있다면 그것은 전적으로 내 책임이며, 아마도 그들의 현명한 조언을 따르지 않았던 몇 안 되는 순간 때문일 것이다.

이 책을 읽어줘서 고맙다.

주

상황은 변해도 원칙은 변하지 않는다
1 계산기 A: https://dqydj.net/sp-500-return-calculator/.

1. 빚부터 갚아라
1 https://www.bls.gov/data/inflation_calculator.htm.

3. 누구나 경제적 독립을 할 수 있다
1 이 페이지의 모든 예측은 계산기 B를 사용했다: https://dqydj.net/sp-500-dividend-reinvestment-and-periodic-investment-calculator/.
2 http://www.bls.gov/data/inflation_calculator.htm.
3 계산기 C: https://www.calculator.net/investment-calculator.html.

4. 부자들의 생각법
1 워런 버핏, "Buy American. I Am", 뉴욕타임스, 2008년 10월 16일.

6. 대규모 시장 붕괴는 반드시 온다
1 https://money.cnn.com/2012/03/02/pf/efficient_market.moneymag/index.htm. 앤드류 로(Andrew Lo) 교수는 이후, 기사 형식으로는 담을 수 없었던 깊이까지 자신의 이론을 설명한 책을 출간했다. 〈Adaptive Markets: Financial Evolution at the Speed of Thought〉, Princeton University Press, 2017.
2 https://www.bls.gov/opub/ted/2020/unemployment-rate-rises-to-record-high-14-point-7-percent-in-april-2020.html.
3 계산기 A: https://dqydj.net/sp-500-return-calculator/.
4 계산기 B: https://dqydj.net/sp-500-dividend-reinvestment-and-periodic-investment-calculator/.

8. 대다수가 주식시장에서 돈을 잃는 이유
1 https://www.allodium.com/images/pdf/2023_DFA-Fund-Landscape-Report.pdf.
2 https://papers.ssrn.com/sol3/papers.cfm?abstract_id=4096205.

10. 단순한 투자법이 가장 강력한 이유
1 https://www.morningstar.com/lp/annual-us-fund-fee-study-at.

12. 요동치는 시장의 방패, 채권
1 현재 금리는 10퍼센트보다 낮지만, 계산을 단순하게 하기 위해 이 수치를 사용한다.

13. 달걀을 전부 바구니에 담고 잊어버려라
1 계산기 A: https://dqydj.net/sp-500-return-calculator/.
2 계산기 B: https://dqydj.net/sp-500-dividend-reinvestment-and-periodic-investment-calculator/.

18. 뱅가드를 추천하는 이유
1 https://www.morningstar.com/lp/annual-us-fund-fee-study-at.

19. 실전 투자 사례 연구
1 계산기 A: https://dqydj.net/sp-500-return-calculator/.
2 계산기 C: https://www.calculator.net/investment-calculator.html.

20. 내 돈의 최고관리자는 바로 나다
1 계산기 C: https://www.calculator.net/investment-calculator.html.

23. 정액분할투자를 권하지 않는 이유
1 https://www.slickcharts.com/sp500/returns.

28. 사회보장연금은 없다고 생각하라
1 https://www.ssa.gov/oact/TR/2021/II_B_cyoper.html?.

옮긴이 | **이준걸**
카카오에서 개발자, 프로덕트 매니저, 프로덕트 리더로 일했다. 현재는 투자자를 위한 콘텐츠 서비스를 운영하고 있으며, 바른번역 소속 번역가로 활동하고 있다. 옮긴 책으로는 《부에 이르는 가장 단순한 길》, 《애플 인 차이나》, 《모바일 웨이브》가 있다.

부에 이르는 가장 단순한 길

전면개정판 1쇄 발행　2025년 12월 18일
전면개정판 6쇄 발행　2026년 1월 19일

지은이 JL 콜린스
옮긴이 이준걸

책임편집 이정아
마케팅 이주형
기획개발 오민정, 이상화, 윤지윤

펴낸이 이정아
펴낸곳 (주)서삼독
출판신고 2023년 10월 25일 제 2023-000261호
이메일 info@seosamdok.kr

© JL 콜린스
ISBN 979-11-93904-66-4 (03320)

- 이 책은 저작권법에 따라 보호받는 저작물이므로 무단전재와 무단복제를 금지하며, 이 책 내용의 전부 또는 일부를 이용하려면 반드시 저작권자와 출판사의 서면동의를 받아야 합니다.
- 잘못된 책은 구입하신 서점에서 바꿔드립니다.
- 책값은 뒤표지에 있습니다.

서삼독은 작가분들의 소중한 원고를 기다립니다. 주제, 분야에 제한 없이 문을 두드려주세요.
info@seosamdok.kr로 보내주시면 성실히 검토한 후 연락드리겠습니다.